人工智能教育探索丛书

丛书主编 ◎ 余胜泉

人工智能
辅助教学设计

RENGONG ZHINENG FUZHU JIAOXUE SHEJI

万海鹏 汪凡淙 孙艺鸣 著

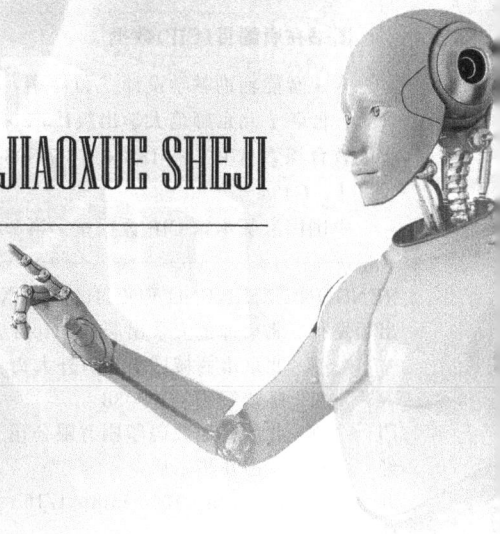

北京师范大学出版集团
BEIJING NORMAL UNIVERSITY PUBLISHING GROUP
北京师范大学出版社

图书在版编目(CIP)数据

人工智能辅助教学设计 / 万海鹏, 汪凡淙, 孙艺鸣
著. -- 北京：北京师范大学出版社, 2025. 9. -- (人工
智能教育探索丛书). -- ISBN 978-7-303-30820-0

Ⅰ. G434

中国国家版本馆 CIP 数据核字第 20250SB163 号

RENGONG ZHINENG FUZHU JIAOXUE SHEJI

出版发行：北京师范大学出版社 https://www.bnupg.com
　　　　　北京市西城区新街口外大街 12-3 号
　　　　　邮政编码：100088

印　　刷：北京盛通数码印刷有限公司
经　　销：全国新华书店
开　　本：710 mm×1000 mm　1/16
印　　张：13.75
字　　数：269 千字
版　　次：2025 年 9 月第 1 版
印　　次：2025 年 9 月第 1 次印刷
定　　价：69.00 元

策划编辑：何　琳　　　　　　　责任编辑：岳　蕾
美术编辑：李向昕　　　　　　　装帧设计：李向昕
责任校对：丁念慈　　　　　　　责任印制：马　洁

人工智能教育探索丛书

丛书主编：余胜泉

编委（排名不分先后）：

卢　宇　陈　玲　丁国柱

万海鹏　陈　敏　陈鹏鹤

骈　扬　刘亚娟　谢　宾

迈向人机协作的教育新纪元

一、重新理解教育的当下与未来

我们身处一个技术密集而智能跃迁的时代，教育这一人类最基本的制度结构也正面临着前所未有的重构契机。从语言生成到图像识别，从知识问答到任务规划，人工智能正从实验室走进课堂，从边缘应用进入核心流程，深刻改变着教师的教与学生的学。过去，人们或许尚可将技术视为教学的辅助工具，而今，技术特别是人工智能已成为教育系统运作的新型认知基础与组织方式。

以大模型为代表的新一代人工智能系统，其对自然语言的理解能力、对复杂任务的分解与响应能力以及对个体差异化学习需求的感知能力，使其能够真正嵌入教育的底层结构，成为教学、评价、教研、管理的协同智能。自2022年以来，以深度求索（DeepSeek）、文心一言、通义千问等为代表的大语言模型不断演化，不仅推动教育系统从信息化走向智能化，更标志着一种"认知基础设施"的出现，正在改变人类学习与知识建构的方式。

然而，这种变革也引发了一系列新的追问：当人工智能能够生成知识、辅助判断、优化路径，教师将如何定位自身的价值？学生应如何在"机器也能答"的情境中重构学习动机与方式？课程的边界、作业的意义、评价的标准、教学设计的流程是否仍然合理？在这些本体性、实践性与伦理性的问题背后，浮现出的是一个更加本质的命题：我们需要什么样的教育？在人工智能广泛参与的未来教育中，谁来教？怎么教？教什么？

面对这一时代性挑战，我们急需一种新的教育思维框架与实践体系。我们不能仅仅将人工智能视为提升效率的工具，而应将其视为重构教育机制、激发学习潜能、重塑育人使命的"合作者"。在这种人机共生的教育新生态中，教师与人工智能应实现认知上的互补、情感上的配合、价值上的共建。正如未来教育研究者所提出的"技术不会取代教师，但会使用技术的教师将会取代不会使用技术的教师"，教育正走向一个"生—师—机"三位一体的智能协同新时代。

二、协同共存：教师角色的进化逻辑

人工智能全面介入教学流程后，教师的角色将发生结构性变迁。传统教学强调教师的知识权威、课堂控制与学科主导地位。然而，在大模型支持下的未来教育

中，知识的传递可以通过自动化系统完成，学生能够在没有教师陪伴的情况下获得初步甚至进阶的知识学习体验。于是，教师必须从"教知识的人"转向"教人学的人"，成为促进学生个性发展、引导其自我建构、理解其情感脉络与成长需求的教育设计者、学习陪伴者、价值共建者。

教师未来的核心价值在于育人，这包括对学生人格、能力、品格、社会性与创新力的培养。教师将不再是信息的搬运工，而是学习生态的建构者，是学生心灵成长的引导者。这一转型意味着教师需要全面提升人机协作能力——既要懂技术、用技术，又要知教育、有人文底蕴，能够在智能系统提供的分析、预测与推荐中做出具有教育智慧的判断，构建真正以学生为中心的智能支持学习环境。

智能时代，教师作为学校课程实施的核心参与者，必须为学生提供"精准准备"，这个准备必须与个性化的人才培养和能力提升相一致。第一，要更加注重核心素养导向的人才培养。要从面向知识体系的传授转向面向核心素养的培养，学生的创造能力、审美能力、协作能力、知识的情境化、社会化运用能力应是人类教师关注的核心和重点。第二，要更加注重培养人机结合的思维方式。只有运用人机结合的思维方式，显著提升教育的生产力，教育才能既实现大规模覆盖，又能实现与个人能力相匹配的个性化发展。

在这一背景下，未来的教师角色将进一步向两个方向分化：一是人工智能支持下的全能型教师，能够整合技术、内容、方法与学生特征，具备整体设计与系统实施教育活动的能力；二是专业型教师，在教学设计、项目组织、课程开发、心理辅导等方面深入发展，形成多角色协同的专业团队。类似电影制作中的导演、摄影、编剧和演员，未来课程的构建与教学实施将由多位教师与人工智能协同完成。

三、智能教师：未来教育中的人工智能角色

如果说人工智能在教育早期的应用更多体现为一种工具性的"辅助者"角色，那么在未来教育生态中，人工智能将逐步成长为拥有感知、反馈、决策与互动能力的"协同智能体"。它不仅能"做事"，还能"思考"；不仅参与教学流程的某一环节，更贯穿学习、教学、育人、评价、研究、培训、管理、服务的全周期。

在未来教育生态中，人工智能将不再仅仅作为教师的技术性助手存在，而是以"嵌入者"的身份，深入参与教学设计、学习支持、教研协作、育人指导、教育评价与治理决策的全过程，构建一种全新的"人—机—教"协同体系。基于对教育数据的理解、对学生最近发展区的精准感知与多模态信息反馈机制，人工智能将在未来教育中扮演以下十二种核心角色。

角色一：可自动命题和自动批阅作业的助教。人工智能可实现对学生能力与知

识结构的精准识别，进而基于学生差异化水平自动生成符合认知发展规律的个性化试题。人工智能还能对学生完成的作业、试卷进行快速且准确的自动批改，不仅标注对错，更能提供错因分析与学习建议，大幅减少教师的重复劳动，提升反馈效率与质量。

角色二：学习障碍自动诊断与及时反馈分析师。通过采集和分析学生的学习行为数据(如作答模式、拖延时间、认知路径等)，人工智能能够识别学习过程中的隐性障碍，如概念混淆、逻辑断裂或策略失当，及时为教师、学生及家长提供可视化的诊断报告与定制化的干预建议，推动"精准的教与学"的实现。

角色三：问题解决能力测评的素质提升教练。人工智能可构建真实复杂的问题情境，对学生在解决问题过程中的表现进行动态记录与分析，评估其综合运用知识、策略迁移、逻辑推理与协作沟通等多维能力。系统还可推荐相应的项目式学习任务，引导学生在真实任务中提升解决复杂问题的素养。

角色四：学生心理素质测评与改进的辅导员。基于语音、文本、行为模式等数据，人工智能可初步判断学生的情绪状态与心理趋势，及早识别焦虑、孤独、注意力缺陷等问题倾向。系统可辅助教师对学生进行心理建档、风险预警和个别化指导，并推荐合适的心理训练或社会交往任务，助力学生心理素养的发展。

角色五：体质健康监测与提升的保健医生。人工智能可整合学生日常体育活动、健康饮食、作息规律等多源数据，建立个体化体质发展档案，持续追踪学生身体状况与发展变化。基于数据分析，人工智能可为教师和家长提供定制化的健康干预方案，包括运动建议、营养调整和作息安排，促进学生身心协调发展。

角色六：反馈综合素质评价报告的班主任。人工智能可打通学业成绩、课堂参与、合作交流、情感表现等多维数据，实现对学生发展状态的全景式追踪与分析，生成具有高信效度的综合素质评价报告。这些报告不仅有助于家校沟通，更能为教师提供依据支持个性化指导，助力教育评价实现"以成长为核心"。

角色七：个性化智能教学的指导顾问。基于学生的知识图谱、学习风格、兴趣偏好与行为模型，人工智能可协助教师精准设计适合不同学生的学习路径与教学策略，实现动态教学方案的智能推荐。教师与人工智能共同构成教学共同体，共同承担"教什么""怎么教""教到何种程度"的决策任务，真正实现因材施教、以学定教。

角色八：学生个性化问题解决的智能导师。人工智能可通过自然语言交互理解学生在学习过程中的实时困惑，进行即时问答、知识回溯与策略建议。它不仅能答题解惑，更能引导学生进行元认知反思和策略性学习，是学生在正式课堂之外的"个性化辅导专家"和"自我学习教练"。

角色九：学生生涯发展顾问或规划师。人工智能可综合分析学生的学业表现、性格特征、兴趣偏好及社会网络行为，为学生提供生涯倾向诊断与发展路径建议。它不仅可以识别学生的潜能与优势，而且可以辅助学生设定成长目标、规划学习路线，是学生实现自我认知与未来定位的重要伙伴。

角色十：精准教研中的互动同伴。在教研场域中，人工智能可通过对教学数据、学生反馈与课堂实录的分析，发现教学设计或实施中的关键问题，为教师提供改进建议。它还能支持多位教师基于共享平台开展异地协同备课、同课异构研究与案例比较，推动教研从经验式走向数据驱动的精准优化。

角色十一：成为个性化学习内容的生成与汇聚代理。人工智能不仅可以快速生成图文、音视频、互动式学习资源，还能根据学生的当前学习状态与目标需求，主动聚合网络优质资源，推送至学习界面。实现从"人找资源"到"资源找人"的转变，为学生提供即时、精准、匹配的学习内容。

角色十二：数据驱动的教育决策助手。在教育治理层面，人工智能可整合多维教育数据(如教师绩效、学生发展、资源分布、教研质量等)，为学校管理者、区域教育主管部门提供科学的决策依据。它可辅助制定课程设置、师资配置、经费分配等关键决策，是实现教育治理智能化与精准化的重要技术支撑。

这十二种角色，不仅展示了人工智能在教育场景中多点渗透、全域协同的能力图谱，而且揭示了一个关键趋势：未来的教育不是人工智能替代教师，而是教师与人工智能共同完成教育使命。教师的职责将更聚焦于价值引导、情感陪伴、文化传承与人性唤醒，人工智能则承担认知服务、路径优化与资源调度等智能支持任务。在这一新生态中，"人"与"机"不是对立的，而是协作共生、互为增益的。

四、人工智能教育探索丛书：构建教师升级的系统路径

面对人工智能驱动的教育深层变革，仅有理念的更新是不够的，更需要构建实践层面的可操作范式与系统化工具。"人工智能教育探索丛书"正是在这一需求基础上编撰而成的。丛书聚焦于人工智能特别是生成式大模型在基础教育各关键场域的深度应用，系统梳理人工智能在教学设计、作业布置、教研优化、课程答疑、素养评价等方面的角色演化与应用逻辑，构建"技术—场景—实践"的中小学教师智能教育应用指导体系。它既面向一线教师，也服务于教研员、管理者、研究者与教育技术开发者，意在搭建一套既具理论深度又有实践价值的智能教育落地图谱。各分册核心内容与特色如下。

《人工智能辅助教师写作》：聚焦于教师常见的写作任务场景，如评语、公文、计划、总结、教案、论文等，通过介绍生成式人工智能大模型的原理与提示工程技术，指导教师如何利用人工智能快速生成高质量文本。书中提供一系列贴合教育实际的提示工程模板，帮助教师有效调控模型输出，实现"从草稿到初稿"的写作自动化与个性化，释放教师的写作认知负担，提升表达效能。

《人工智能辅助教学设计》：围绕人机协同教学设计的理论框架与实操路径，介绍如何基于大模型构建教学设计知识库，利用提示工程辅助生成教学目标、教学策略、教学活动与评价方案。大模型作为"协同反馈者"，可对教师拟定的教学设计方案进行同伴式评估与改进建议，形成支持教师专业成长的智能共创机制。

《人工智能支持的智慧教研》：系统梳理人工智能支持下的教研新模式，介绍智慧教研系统的架构机制，包括教师行为分析、课堂数据采集、文本内容聚类与共性问题挖掘等。通过典型案例说明人工智能如何推动"数据驱动的教研决策""问题导向的集体备课""知识图谱支撑的研究反思"，构建覆盖"教—学—评"全过程的智慧教研协同系统。

《人工智能支持的精准作业》：精准作业是落实因材施教的关键场域。本书介绍如何借助人工智能大模型生成与变式已有题目，构建符合不同学生发展区的作业任务。同时聚焦"作业匹配—提交—批改—反馈—再学习"全流程的智能支持，展示人工智能如何动态调整任务难度、生成分层反馈与再推荐，帮助教师实现从"统一布置"到"个性施策"的精准转型。

《人工智能赋能教育评价》：教育评价是教学改革的关键杠杆。本书聚焦人工智能在口语测评、作文批改、过程分析、能力评估等多个维度的实际应用。结合综合素质评价体系改革趋势，介绍数据驱动的形成性评价工具，展示人工智能在学生行为数据分析、素养建模、成长档案生成中的作用，推动教育评价从终结性判断走向发展性支持。

《人工智能学科教师素养提升》：面向中小学教师人工智能素养的系统构建，介绍典型的教学实践案例与课程设计逻辑。聚焦教师如何理解人工智能底层逻辑、构建数据素养、提升提示工程能力，探索以学科教学与人工智能的融合方式，构建未来适应型课程形态。

《基于人工智能的课程答疑》：深入探讨大模型如何在课后答疑环节中扮演"第二课堂"角色，构建教师—人工智能—学生之间的答疑协作体系。涵盖人工智能答疑系统的构建原理、知识库组织方式、答疑意图理解与启发式引导策略，介绍如何构建既响应准确又富有引导力的对话系统，实现从"知识答复"向"学习促进"的转变。

《人工智能支持的音体美教学》：专注于艺术与体育领域中人工智能的创新性应

用，介绍智能体测平台、乐谱生成系统、智慧钢琴、绘画作品风格识别、技能动作分解等技术手段在中小学教育中的应用。以案例为引领，强调人工智能作为认知工具、创作工具与表达媒介的价值，促进音体美教学从"经验传授"迈向"智能辅助"。

这八本书并非彼此独立，而是共同构成了一个多维互联、结构协同的"人工智能教育应用矩阵"。它们既提供具体的方法论和工具模板，又引导教师重新理解"教"的本质与"学"的边界，在技术与教育融合的动态过程中，推动教师从使用者向创新者转型。这套丛书并非对人工智能技术的静态介绍，而是一次对教育系统未来形态的协同设计尝试。它倡导的不是"技术替代"，而是"技术共育"；不是"教师退出"，而是"教师重生"；不是"教学工具集"，而是"教育系统观"。

五、结语：共建人机协同的教育新文明

教育的本质是人的成长与社会的延续。在人工智能时代，教育将不再是单纯的"人对人"过程，而将演化为"人—机—人"之间的协作建构。这需要我们构建一种新型的教育思维方式，发展出兼具人文精神与技术能力的教师群体，培育能够与智能体共学共生的新型学生。

教育的未来是人机协同下更高层次的认知演化与精神建构。愿这套"人工智能教育探索丛书"能成为教育系统迈向智能协同新生态的重要引导资源，助力千千万万教育者在智能时代找准方向、获得力量、实现成长。

余胜泉

2025 年 7 月，北京

前　言

　　自 2022 年 11 月 30 日 ChatGPT 正式问世以来，生成式人工智能技术在短时间
内实现了突飞猛进的发展。从最初的文本生成到如今的多模态内容创作，从单一的
对话互动到复杂的任务协同，生成式人工智能技术的迭代速度远超人们的预期，极
大地推动了多模态交互技术在人际互动中的广泛应用(王学男，李永智，2024)。在
这场技术革命中，教育领域这一历来被视为相对稳定且发展较慢的领域，现在也被
广泛认为是受人工智能影响最直接且深远的领域之一(Bala，Colvin，2023)。在此
背景下，教学设计作为教育领域教师工作的核心环节，也面临着前所未有的变革机
遇与挑战(中国教育科学研究院数字教育研究所，之江实验室智能教育研究中心，
2023)。生成式人工智能技术的介入为教学设计带来了新的可能性，更催生了教育
范式的深刻转变。

　　回顾教学设计的发展历程，从最初的经验主义到系统化的教学设计理论，再到
数字化时代的精准教学，每一次技术革新都推动着教学设计理论与实践的更新迭
代。如今，大语言模型的出现为教学设计注入了全新的动能。这种变革不仅体现在
工具层面的革新，而且更深层次地影响着教育者对教与学本质的认知和思考。从课
程标准的解读到教学内容的重构，从学习者特征的分析到教学策略的制定，人工智
能正在成为教师的得力助手，帮助他们更精准地把握教学要素、更高效地完成教学
设计。

　　然而，我们也必须清醒地认识到，人工智能技术的应用绝非简单的工具替代，
而是需要在深入理解教育本质的基础上，探索人机协同的最佳路径。教师所面临的
挑战在于如何熟练使用这些新兴工具，更在于如何在保持教育本真的同时充分发挥
技术的赋能作用。当前，许多教师在面对人工智能工具时仍存在认知偏差和应用困
惑，既有对技术的盲目崇拜，也有对变革的本能抗拒。这种现状迫切需要一个系统
化、专业化的指导框架，帮助教育工作者建立正确的技术认知、掌握科学的应用
方法。

　　本书正是基于这样的时代背景和现实需求而诞生的。作为"人工智能教育探索
丛书"中的重要组成部分，本书致力于从理论与实践的双重维度探讨人工智能辅助
教学设计的方法论体系。我们深知，任何教育变革的成功都离不开一线教师的参与

和实践。因此，本书在内容编排上特别注重理论与实践的有机结合，通过大量的实际案例和具体操作指导，为教师提供可落地、可复制的实施方案。

全书共分为五章，从人工智能辅助教学设计的基本理论出发，依次探讨了教学方案设计、导学案设计、教学材料设计等具体应用场景，最后深入探讨了人机协同的教学设计迭代改进方法。本书的每一章节都尽可能融合人工智能辅助教学设计的方法说明与实践案例，既确保内容的系统性和完整性，又保证知识的可理解性和可操作性。尤其值得一提的是，本书的大多数案例来自实际教学实践，具有很强的参考价值和借鉴意义。

在提示工程方面，本书提供了大量经过实践验证的模板和范例，帮助教师快速掌握与人工智能工具有效互动的方式。读者可登录京师智教平台，搜索本书书名，查看这些范例的高清大图。同时，我们也特别关注了数据语料的积累和运用，指导教师如何建设个性化的知识库，实现教学设计的持续优化和改进。这些内容都建立在对教育教学规律的深刻理解的基础上，既遵循了教学设计的基本原则，又充分发挥了人工智能技术的优势。

本书旨在以理性和严谨的态度，深入探索生成式人工智能在教学设计领域的应用及其所带来的机遇。需要特别说明的是，本书中所讨论的"人工智能辅助教学设计"主要指的是"生成式人工智能辅助教学设计"。生成式人工智能作为人工智能技术的一个重要分支，以其强大的自然语言理解和内容创作能力，为教学设计领域带来了革命性的变化。在本书中，我们会交替使用"人工智能"和"生成式人工智能"这两个术语，请读者知悉。我们所探讨的核心技术和应用场景主要围绕智谱清言、Kimi、通义千问、讯飞星火、豆包、DeepSeek 等生成式人工智能大模型展开，这种聚焦既反映了当前技术发展的前沿趋势，也符合教育工作者的实际应用需求。我们将通过分享丰富的成功案例和实践经验，展示如何借助生成式人工智能优化教学设计、提升教学效果，希望为教育工作者以及所有关注教育未来的人士提供一个全面、深入的视角，助力他们把握时代脉搏，推动教学设计的创新与发展，以应对人工智能时代的需求与挑战。

万海鹏

2025 年 8 月于首都师范大学

目录 C O N T E N T S

▶**第三章**
人工智能辅助导学案设计

▶第四章
人工智能辅助教学材料设计

▶第五章
人机协同的教学设计迭代改进

▶参考文献

第

一

章

人工智能辅助
教学设计概述

随着科技的飞速发展，人工智能(artificial intelligence，AI)已悄无声息地融入教育的每一个细微之处，为传统教学设计注入了前所未有的活力。在本章中，我们将揭开人工智能辅助教学设计的神秘面纱，深入剖析它如何为教育赋能，为教学设计带来崭新的视角和无限的可能性。让我们一起迈入这个充满创新与变革的新纪元，共同探寻人工智能如何为教学设计注入新的活力，从而开启教育的新篇章。

第一节 人工智能辅助教学设计的发展历程

一、计算机辅助教学设计

(一)计算机辅助教学的概念

计算机辅助教学(computer assisted instruction，CAI)是教育技术领域的一项革命性进展，它通过将计算机技术融入教学过程，极大地拓展了传统教育的边界。自 20 世纪中叶计算机科学兴起之初，教育者们便开始探索如何利用这一新兴工具来辅助教学。最初，CAI 主要应用于教学管理和自动化测试，但随着技术的发展，其功能逐渐扩展到了多媒体教学、智能辅导、在线学习和远程教育等多个方面。

CAI 通过将计算机作为教学媒体，为学生提供一个良好的个性化学习环境，使学生通过与计算机互动来进行学习。CAI 不仅限于教学内容的展示，还涵盖了与学生讨论教学内容、安排教学进程、进行教学训练等多个方面。其核心在于利用计算机技术的交互性、快速存取和自动处理等功能，提升教学效果，实现最优化的教学目标(师书恩，2001)。

在计算机辅助教学的过程中，学生可以通过键盘、鼠标等输入设备与计算机进行对话，计算机则根据学生的反馈进行教学内容的调整和指导。这种对话方式使得教学活动更加灵活、高效，并且能够充分激发学生的学习兴趣和潜能。同时，CAI 系统还能够综合应用多媒体、超文本、人工智能、网络通信和知识库等多种计算机技术，克服传统教学手段单一、片面的缺点，为学生提供更加丰富、直观的学习体验。

(二)计算机辅助教学设计的发展

自 20 世纪中叶计算机技术诞生之初，人们便开始探索将其应用于教育的可能性。最初的尝试是简单的计算机程序，用于辅助学生进行数学计算和逻辑推理训练，这可以看作计算机辅助教学的雏形。

　　上海交通大学的杨惠中教授作为先驱者之一，率先将计算机辅助教学的理念引入我国教育界，并介绍了其在国外的发展状况。他于 1979 年发表《计算机辅助教学概述》一文，详尽阐述了计算机辅助教学的概念以及在教学实践中的具体应用，并深刻体会到"利用计算机进行教学，有利于发展学生独立思考独立工作的能力"（杨惠中，1979）。自此之后，国内的教育工作者对计算机辅助教学的认识日益加深。王建华等在《计算机辅助教学实用教程》一书中进一步明确了计算机辅助教学的定义，即"用计算机帮助和代替教师执行部分教学任务，传递教学信息，向学生传授知识和训练技能，直接为学生服务"（王建华，盛琳阳，李晓东，2004），这一定义更为精准地描绘了计算机辅助教学在教育领域中的作用与价值。

　　随着技术的进步，特别是个人电脑的普及和图形用户界面的发展，计算机辅助教学开始进入中小学和高等教育的课堂。20 世纪八九十年代，计算机辅助教学软件开始多样化，出现了更多互动性强、界面友好的教育程序。这些程序不仅用于数学和语言教学，而且开始涉足自然科学和社会科学领域。进入 21 世纪，随着互联网的高速发展和网络技术的广泛应用，计算机辅助教学迎来了新的发展机遇。在线学习平台和虚拟课堂成为教学的新形式，学生和教师可以通过网络进行实时或异步的交流和互动。智能教学系统也开始出现，利用人工智能技术根据学生的学习行为和成绩提供个性化的学习建议。

（三）计算机辅助教学模式

　　计算机辅助教学模式也称信息化教学模式，作为现代教学模式的典范，它不仅吸纳了现代教学理念的精髓，而且在传统教学模式的基础上实现了突破性的革新，将核心要素由原本的教师、学生二元结构拓展为包含教师、学生、计算机在内的三元互动体系。此模式深度融合了学习理论、计算机技术、网络技术及教学实践，旨在构建一种达成现代化教学与学习目标的、相对稳定的策略体系与结构框架，其范围广泛覆盖了教学设计、组织、实施、评估及优化等全链条环节。它的分类较为繁杂，常见的模式有操作与练习、个别指导、探究性学习、教学模拟等内容，表 1-1 对各种典型模式及其在教学应用中的特点进行了简单整理。需要注意的是，教学模式的划分是相对的，在具体的教学活动中，各种教学模式往往结合使用。

表 1-1　计算机辅助教学模式（胡水星，2013）

类型	典型模式	特点
个别授导类	个别指导、操作与练习、学习监测、智能导学	计算机作为教师，内容特定，高度结构化

续表

类型	典型模式	特点
情景模拟类	教学模拟、游戏、微型世界、虚拟实验室	计算机产生模拟的情境，可操纵、可建构
信息调查类	案例研习、探究性学习、基于资源的学习	计算机提供信息资源与检索工具，低度结构性
课堂授导类	电子讲稿、情景演示、课堂作业、小组讨论、课堂信息处理	计算机作为教具及助教，信息传播、收集与处理
远程授导类	虚拟教室，包括实时授递、异步学习、作业传送、小组讨论等	网络作为传播工具，一定程度的信息与学习工具集成
合作学习类	计算机支持合作学习、协同实验室、虚拟学伴、虚拟学社	计算机与网络作为虚拟社会，一定程度的情境、信息、学习工具的集成
学习工具类	效能工具、认知工具、通信工具、解题计算工具	计算机作为学习辅助工具，多种用法
集成系统类	集成学习环境、电子绩效支持系统、集成教育系统	授递、情境、信息资源、工具的综合

二、精准教学设计

20世纪60年代，美国学者奥格登依据斯金纳的行为学理论，首次提出了"精准教学"(precision instruction，PI)的概念。这一概念的核心在于通过设计精密的测量过程，获取关键数据(Bider，1988)。起初，它主要用于评估美国特殊类型学生的学习成效，并深入分析其学习效果。随着时间的推移，精准教学的理念逐渐扩展至其他类型的学科及不同学生群体，成为教学效果评价的重要参考。

在信息技术日新月异的今天，"精准教学"被赋予了更为丰富的内涵与使命。它不再仅仅是一种理念，还是建立在大数据技术支持之上的实践。通过深入分析课程标准与学生发展实际，精准教学能够精准设定各门课程的教学目标与教学内容，并精准评估学生的学习效果。这种教学模式使得教学效果变得可衡量、可调控，进而实现"以生为本，私人定制"的个性化教学目标。

随着研究的不断深入，相关领域的专家将"流畅度"视为精准教学的主要衡量标准。这一标准涵盖了"准确度"与"速度"两个维度，既要求学生对知识与技能的掌握达到一定的准确度，又强调学生能够迅速而熟练地运用这些知识与技能。为了实现精准教学的理想效果，专家们提出了具体的实施策略。他们认为，练习与测量应成为精准教学的主要程序与方法。通过设定固定的练习与测量频率，并持续进行记录与纠正，可以准确把握学生的学习进展与存在的问题，从而确保精准教学的有效实施(尹奎，2019)。

理论上，教师在信息技术的辅助下实施精准教学时，需紧密围绕精准教学目标进行规划。这要求教师对学习任务及学情进行精准剖析，进而精确选定教学内容，精心策划教学活动，并最终对学习表现进行精准评估，辅以精准的教学辅导。精准教学的实施应遵循以下四条基本原则(王亚飞，李琳，李艳，2018)。

(1)聚焦于可观测的行为数据，即广泛采集并记录学生的多样化外显行为数据，以此为基础深入挖掘并推测学生的内隐状态，从而为教学决策提供精准有效的干预措施。

(2)采用多维指标来衡量学生的学习表现，即利用多维数据综合评估学生的学习状态，以此深入了解学生的认知发展水平，同时提升教学决策的科学性与准确性。

(3)充分利用学情分析工具，这类工具种类繁多，但核心目的均在于高效地处理并分析多类型、多维度的学习数据，帮助师生更快速、更深入地掌握学习进度，并及时给予反馈。

(4)以学习者的实际表现为唯一决策依据，这是精准教学相较于传统教学的显著优势之一。它强调学生的主体性，教师的教学反思与效果评估最终都应回归到学生的学习表现上，以客观、具体的表现取代主观经验，为教学决策提供坚实可靠的依据。

三、人工智能辅助教学设计的内涵与特征

本部分将探讨人工智能辅助教学设计(instruction design/instructional design, ID)的深层内涵，从定义出发，逐步展开对其智能性、个性化、适应性、数据驱动性、高效性和人机协同六大特征的细致阐述。这些特征既彰显了人工智能辅助教学设计在教育领域的革命性潜力，也为我们提供了一个重新审视教学设计的理念与实践的全新视角。

(一)人工智能辅助教学设计的内涵

人工智能辅助教学设计是指借助人工智能技术的力量，特别是机器学习、自然语言处理、智能推荐系统等先进技术，对传统教学设计理念与方法进行深刻革新。这一过程旨在通过智能化的数据分析与处理，精准识别学生的学习需求与潜能，实现教学资源的个性化定制与优化配置；同时，推动教学过程的智能化转型，利用人工智能技术辅助教学内容的创新、教学方法的多样化以及教学反馈的即时化；最终

促进教育管理决策的科学化，提升整体教学效率与质量，形成教育资源数字化、教学流程智能化、教学评估精准化以及学习体验个性化的全新教学设计生态。

(二)人工智能辅助教学设计的特征

1. 智能性

人工智能在辅助教师完成教学方案设计的过程中，以其强大的智能性显著提升了教学的个性化、效率与质量。通过学情分析、资源推荐、内容生成、评估反馈等多个环节，人工智能为教师提供了全方位的智能支持，推动了教育教学的现代化进程。

人工智能在个性化教学方案的定制方面展现出了独特的智能性。它能够深入分析学生的学习数据，如历史成绩、学习习惯和兴趣偏好等，从而帮助教师精准把握学生的个性化需求。基于这些分析，人工智能能够智能推荐适合学生的教学资源，如教材、习题和视频等，为教师提供丰富且个性化的备课材料。同时，人工智能还能辅助教师根据学生的学习特点和需求调整教学策略，确保教学方案更加贴近学生的实际需求。

除此之外，在教学设计的智能化优化方面，人工智能也发挥了重要作用。它可以根据教学目标和教学要求，自动生成初步的教学方案框架，包括教学目标、教学内容、教学方法等，从而大大减轻教师的备课负担。在教学过程中，人工智能能够实时评估学生的学习效果，为教师提供即时的反馈和建议，帮助教师及时调整教学方案。不仅如此，人工智能还能利用虚拟现实(virtual reality，VR)、增强现实(augmented reality，AR)等技术丰富教学互动形式，提高学生的学习兴趣和参与度，使教学设计更加生动有趣。

在教学管理方面，人工智能也能为教师提供智能化的支持。它能够自动化处理大量的教学数据，如学生作业、考试成绩等，为教师提供便捷的数据分析工具，使教学管理更加高效。基于数据分析结果，人工智能还能为教师提供决策支持，帮助教师更科学地制订教学计划、安排教学活动等。这种智能化的教学管理不仅提高了工作效率，而且促进了教学资源的优化配置。

最后，在辅助教学方案设计的过程中，人工智能还能进行持续改进与创新。随着技术的不断进步和算法的持续优化，人工智能在教学方案设计中的应用将更加精准和高效。同时，人工智能还能激发教师的教学创新思维，鼓励教师尝试新的教学方法和手段，推动教育教学的不断创新与发展。这种持续改进与创新的智能性将有助于提高教学效果和质量，促进教育事业的蓬勃发展。

2. 个性化

人工智能在辅助教师完成教学方案设计的过程中展现出了高度个性化的特征，

这种个性化贯穿学情分析、资源推荐、教学设计与实施以及评估与反馈等各个方面，极大地提升了教学的针对性。

人工智能能够通过对学生学习数据的全面收集与深入分析，实现对学生个性化需求的精准把握。每个学生都有其独特的学习路径和兴趣偏好，人工智能能够识别并理解这些差异，为教师提供详尽的学情报告。这样的报告既是对学生个人学习特点的全面反映，也是教师制定个性化教学方案的重要依据。

在资源推荐方面，人工智能也同样展现出高度的个性化。它不再局限于传统的统一教材和资源，而是根据每个学生的具体需求，智能推荐个性化的学习材料。这些材料可能包括不同难度的习题、多样化的教学视频、互动式的在线课程等，旨在适应不同学生的学习风格，满足不同学生的兴趣，促进他们的全面发展。

此外，人工智能凭借对学情的精准把握，如同专业的教学策划智囊，可以为教师精心设计多种风格各异、层次分明的教学方案。从引人入胜的课堂开篇，到深入浅出的知识讲授，再到有的放矢的课后巩固作业设计，一应俱全。并且，在教学推进过程中能够结合实时反馈，灵活地、动态地优化教学策略，确保教学内容与学生需求紧密契合，从而提升教学效果和学习体验。

步入评估与反馈阶段，人工智能摇身一变成为专业导师，以翔实的数据为依据，精准点明学生知识掌握的薄弱环节与优势领域。与此同时，也为教师呈上优化教学方案的关键指引，诸如针对特定知识点适度扩充案例的广度与深度，或是在特定教学环节巧妙融入小组竞赛激发课堂活力等切实可行的策略。

3. 适应性

在辅助教师完成教学方案设计的过程中，人工智能的适应性深刻体现在教学内容、教学方法、教学评估与反馈以及技术更新等多个方面，极大地提升了教学设计的灵活性。

在教学内容方面，人工智能能够根据学生的实际情况和需求，智能推荐并调整教学内容。它能从海量资源中筛选出适合学生的学习材料，还能根据学生的学习进展与反馈动态调整教学难度和深度，确保教学内容的针对性和时效性。这种灵活性和动态性，使得教学方案能够更好地适应学生的个性化学习需求。

在教学方法的筛选过程中，人工智能则扮演着机智的教学策略顾问的角色。它能紧密结合课堂氛围、学生的参与热情以及教学目标的实现情况等关键指标，为教师提供实时的、高度匹配的教学建议。例如，面对理论性强、概念抽象的课程内容，能够适时地引导教师采用条理清晰、逐步深入的讲解方式，并巧妙地利用思维导图工具帮助学生梳理知识结构、巩固记忆要点。此外，在教学实施过程中，人工智能可以持续为教师提供即时的辅助策略，如精确控制小组讨论的节奏、科学地优化项目团队的分工等，确保所采用的教学方法能够有效实施。

在教学评估与反馈的关键环节，人工智能成为连接教师和学生的智能信息桥梁。在教师端，人工智能可以实时捕捉并深入分析学生答题的准确率、知识薄弱点分布、课堂互动的活跃度等核心数据，快速生成高度可视化和提供精确信息的评估报告，准确地识别教学过程中的关键问题，并同步提供优化教学流程和改进教学方法的即时策略。

4. 数据驱动性

在人工智能辅助教师完成教学方案设计的过程中，数据驱动性全面渗透于教学流程的各个环节，不仅提升了教学效率，而且促进了学生的个性化发展和教师的专业成长。

人工智能通过其强大的数据收集与分析能力，为教学方案设计提供坚实的数据基础。它能够全面捕捉学生在学习过程中的各种数据，如学习进度、成绩波动、兴趣偏好等，并通过复杂的算法进行深度挖掘。这些数据反映了学生的真实学习状态，为教师提供了精准的学生画像，使得教学方案设计更加贴近学生的实际需求。基于数据分析的结果，人工智能能够智能推荐个性化的教学资源，为教学方案注入更多活力。它根据学生的能力水平和学习风格，精心挑选合适的教材、习题和视频课程等，确保每个学生都能获得最适合自己的学习资源。这种个性化的推荐不仅激发了学生的学习兴趣和积极性，而且促进了他们的自主学习和深度学习。

人工智能的实时数据分析能力还能使教学方案随着学生的学习进展而动态调整。当学生的学习数据反映出某种变化或趋势时，人工智能能够迅速捕捉并进行分析，为教师提供及时的反馈和建议。教师可以根据这些反馈调整教学策略、方法和内容，确保教学方案始终与学生的实际需求保持一致。这种动态调整的能力使教学更加灵活和高效。

人工智能的数据驱动性还能够促进教师的专业成长与发展。通过对学生学习数据的深入分析，教师可以更加清晰地了解自己的教学效果和存在的问题，从而有针对性地进行改进和提升。同时，人工智能还可以为教师提供个性化的专业发展建议和资源推荐，帮助他们不断提升自己的教学能力和专业素养。这种双赢的局面不仅提高了教学质量，而且推动了教育事业的持续发展。

5. 高效性

除了自动化收集分析数据、智能推荐学习资源以及快速生成与优化教学方案，人工智能的高效性还体现在对教学过程的动态调整以及对教师工作效率的提升上。

人工智能的实时反馈功能为教学过程中的动态调整提供了有力支持。它能够即时捕捉学生的学习状态和进展，为教师提供即时的学生反馈，帮助教师迅速识别学生的学习难点和兴趣点，从而做出针对性的教学策略调整。这种实时反馈与动态调整相结合的方式不仅提高了教学的针对性和有效性，而且确保了教学过程的流畅和高效。

这种实时反馈与动态调整机制还进一步带来了减少教师重复性工作的效果。在传统教学中，教师需要不断重复检查学生的学习情况、为学生解答疑问等，而人工智能的介入使这些工作得到了有效的自动化处理。教师得以从烦琐的重复性工作中解脱出来，将更多精力投入教学创新、学生个性化指导以及自我专业成长，从而实现教学质量的全面提升。

人工智能在教学方案设计中的高效性还体现在教学质量的显著提升上。通过减少重复性工作、提高教学针对性和有效性，人工智能助力教师构建了一个以学生为中心、注重个性化发展的教学模式。这种教学模式不仅激发了学生的学习兴趣和积极性，而且促进了他们的全面发展和成长，为培养具有创新精神和实践能力的人才奠定了坚实的基础。

6. 人机协同

人工智能在辅助教师完成教学方案设计的过程中展现了深度的人机协同性，这种协同性贯穿教学规划、资源优化、实时互动、评估与改进的全过程，极大地提升了教学质量和效率。

在教学规划阶段，人工智能与教师紧密合作，能够共同设定教学目标与策略。人工智能可以凭借其对学生学习数据的深度分析能力，为教师提供对学生需求的精准洞察；教师则能够凭借其丰富的教学经验和专业知识，将人工智能的反馈融入教学目标和策略的规划，确保教学方案既科学又实用。

在资源优化方面，人工智能可以根据学生特点智能推荐教学资源，教师则根据教学目标和个人风格对资源进行筛选和整合，确保教学内容既丰富又切合实际。同时，在教学实施过程中，人工智能还能根据学生的学习进度和反馈动态调整教学内容，与教师一起优化教学方案。

在教学过程中，人工智能与教师共同关注学生的学习状态。人工智能提供即时的学习反馈，教师则基于这些反馈为学生提供个性化的指导和辅导，确保每个学生都能得到适合自己的学习支持。

在评估与改进阶段，人工智能可以通过全面分析学生学习数据，为教师提供科学、客观的评估结果；教师则结合这些结果和自身观察，对教学方案进行反思和改进。这种数据驱动的评估与改进方式，使教学方案能够不断优化，教学质量和效果得以持续提升。

总之，在人工智能的赋能下，传统的基于经验的教学设计正逐渐展现出更高的科学性和理性化水平，这恰恰满足了当前教育领域对教学更加科学化和精确化的迫切需求。随着人工智能与教学的深度融合，那些原本需要教师进行大量重复性、程式化工作且追求高精确度、稳定性和快速响应的教学任务，现在可由人工智能高效完成，凸显了人工智能在技术上的显著优势。

第二节　人工智能在教学设计中的应用

在进入具体内容之前，有必要明确一点：虽然本书在众多地方使用了"人工智能辅助教学设计"这一广义表述，但实际上，本书所探讨的核心内容主要聚焦于生成式人工智能技术在教学设计中的应用。这是因为在当前阶段，生成式人工智能以其强大的自然语言理解能力和内容创作能力，已经成为教学设计领域极具革命性和应用价值的人工智能技术。因此，在下文中，我们有时会使用"人工智能"这一广义术语，这主要指的是以智谱清言、Kimi、通义千问、讯飞星火、豆包、DeepSeek等为代表的生成式人工智能大模型技术。接下来，让我们先了解什么是生成式人工智能。

一、生成式人工智能简介

作为一种前沿技术，生成式人工智能（generative artificial intelligence）是根据自然语言对话提示词（prompt，亦译作提示语）自动生成响应内容的人工智能技术的统称。它在《人工智能生成内容（AIGC）白皮书（2022年）》中被定义为"既是从内容生产者视角进行分类的一类内容，又是一种内容生产方式，还是用于内容自动化生成的一类技术集合"（中国信息通信研究院，京东探索研究院，2022）。该技术经历了多个发展阶段，包括早期萌芽阶段（1950—1990年）、沉淀累积阶段（1991—2010年）、快速发展阶段（2011—2022年）以及蓄势突破阶段（2023年至今）（秦渝超，刘革平，许颖，2023）。

生成式人工智能涵盖了具有文本、图片、音频、视频等内容生成能力的模型及相关技术（国家互联网信息办公室，等，2023），展现了高度的普遍适用性和广泛的应用潜力。它能够通过不断创新和学习持续优化，具有显著的进步性（陈永伟，

2023）。同时，该技术还具备创新孕育性，能够促进相关应用技术的创新与发展。

可以说，生成式人工智能就像一个虚拟的创意大师，它能够学习现有的艺术作品、文本、音乐，甚至是复杂的科学数据，然后基于这些知识创造出全新的内容。想象一下，你向一个人工智能系统展示了数以千计的文艺复兴时期的画作，它不仅能理解这些作品的风格和技巧，而且能创作出一幅全新的、从未存在过的画作，风格与达·芬奇或米开朗琪罗相似，但细节和构图却是独一无二的。同样，这种技术也可以应用于教学设计、写作、音乐创作，甚至可以在药物设计等领域发挥其创造性。生成式人工智能的潜力在于其无限的创造性和为人类提供新的可能性。

二、人工智能应用于教学设计的典型场景

生成式人工智能大模型在文本生成、语言理解、知识问答、逻辑推理等方面的能力在教育领域具有极大的应用潜力和价值。下面以教学方案、导学案和教学材料的设计为例，探究生成式人工智能如何赋能教师教学减负和提质增效。

（一）教学方案设计

1. 课程标准分析

在教学方案设计的初始阶段，课程标准分析是至关重要的。作为教学方案设计的基石，课程标准分析要求教师不仅熟悉教育部门发布的教学标准，而且能够深入理解这些标准背后的教育理念和目标。以 2022 年版义务教育课程标准为例，它详尽地规定了各学科的教学内容和要求，更在多个维度上引领了教育理念的革新，尤其是提出了"跨学科学习"。这一理念强调围绕真实情境中的实际问题，融合多学科的知识、观念与思维方式，旨在全面培养学生的综合素养和解决问题的能力。在这一背景下，人工智能技术的融入为教学方案设计带来了前所未有的可能性和创新性。

例如，某小学数学教师张老师在新学年的课程标准分析过程中发现，本学年的课程标准不仅涉及数学基础知识，而且强调了与其他学科的跨学科融合，如科学、信息科技等。为了更好地理解和实施跨学科教学，张老师决定利用人工智能大模型 Kimi 来辅助自己进行课程标准分析。张老师将小学数学课程标准文本以及与之相关的科学、信息科技等学科的课程标准文本输入人工智能大模型，大模型通过自然语言处理技术，对课程标准文本进行深入解析，提取出了数学课程标准中的核心概念、教学目标以及与其他学科相关的跨学科知识点。此外，大模型还利用知识图谱和语义分析技术，将数学课程标准中的知识点与科学、信息科技等学科的知识点进行关联，形成了跨学科的知识网络，帮助张老师形成了更宽广的教学视野。

在大模型的帮助下，张老师清晰地看到了数学与其他学科之间的联系，还理解

了跨学科教学的必要性和重要性，并逐渐探索出一套全新的跨学科教学方法。她巧妙地将数学的逻辑性和严密性融入其他学科的教学中，使学生在其他学科的学习中也能感受到数学的魅力，这无疑大大提升了她的工作效率。

2. 教学内容分析

教学内容分析的首要任务是深入理解教材或教学资料中的文本内容。传统上，教师需要依靠自身的专业知识和教学经验进行解读，但这种方法往往受限于个人视野和经验范围。而人工智能大模型凭借其强大的自然语言处理能力，能够深入剖析文本的语义、语境、情感倾向及作者意图，为教师提供全面且精准的文本解析，同时也极大地提高了教学内容分析的效率和准确性。这种深度解析不仅能帮助教师快速把握文本的核心思想和关键信息，而且能揭示文本背后的深层含义和文化背景，为教学设计提供丰富的素材和灵感。

同时，大模型还能为教师提供丰富的教学资源和教学策略建议。教师可以通过与大模型的互动和协作，快速完成文本解析、知识关联、个性化推荐等任务，不断提升自己的专业素养和教学能力，从而有更多的时间和精力关注学生的学习状态和教学效果。这种教学相长的过程既促进了教师的专业成长，也为学生提供了更加优质高效的教育服务。

以语文学科为例，当教师深入解析课文时，大模型可以迅速捕捉并分析课文的核心主题、精巧的结构布局、丰富的情感色彩以及独特的修辞手法等，进而生成一份内容详尽的分析报告。例如，在分析初中课文朱自清的《背影》时，大模型准确地指出文章中"背影"这一象征性意象的多次出现及其所蕴含的深刻意义，这为教师深入理解课文内容并设计教学的重难点提供了极大的帮助。大模型的能力远不止于此。它可以根据学生的学习情况和个别需求，智能推荐与之相关的阅读材料、练习题和拓展活动，实现教学资源的个性化配置。同时，大模型还能根据文章的内容，自动关联并推荐相关的文学知识、历史背景、作者生平等信息，为教师提供海量的教学资源，丰富教学的内容和形式。例如，在解析朱自清的《背影》后，大模型可以推荐朱自清的其他散文作品，详细分析朱自清在文学史上的地位和深远影响，帮助学生构建起更为全面的知识体系。这种个性化的推荐不仅能帮助学生更好地理解和掌握知识，而且能激发他们的学习兴趣，提升他们的学习动力。

3. 学习者特征分析

对学习者特征进行深入分析，是提高教学效果和促进学生个性化成长的重要手段。只有对每个学生细致入微的需求、多样化的兴趣、独特的学习风格以及各自的能力层次进行深入了解，教师才能设计出更加符合学生实际情况的教学方案和计划。但是，传统的方式对学习者特征的分析往往过于依赖教师个人的教学经验和主观判断，这导致对学生的全面和精准的认识存在困难。在这种情况下，人工智能大模型凭借其卓越的数据处理和分析能力，成为教师进行学习者特征分析的有力助手。教师可以利用大模型，更加系统地收集、归纳和分析学生的学习数据。这样，教师对学生的需求和特质的理解就会更加深入，从而为精准教学和个性化学习提供坚实支撑。

人工智能大模型能够集成多种数据源，包括学生的学习成绩、作业完成情况、课堂互动记录、在线学习行为等，形成全面的学习者画像。这些数据通过复杂的算法处理，能够揭示学生的学习习惯、兴趣偏好、能力差异等深层次特征。相较于传统方法，大模型的数据驱动分析更加客观、全面，能够帮助教师更准确地把握学生的学习状态和需求，为教学决策提供科学依据。

例如，吴老师负责教授小学四年级的英语课程，她发现班级中的学生英语水平参差不齐，学习兴趣和学习风格也各不相同。为了提升教学效果，满足每个学生的个性化需求，吴老师决定利用人工智能大模型进行学习者特征分析。吴老师首先通过学校的教学管理系统收集了学生的基本信息、历次考试成绩、作业完成情况以及课堂互动数据等。此外，她还利用大模型支持的在线学习平台收集了学生在课外自主学习时的数据，如观看教学视频的时间、完成练习题的正确率等，然后将收集到的数据输入人工智能大模型。大模型利用自然语言处理、机器学习等先进技术对这些数据进行深度分析，识别出了每个学生的学习风格（如视觉型、听觉型、动觉型）、英语水平（如初级、中级、高级）、兴趣点（如动物、旅行、游戏）以及可能存在的学习障碍（如词汇记忆困难、语法理解不足）。基于分析结果，大模型为吴老师提供了个性化的教学建议。对于视觉型学生，大模型建议吴老师多使用图片、视频等多媒体材料辅助教学；对于词汇记忆困难的学生，大模型则推荐了有效的记忆方法和练习资源。同时，大模型还根据学生的学习进度和兴趣点，为他们定制了个性化的学习路径和推荐阅读材料。

4. 教学目标分析

教学目标分析是教学设计的核心环节，它直接决定了教学内容的选择、教学方法的运用以及教学评价的制定。一个清晰、准确的教学目标不仅能引导教师有目的地组织教学活动，而且能帮助学生明确学习方向、激发学习动力。然而，在实际教学中，教师往往面临诸多挑战，如学生个体差异大、教学内容繁杂等，这些因素导致教学目标分析变得复杂而耗时。此时，人工智能大模型凭借其强大的数据处理能力和智能分析能力，为教师提供了强有力的支持。大模型能够辅助教师全面、深入地分析教学目标，确保教学活动的针对性和有效性，从而提高教学质量和学习效果。

　　人工智能大模型具备处理大量教学数据的能力，这些数据包括但不限于学生的历史成绩、学习行为、兴趣偏好等多样化的信息，同时还包括课程大纲、教材内容等丰富的教学资源。通过对这些庞杂数据的深入分析和综合利用，大模型能够协助教师将宽泛的教学目标分解为具体且可度量的学习目标。例如，在小学英语教学中，大模型可以对学生的词汇掌握情况进行详细分析，进而为不同水平的学生设定合适的词汇学习目标，确保每个学生都能在适合自己的难度级别上取得相应的进步。

　　此外，人工智能大模型还能够根据学生的个性化学习特征和能力水平，为教师提供专业的教学目标建议。通过对学生学习数据的深度挖掘和分析，大模型能够精准识别出每个学生的优势领域和薄弱环节，从而为教师制订出更加个性化的教学计划。这种精准的个性化教学目标设定不仅能够激发学生的学习兴趣和积极性，而且能够促进他们的全面发展和提升。例如，对于在英语阅读方面表现出色的学生，大模型可能会建议教师为其设定更具挑战性的阅读目标，如理解和分析复杂的文本结构和作者意图；对于在写作方面存在困难的学生，大模型则可能会建议教师重点关注基础句型和段落结构的练习。通过这种方式，人工智能大模型能够为教学过程提供有力支持，帮助学生更有效地实现学习目标。

5. 教学策略设计

　　教学策略的设计与实施直接关系到教学活动的成效。人工智能大模型能够基于先进的教育理念和教学实践，为教师提供丰富多样的教学策略建议。这些策略既包括传统的讲授法、讨论法等，也包括新兴的翻转课堂、项目式学习等创新模式。更重要的是，大模型还能根据具体的教学情境和学生特点，为教师量身定制教学策略的实施方案，确保教学策略的针对性和可操作性。通过大模型的支持，教师可以更加自信地尝试新的教学策略，不断创新教学方法，提升教学质量。

　　人工智能大模型通过收集和分析学生的学习数据、教师的教学行为数据以及教学资源的使用情况等多维度信息，能够生成数据驱动的教学策略建议。这些建议不仅基于学生的实际学习状况，而且考虑了不同学科、不同年级的教学特点和要求。对于新手教师而言，这种数据驱动的策略设计方式能够帮助他们更加客观、准确地了解教学现状，从而制定出更加符合学生需求的教学策略。除了数据驱动外，人工智能大模型还能根据学生的学习特征、兴趣偏好和学习能力等因素，为新手教师提供个性化的教学策略定制服务。通过对每个学生进行深入分析，大模型能够识别出他们的学习强项和薄弱环节，并据此为教师推荐相应的教学策略和方法。例如，对于阅读能力较弱的学生，大模型可能会建议教师采用分段阅读、关键词标注等策略来帮助他们提高阅读理解能力；对于数学逻辑能力较强的学生，大模型则可能会推荐更多具有挑战性的数学题目来激发他们的学习兴趣。

例如，在接触人工智能大模型以前，初中化学教师李老师在教学中通常采用传统的讲授法结合实验演示的方式进行教学。他会先在课堂上讲解化学概念、原理和反应方程式，然后安排学生进行实验验证。一个偶然的机会，李老师将自己即将在课堂上运用的教学策略输入人工智能大模型。经过深度挖掘和分析，大模型认为李老师的教学策略存在几个可以进一步优化的关键部分。一是可以进行个性化学习。原策略中缺乏对学生个体差异的充分考虑，可以运用人工智能分析学生数据，为每个学生定制个性化的学习路径，使教学更加贴合学生的实际需求。二是在实验设计与实施方面安全性有待提高。原策略中的实验环节可能因学生操作不当或理解不足而影响效果，大模型认为可以通过智能辅助实验设计功能制定更安全、高效的实验方案，并提前模拟实验过程，减少实验中的错误和危险。三是教学反馈与调整。原策略中缺乏即时的学习反馈机制，教师难以准确掌握学生的学习进度和困难点，但通过大模型的数据分析功能，教师就可以实时获取学生的学习数据，生成学习报告，并根据反馈及时调整教学策略和教学内容。

6. 教学活动设计

教学活动设计是教育过程中的核心环节，它直接关系到教学质量与学生学习成效。一个精心设计的教学活动能够激发学生的学习兴趣，促进知识的有效传递与吸收，同时培养学生的批判性思维、问题解决能力和创新精神。对于新手教师而言，教学活动设计更是一项挑战，他们往往缺乏丰富的实践经验和深厚的理论基础，难以准确把握学生的需求与教学的节奏。此时，人工智能大模型的引入如同一股强大的助力，为新手教师提供了智能化、个性化的教学指导。通过分析学生的学习数据、兴趣偏好及认知特点，大模型能够协助新手教师快速构建符合学生实际的教学活动框架，使他们在教学初期就能有效避免盲目性和随意性，确保教学活动的针对性和有效性。

在教学活动设计中，教学内容的整合与个性化定制是关键环节。人工智能大模型能够凭借其强大的数据处理能力，从海量教育资源中筛选出最适合当前教学目标和学生特点的内容素材。同时，大模型还能根据学生的学习进度和反馈，动态调整教学内容的难度和深度，实现教学内容的个性化定制。这种基于数据的精准教学不仅能提高教学效率，而且能更好地满足学生的个性化学习需求，促进每个学生的全面发展。

　　例如，在一位初中数学教师的课堂上，他创新性地引入生成式人工智能大模型来重点优化教学活动的设计。首先，教师利用大模型为学生生成了定制化的预习任务，这些任务基于学生的个体差异和学习进度，有效提升了预习的针对性和有效性。其次，在课堂上，教师借助智能问答系统，实现了即时、高效的师生互动。系统能迅速响应学生的疑问，并引导学生开展深入讨论，极大地增强了课堂的互动性和学生的参与度。最后，大模型助力教师设计了个性化的课后练习，通过精准分析学生的学习数据，推送针对性的习题，帮助学生巩固知识点并查漏补缺。最重要的是，大模型还为教师提供了详尽的学生学习反馈报告，让教师能够清晰地了解每个学生的学习状况，从而有针对性地调整教学策略，实施更加精准的辅导。通过人工智能大模型的辅助，教师实现了教学活动的全面优化，提升了整体教学效果。

7. 教学评价设计

　　教学评价作为教育过程中的关键环节，其重要性不言而喻。它不仅是衡量学生学习成效和教师教学效果的重要标尺，而且是提升教育质量的重要驱动力。然而，传统的教学评价方式往往存在主观性强、效率低下、反馈不及时等问题，难以满足现代教育的需求。利用人工智能大模型进行辅助，可以为教师提供一种全新的教学评价设计思路。教学评价设计的首要任务是收集全面、准确的教学数据。人工智能大模型通过集成传感器、摄像头、在线学习平台等多种数据源，能够实时捕捉学生的课堂表现、作业完成情况、考试成绩等多维度信息。同时，大模型还能对这些数据进行深度挖掘和分析，提取出有价值的教学特征和规律。这种数据驱动的评价方式为教师提供了丰富的数据支持，使教学评价更加科学、客观。

　　基于收集到的教学数据，人工智能大模型能够构建出复杂而精准的教学评价模型。这些模型涵盖了学生的学习能力、学习态度、知识掌握程度等多个方面，能够根据具体的教学目标和要求，进行个性化的评价设计。此外，大模型还具备持续学习和优化的能力，能够根据新的教学数据和反馈结果，不断调整和优化评价模型，确保评价结果的准确性和有效性。这种动态调整的评价方式使教学评价更加灵活，适应性更强。教学评价的最终目的是改进教学，促进学生发展。人工智能大模型在提供教学评价结果的同时，还能为教师提供具体的反馈和建议。这些反馈不仅指出了学生在哪些方面存在不足和需要改进的地方，而且提供了有针对性的指导方案和建议。教师可以根据这些反馈和建议，及时调整教学策略和教学内容，以满足学生的个性化需求。

　　教师可以收集学生的课堂表现、作业完成情况、测试成绩等多维度数据，并输入人工智能大模型，让大模型通过深度学习算法，对这些数据进行分析，从而识别出每个学生的学习风格、优势领域和待改进之处。教师可以根据大模型的评估结果，为每个学生设计个性化的学习反馈报告。这些报告不仅包含学生的具体成绩，而且能详细分析学生的学习特点和存在的问题，并提出有针对性的改进建议。同时，教师还可以利用大模型预测学生在未来学习中可能遇到的挑战，并提前准备相应的教学资源和辅导策略。在教学过程中，教师也可以根据模型的实时反馈，动态调整教学策略，为不同学生提供差异化的教学支持。例如，对于学习进度快的学生，教师可以推荐更高级别的学习材料；对于学习困难的学生，教师则可以提供更多的辅导和巩固练习机会。

这种基于人工智能大模型的教学评价设计，不仅使评价更加客观、全面和个性化，而且帮助教师更好地了解学生的学习需求，从而实施更加精准和有效的教学。

（二）导学案设计

导学案作为现代教学理念下的一种重要教学工具，是教师在深入研究教材、了解学生学情的基础上，为指导学生进行自主学习、合作探究而设计的一种教学方案。它旨在通过明确的学习目标、清晰的学习路径、具体的学习任务以及适时的学习评价，引导学生主动参与学习过程，实现知识的有效建构和能力的提升。导学案通常包括学习目标、学习方法指导、学习任务(或活动)、学习反思与评价等部分。

教师自行编写导学案时，时常会遇到诸多挑战与难题。一方面，在导学案的编写上需要投入大量的时间和精力。教师需要进行深入而详尽的准备工作，这包括对教材内容进行细致的研究，对学生的学习状况进行详尽的分析，以及设计出既合理又有效的学习任务和教学活动。然而在实际教学中，教师往往还需要承担其他教学任务和管理职责，这就导致他们编写导学案的时间变得尤为紧张。另一方面，导学案的个性化设计也是一项极具挑战性的任务。每个学生都是独一无二的，他们的学习需求和能力水平各不相同。但由于时间和精力的限制，教师很难做到针对每个学生的个性化需求来设计导学案，这在一定程度上限制了导学案的个性化发展。此外，教师在制作导学案的过程中，还需要面对教学资源的获取问题。教师需要不断搜集和整理各种教学资源，以丰富导学案的内容。然而，优质的教学资源往往分散在不同的渠道和平台，这使得教师在搜集和整理这些资源时，同样需要付出大量的时间和精力。

以小学数学"整数、小数和分数的一致性"一课为例，将本节课的学习目标输入人工智能大模型(见图1-1)，即可获得与学习目标相匹配的学案(见图1-2)和任务单(见图1-3)。大模型所生成的导学案中的活动设计丰富多样，包括知识梳理、关联请帮我设计小学数学"整数、小数和分数的一致性"的导学案（包括学案和任务单）。学习目标如下：①通过回顾整理整数、小数、分数的学习内容，沟通不同数集之间的关联，感悟整数、小数和分数的一致性。②在读数、表示数和比较数的大小等活动中，进一步体会计数单位的重要作用，发展数感。③在感悟数的一致性的过程中，体会数学内容之间的联系。

图 1-1　导学案需求输入示例

小学数学"整数、小数和分数的一致性"导学案

学习目标：

1. 通过回顾与整理，理解整数、小数、分数之间的内在联系，感悟它们的一致性。

2. 在实践活动中，深入体会计数单位的重要性，提升数感。

3. 探究数学内容之间的联系，培养逻辑思维和数学素养。

学案部分

一、知识回顾与关联

【引导语】

同学们，我们已经学习了整数、小数和分数，它们在数学王国里扮演着重要的角色。今天，让我们一起回顾这些知识，并探索它们之间的奇妙联系吧！

【活动一：知识梳理】

1. **整数回顾**：请列举几个整数，并说说它们在生活中的应用。

2. **小数探索**：什么是小数？小数点后面的数字代表什么？举几个小数例子。

3. **分数揭秘**：分数由哪几部分组成？你能用图形表示一个分数吗？

【活动二：关联构建】

- 小组讨论：整数、小数、分数之间可以相互转换吗？请举例说明。

- 全班分享：每组派代表分享转换的例子，并尝试用图表或思维导图展示它们的关系。

二、实践体验与数感培养

【活动三：读数大挑战】

- 教师出示一系列包含整数、小数、分数的数字卡片，学生快速准确读出。

- 讨论：在读这些数时，你注意到了什么共同点或不同点？

【活动四：表示数与比较大小】

1. **表示数**：在数轴上标出给定的整数、小数、分数，并讨论它们的位置关系。

2. **比较大小**：设计几组数（整数、小数、分数混合），学生使用多种方法（如转化为相同形式、利用数轴等）进行比较，并解释理由。

三、感悟与总结

- 引导学生思考：在今天的学习中，你对整数、小数、分数的一致性有了哪些新的认识？

- 讨论：计数单位在这些数的表示和比较中起到了什么作用？

图 1-2　学案输出示例

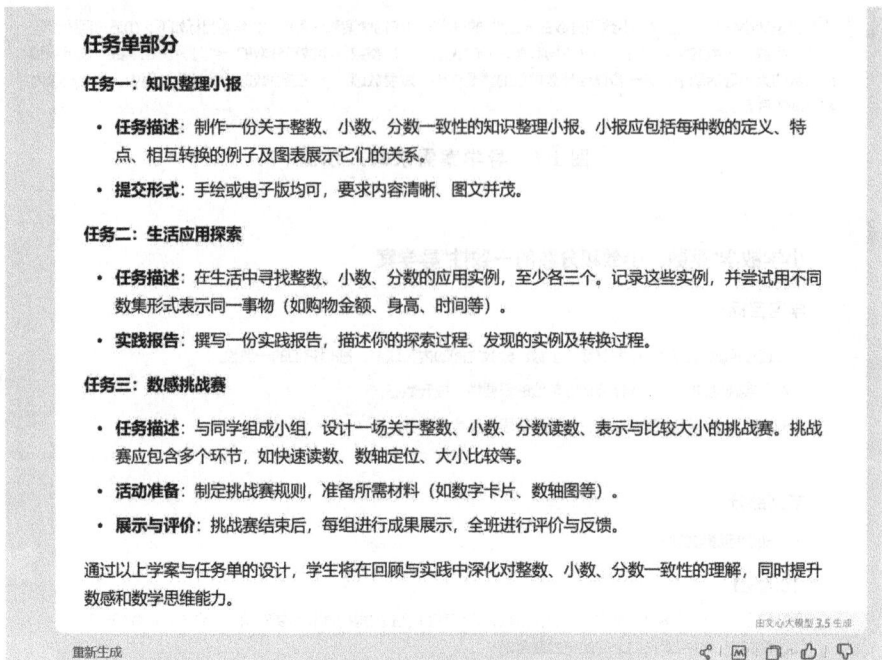

图 1-3 任务单输出示例

构建、读数大挑战、表示数与比较大小等，能够激发学生的学习兴趣，促进他们的主动参与和积极思考。任务单部分则通过知识整理小报制作、生活应用探索等活动，强调了实践操作的重要性。这些任务不仅有助于学生巩固所学知识，提升他们的动手能力和解决问题的能力，而且强调了数学与生活的联系，有助于学生体会数学的实用性和趣味性。同时，还鼓励学生进行小组合作，以促进合作学习与交流，有助于学生全面理解和掌握整数、小数、分数的一致性，提升数学应用能力。

由此可见，人工智能大模型在辅助导学案设计方面的优势与效果显著，通过适当改进和完善，即可进一步提升其教学效果和适用性。一方面，人工智能大模型显著提升了编写效率，利用自动化处理和智能推荐等先进技术，快速生成导学案的初步框架或关键内容，极大地减轻了教师的负担。这使得教师能够释放出更多宝贵的时间和精力，专注于教学策略的优化、学生学习动态的细致观察以及教学效果的深入反馈，从而全方位提升教学质量。另一方面，人工智能大模型在个性化定制方面展现出强大的能力。它能够深入分析学生的学习数据和行为模式，精准把握每个学生的学习特点与需求，进而量身打造个性化的学习路径与任务。这种定制化的教学方案有效促进了学生的潜能挖掘与个性发展，使学习变得更加高效且富有成效。

此外，人工智能大模型还极大地丰富了教学资源的获取渠道。它能够无缝对接庞大的教育资源库，为教师提供源源不断、种类繁多的教学素材与案例。这些资源的融入不仅让导学案的内容更加丰富多元，而且大大增强了其趣味性和吸引力，有效激发了学生的学习兴趣与参与热情，为教育教学注入了新的活力与可能。

(三)教学材料设计

教学材料作为教学过程中的关键要素，涵盖了从课件到习题、从教材补充到多媒体素材的广泛范畴。它们不仅是教学内容的载体，而且是教学理念的具体体现。通过精心挑选和整合教学材料，教师可以清晰地传达教学目标，确保教学活动的针对性与有效性。同时，教学材料的多样性也促进了教学方法的创新，使情境教学、项目式学习等新型教学模式得以实施。更重要的是，教学材料为学生提供了参与课堂、合作学习的机会，增强了师生互动，让课堂焕发出勃勃生机。在这个过程中，教学材料不仅传递了知识，而且培养了学生的思维能力、合作精神和创新能力。

课件作为教学材料的核心，通过融合多种媒体形式，将抽象的概念具象化，激发学生的学习兴趣。习题与作业则是检验学生学习成果的重要工具，它们不仅能帮助学生巩固知识，而且能培养学生解决问题的能力。再加上教材补充资料、多媒体素材以及实验器材等，共同构建了一个多元化、立体化的学习环境，为学生的全面发展提供了有力支持。

然而，在真实的教学环境中，教师搜集教学材料的过程往往并非如预期般一帆风顺。面对海量的信息资源，教师往往需要耗费大量时间和精力进行筛选和甄别，以确保材料的质量和适用性。此外，版权问题也是教师必须面对的一大挑战。在尊重知识产权的前提下，如何合法合规地使用教学材料成了一个亟待解决的问题。更为棘手的是，传统的教学材料难以满足学生的个性化需求，这无疑增加了教师的教学负担。同时，教学材料的更新速度也往往滞后于教育理念的更新和技术的发展，导致教学内容难以保持前沿性和时效性。

在这样的背景下，人工智能大模型的引入为教学材料的搜集与整合带来了革命性的变化。同样以小学数学"整数、小数和分数的一致性"一课为例，学习目标不变，向人工智能大模型提出在进行材料设计时要考虑学生能力差异性的需求(见图1-4)。可以看出，大模型所设计的教学材料涵盖了从基础到进阶再到挑战的不同层次题目，充分考虑了学生的能力差异，能够确保每个学生都找到适合自己的练习，并通过分层作业设计照顾到不同水平的学生(见图1-5、图1-6、图1-7)。这种因材施教的教学方式有助于满足每个学生的个性化需求，提高教学效果。同时，对于教师进一步筛选相关资源推荐与教学建议也能发挥显著的辅助作用。

> 请帮我搜集小学数学"整数、小数和分数的一致性"所适用教学材料（包括课件、习题、作业等）。学习目标如下：①通过回顾整理整数、小数、分数的学习内容，沟通不同数集之间的关联，感悟整数、小数和分数的一致性。②在读数、表示数和比较数的大小等活动中，进一步体会计数单位的重要作用，发展数感。③在感悟数的一致性的过程中，体会数学内容之间的联系。要求照顾到学生能力差异性。

图 1-4　教学材料需求输入示例

> 针对小学数学"整数、小数和分数的一致性"教学，以下是一些适用的教学材料（包括课件、习题、作业等）的搜集与整理，旨在满足学习目标并照顾到学生能力的差异性。
>
> ## 课件材料
>
> **内容要点：**
>
> - **整数、小数、分数的定义与表示**：回顾整数、小数、分数的定义，通过图表或动画展示它们之间的关联。例如，可以使用数轴来表示整数与小数的关系，通过分蛋糕的动画展示分数的意义。
> - **计数单位的理解**：强调计数单位在整数、小数、分数中的一致性。通过实例说明，如5可以看作5个1，0.5可以看作5个0.1，1/2可以看作2个1/4等。
> - **读数、表示数与比较数的大小**：设计互动环节，让学生练习读数、表示数和比较数的大小，同时引导他们思考背后的计数单位。
>
> **资源推荐：**
>
> - 学科网提供的《整数、小数和分数的一致性》(课件)-2023-2024学年六年级下册数学人教版（链接），该课件包含了丰富的教学内容和互动环节，适合用于课堂教学。

图 1-5　课件材料输出示例

> ## 习题材料
>
> **基础题：**
>
> - 设计一些简单的读数、写数题目，如读出35、0.35、1/2等，并写出对应的数。
> - 比较数的大小，如比较5和3.5、1/2和1/3等。
>
> **进阶题：**
>
> - 整数、小数、分数之间的转换，如将分数3/4转换成小数，或将小数0.75转换成分数。
> - 结合具体情境的应用题，如购物时计算总价（涉及整数与小数的加减）、分配任务时按比例分配（涉及分数）。
>
> **挑战题：**
>
> - 设计一些需要综合运用整数、小数、分数知识的题目，如解决复杂的分数加减法、小数与分数的混合运算等。
> - 探究性问题，如为什么小数比大小和整数比大小要从最高位比起，而分数比较大小却要先通分。

图 1-6　习题材料输出示例

作业材料

分层作业设计：

- **基础层**：针对能力较弱的学生，设计以基础概念和简单运算为主的作业，如读数、写数、比较数的大小等。
- **提高层**：针对中等水平的学生，增加一些进阶题目，如整数、小数、分数之间的转换和简单应用题。
- **挑战层**：针对能力较强的学生，设计综合性强、思维要求高的题目，如复杂的混合运算、探究性问题等。

作业示例：

- **基础层**：读出并写出下列各数：35、0.35、1/2；比较大小：5和3.5、1/2和1/3。
- **提高层**：将下列分数转换成小数或整数：3/4、7/10；计算：3.5 + 1/2 = ?；解决应用题：小明有5元，买了3支笔，每支笔1.2元，他还剩多少钱？（用小数表示）
- **挑战层**：探究为什么小数比大小和整数比大小要从最高位比起，而分数比较大小却要先通分，并尝试举例说明。

教学建议

- **创设情境**：通过生活实例或趣味故事引入教学内容，激发学生的学习兴趣。
- **动手操作**：利用学具（如小棒、分数条等）进行实际操作，帮助学生直观理解整数、小数、分数的意义。
- **合作学习**：组织小组讨论或合作学习活动，让学生在交流中相互启发、共同进步。
- **个别辅导**：关注能力差异较大的学生，提供必要的个别辅导与支持。

　　上述教学材料的搜集与整理以及相应的教学建议，可以有效地帮助学生回顾整理整数、小数、分数的学习内容，沟通不同数集之间的关联，感悟数的一致性，并在读数、表示数和比较数的大小等活动中进一步发展数感。同时，通过分层作业设计照顾到学生能力的差异性，确保每个学生都能在原有基础上得到提高。

参考 4 条信息源

由文心大模型 3.5 生成

图 1-7　作业材料输出示例

　　由此可见，凭借其强大的数据处理和智能分析能力，人工智能大模型能够快速筛选出高质量的教学材料资源，并根据教学目标和学生的学习需求进行智能整合。这不仅极大地提高了教师的工作效率，而且确保了教学材料的准确性和针对性。更为重要的是，人工智能大模型能够为学生提供个性化的学习建议和资源推荐，满足不同学生的个性化需求。通过持续跟踪教育领域的最新动态和技术发展，人工智能大模型还能对教学材料进行及时更新和优化，确保教学内容的时效性和前沿性。这些优势使得人工智能大模型成为教学材料搜集与整合的重要辅助工具，为教学活动的顺利开展提供了有力支持。同时，它也促进了教学方法和手段的不断创新，推动了教育事业的持续发展。

第二章

人工智能辅助
教学方案设计

第一节　教学方案基本框架

教学设计也可称为"教学系统设计"，是指以优化学习者的学习为根本目的，运用系统方法，将学习理论与教学理论等的原理转换成对教学目标、教学内容、教学方法和教学策略、教学评价等环节进行具体计划，创设有效的教与学系统的过程或程序。教学系统设计是以解决教学问题、优化学习为目的的特殊的设计活动(何克抗，郑永柏，谢幼如，2002)。换句话说，教学设计作为一个系统计划的过程，是应用系统方法研究、探索教学系统中各个要素(如教师、学生、教学内容、教学条件以及教学目标、教学方法、教学媒体、教学组织形式、教学活动等)之间的本质联系，并通过一套具体的操作程序来协调、配置，使各要素有机结合完成教学系统的功能(乌美娜，1994)。

人工智能时代的机器辅助教学致力于构建连接教师、机器和学生的范式，强调教师、机器和学生之间的合作与进化，促进人机融合与教学。相比之下，人类的抽象思维、逻辑推理、学会学习等高级特征具有较强的适应能力，而智能机器的海量数据存储、计算、检索等功能可以帮助教师快速处理数据。因此，在人工智能时代，以机器辅助教师进行教学方案设计，可实现人类智能与智能机器螺旋式协同进化，进而实现人机合作。

一般而言，教学方案设计通常包含以下内容与步骤：(1)确定教学目标(我们期望学生通过学习达到什么样的结果)；(2)分析学习者特征(是否具有学习当前内容所需的预备知识以及具有哪些认知特点和个性特征等)；(3)根据教学目标确定教学内容(为达到教学目标所需掌握的知识单元)和教学顺序(对各知识单元进行教学的顺序)；(4)根据教学内容和学习者特征的分析确定教学的起点；(5)制定教学策略(包括教学活动过程的设计和教学方法的选择)；(6)根据教学目标和教学内容的要求选择与设计教学媒体；(7)进行教学评价(以确定学生达到教学目标的程度)，并根据评价所得到的反馈信息对上述教学设计中的某一个或某几个环节作出修改或调整(何克抗，1997)。以下将围绕课程标准、教学内容、学习者特征、教学目标、教学策略、教学活动、教学评价七个方面介绍教学方案的设计。

一、课程标准分析

(一)基本内涵

《义务教育课程方案(2022年版)》指出："国家课程标准规定课程性质、课程理念、课程目标、课程内容、学业质量和课程实施等，是教材编写、教学、考试评价以及课程实施管理的直接依据。"它包括国家对某一学段的学生的具体要求，规定各门课程的性质、目标、内容框架，提出教学建议和评价建议。为保障和促进课程对不同地区学生、教师、学校的具体要求，我国实行国家、地方和学校三级课程管理（许洁英，2005）。

（二）组成要素

根据课程标准的基本内涵，可以明确其组成要素，如表 2-1 所示。一是课程性质。课程性质明确了课程的本质属性和在教育系统中的定位。二是课程理念。课程理念是指导课程标准制定和实施的核心思想，涵盖目标理念、内容理念、实施理念和评价理念。三是课程目标。课程目标清晰地指引了教学内容的选择和教学活动的开展。四是课程内容。课程内容是课程标准的核心载体，也是实现课程目标的具体体现。五是学业质量。学业质量是课程目标实现的具体体现，也是课程标准效果评估的重要依据。六是课程实施。课程实施是将课程标准转化为实际教学行为的关键环节，确保课程目标能够通过具体的教学活动得以实现。

表 2-1　课程标准的文本框架及逻辑思路

文本框架				逻辑思路 （要回答的基本问题）
一、课程性质				本课程的来源及其特征是什么？ 为什么要学习本课程？ 本课程对学生发展有什么重要价值？
课程性质及教育价值				
二、课程理念				本课程的价值追求是什么？ 如何通过课程标准的各部分来落实？
目标理念	内容理念	实施理念	评价理念	
三、课程目标				本课程对学生核心素养培育的贡献是什么？ 其进阶水平是怎样的？ （课程目标是核心素养的具体化）
历时性	共时性			
	（一）核心素养内涵		（二）目标要求	
结果	1. 要素及内涵		1. 课程总目标	
过程	2. 学段特征（素养进阶）		2. 学段目标	

续表

文本框架					逻辑思路 (要回答的基本问题)
四、课程内容					
内容结构图 { (一)内容单位1 　1.内容要求 　2.学业要求 　3.教学提示 } 观念 　(二)内容单位2 主题 　(三)内容单位3 任务					给学生提供哪些经验(内容及其基本活动)来达成课程目标?
五、学业质量					如何判定学生课程学习的结果?
学业质量内涵		学业质量描述			
六、课程实施					如何有效实施本课程?
教学建议	评价建议	教材编写建议	课程资源开发与利用	教学研究与教师培训	

二、教学内容分析

(一)基本内涵

教学内容是为了实现教学目标,要求学习者系统学习的知识、技能和行为规范的总和(何克抗,郑永柏,谢幼如,2002)。为增强教学设计的有效性,教学内容分析大致可分为三步。首先,教学内容的选择。教学内容具有结构层次和逻辑关联,选择教学内容一般从单元层次开始,逐步确定单元的范围、重点和序列。其次,教学内容的编排。教学内容的编排是对已选定的学习任务进行组织和编排,使其具有科学性和系统性。最后,对教学内容的选择和组织进行评价。

(二)分析层次

可以将教学内容看作一个系统,其由若干要素构成,包括不同的层次。一般而言,教学内容分析可以分为"知识""思想""价值"三大层次(姜立刚,2019),如图2-1所示。

第一,知识层次分析。"知"的层次分析,就是对教学内容中蕴含的知识点及其相互关系、呈现方式、达成

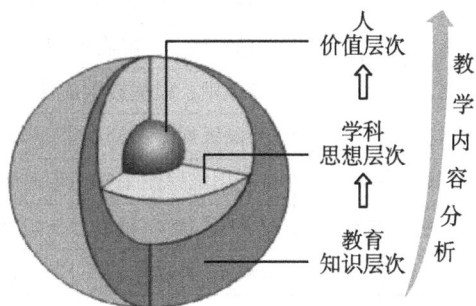

图2-1　教学内容分析的三大层次

要求等多个方面进行综合分析；"识"的层次分析，就是对教学内容中蕴含的具体学习思路与方法进行分析，以及对选择该种学习方法的依据进行分析。第二，思想层次分析。从学科发展出发，强调在知识层次分析的基础上，凸显某学科发展的基本思想方法。第三，价值层次分析。强调在知识层次分析与思想层次分析的基础上，从价值的角度升华课堂教学，并且统领课堂教学，直指人的发展。

（三）组织和分析技术

组织和分析教学内容是教学设计的一项重要工作(张立新，张丽霞，1998)。分析教学内容就是鉴别教学内容的性质及其组成部分，并在此基础上，把综合的、复杂的整体内容分解为各个相对独立、简单的组成部分，确定各个部分之间的联系。组织教学内容就是把经过分析而划定的各个部分，按照一定的方式方法进行安排，或者把分散的、零碎的内容组成具有一定结构的整体。

1. 组织技术

(1)布鲁纳的知识结构与螺旋式组织模式。不同形式的知识结构适用于学习者的不同认知发展水平，随着学生认知的发展，同一知识结构的抽象程度应该逐步提高。由此，教学内容的组织呈现一种循环的、螺旋式上升的形式。

(2)奥苏伯尔的先行组织者模式。先行组织者是在安排学习任务之前呈现给学生的引导性材料，它比学习任务本身具有更高一层的抽象性和包摄性，在学习过程中起到为学习者提供建立新旧知识之间的联系的线索的作用。

(3)加涅的层级分析和组织模式。加涅将学习结果分为五种类型，分别是言语信息、智慧技能、认知策略、动作技能、态度，如表 2-2 所示，不同的分类具有不同的学习条件。

表 2-2　加涅的学习结果分类

学习结果类型	具体实例
言语信息	识别和念出不同的汉字，如"木"和"禾"
智慧技能	(1)辨别：区分不同动物的特征，如"狗"和"猫"的区别
	(2)概念：给"哺乳动物"下定义
	(3)规则：根据数学加法规则计算出结果，如"8 + 5 = ?"
	(4)高级规则：使用排序规则将一组事件按时间顺序排列
认知策略	使用思维导图来整理和记忆一篇短文的主要内容
动作技能	正确书写数字和字母，如"1"到"10"和"A"到"Z"
态度	表现出对科学实验的兴趣，如喜欢做简单的科学实验

2. 分析技术

教学内容分析技术可以分为比较法、归类法、分解法和建构法(张立新，张丽霞，1998）。第一，比较法。所谓比较法，就是分析出两项或两项以上的教学内容的共同点和差异点，并以比较的方式组织起来的方法。第二，归类法。归类法就是把教学内容按某一标准或线索进行组织的方法。第三，分解法。分解法就是把一项综合的教学内容（或知识单元）分解为各个组成部分（知识点），并找出各部分之间的关系。第四，建构法。结构良好的教学内容有利于学习者认知结构的构建和重组，帮助学习者建立知识间的连接。

三、学习者特征分析

（一）基本内涵

作为教学活动的主体，学习者的生理因素、心理因素及社会背景因素等都会影响其信息加工的过程，可概括为智力因素和非智力因素两个方面。与智力因素有关的特征主要包括知识基础、认知能力和认知结构变量等，与非智力因素有关的特征主要包括兴趣、动机、情感、意志和性格等（沈孝山，杨成，2005）。具体而言，需考虑学习者的起点水平、知识结构、学习态度、学习动机、学习风格等因素（李艳，屈正庚，2018），如表2-3所示。

表2-3　学习者特征分析的体系模型

目标层	指标层	因素层
学习者特征分析模型	起点水平	预备技能
		目标技能
	知识结构	单一认知
		综合认知
	学习态度	主动学习
		被动学习
	学习动机	主观动机
		客观动机
	学习风格	理性风格
		感性风格

（二）分析步骤

学习者特征分析的具体步骤可以细化为七个关键环节。第一，依据教学大纲设定具体的学习任务。教育者需要根据课程的教学大纲和目标，明确学习任务的具体要求。第二，确定本次教学设计中学习者特征分析的内容。包括学习者的认知水平、学习动机、兴趣爱好、学习风格等。第三，确定分析工具及方法。包括问卷调查、访谈、观察、学习者自评等多种手段。第四，确定分析结果。通过对收集到的数据进行分析，教育者可以得出学习者的具体特征和需求。第五，提出具体的教与学的策略。基于分析结果，教育者需提出针对性的教学策略，以帮助学习者更好地理解和掌握学习内容。第六，通过形成性评价完善教学方案，即对以上所形成的教学对策进行测试，通过形成性评价获得反馈信息，修改完善教学方案。第七，实施方案，即将完善后的教学方案付诸实施(王海燕，李芒，时俊卿，2001)。

四、教学目标分析

(一)基本内涵

教学目标是教学的出发点，也是教学的阶段性终点。在教学设计过程中，最为关键的工作或许就是确定教学目标。没有准确的教学目标，教学设计者会基于根本不存在的需要去进行教学(W. 迪克，L. 凯瑞，J. 凯瑞，2007)。具体而言，教学目标就是教学过程中师生预期达到的学习结果。教学工作中的每个环节环环相扣，最终共同指向预期实现的教学目标，同时教学目标的确定也引导着教学工作的开展。

(二)分析要素

传统教学设计的教学目标分析一般从"三维目标"着手。"三维目标"的第一维目标"知识与技能"意指人类生存所不可或缺的核心知识和基本技能；第二维目标"过程与方法"中的"过程"意指应答性学习环境与交往体验，"方法"意指基本学习方式和生活方式；第三维目标"情感态度与价值观"意指学习兴趣、学习态度、人生态度以及个人价值与社会价值的统一(钟启泉，2011)。

之后，在"三维目标"的基础上逐渐强调"核心素养"。"核心素养"是素养系统中具有基础性的成分，是人进一步成长的基础和可能，也是人进一步成长的内核(余文森，2016)。"核心素养"是"三维目标"的提升和发展，"三维目标"强调在正确的学习过程中自主探究知识与技能、掌握方法、发展能力、培养态度和价值观，而"核心素养"要求培养学生适应知识经济、信息时代和全球化社会所必备的文化基础、自主发展和社会参与；"三维目标"聚焦课程对学生的培养，而"核心素养"聚焦教育对学生未来融入社会并获得成功所需正确价值观、必备品格和关键能力的培养；"核心素养"体现时代发展对人的需求，体现以学生发展为本的教育理念，而"三维目标"体现现代学科的内在价值。图 2-2 为中国学生发展核心素养体系(吴星，2017)。

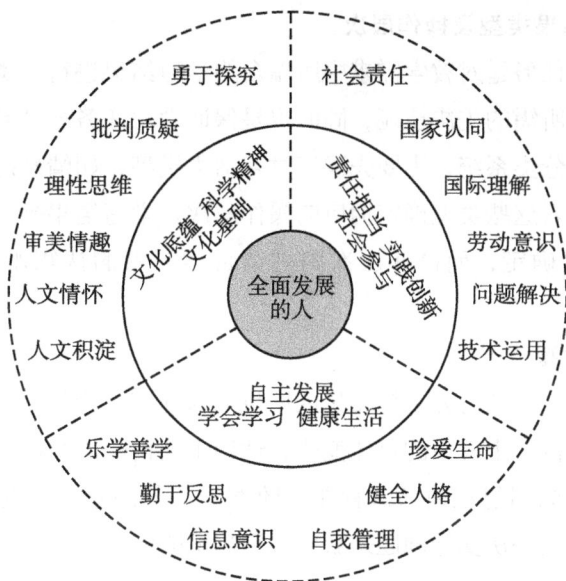

图 2-2　中国学生发展核心素养体系

(三)分析框架

　　课堂层次的教学目标分析的切入点是根据已经制定的课程目标,结合学习者特征分析的结果确定某次或某几次课堂的教学需求,并将相应的教学需求表述为具有"导学、导教、导测评"功能的清晰、可操作的教学目标。教学目标分析框架主要包括四个环节,即确定学习结果类型及操作层次、确定目标类型、分析目标任务、陈述学习目标(李婧,2010),如图 2-3 所示。

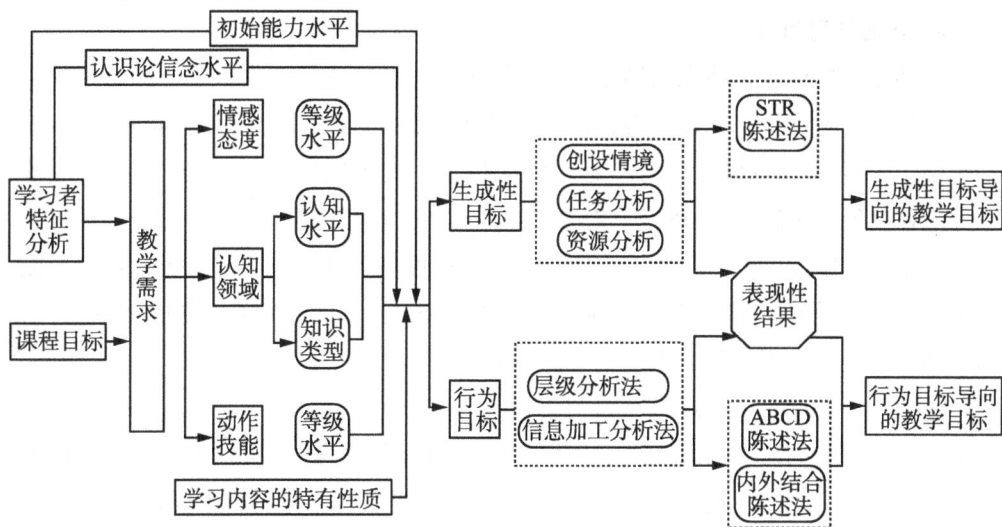

图 2-3　教学目标分析框架

1. 确定学习结果类型及操作层次

本环节的核心任务是对教学需求中所蕴含的学习结果进行分类，其决定了教学方法、学习条件和所需的先决技能，同时也是保证学习任务与学习后评价一致的基础。基于布鲁姆的分类系统，需要先确定学习结果类型，如情感态度、认知领域和动作技能，然后针对这些类型确定相应的操作层次。学习结果类型通常由课程目标中的教学内容直接确定，而操作层次则需结合学习者的认知水平和起始能力来确定。

2. 确定目标类型

确定目标类型，包括行为目标和生成性目标的判定。行为目标是课程和教学过程结束后，学生在行为上发生的具体变化，适用于结构化的基础理论知识和基本操作技能。生成性目标则是在教育过程中，随着学生与问题情境的互动而生成的目标，强调学习者通过解决实际问题来获得应用知识的能力。

3. 分析目标任务

不同的目标类型有不同的分析方法。行为目标是以具体、可操作的行为形式呈现的，常用的分析方法包括层级分析法和信息加工分析法。层级分析法从已确定的教学需求出发，逐步分析所需的次一级和再次一级的从属能力，形成具有层次结构的教学目标。信息加工分析法通过揭示教学需求所需的心理操作过程，明确子目标及其相互联系。生成性目标侧重学习者在解决问题过程中的认知过程和目标生成，教师需要创设问题情境，为学习者提供解决问题的空间，从而在问题解决过程中发展能力和达成目标。

4. 陈述学习目标

陈述学习目标就是将上述确定的类型和内容表述出来，这是教学目标分析的最后一个环节。对于行为目标而言，主要采用 ABCD 陈述法。学习者（audience）：应描述学习者(学生)的行为，而不是教师的行为。规范的行为目标应以"学生应该……"或"我能……"开头，而非"教给学生……"或"教师将说明……"等表达。行为（behavior）：需要用具体的行为动词描述学习者通过学习应能完成的可观察、可测量的行为，如"辨别""描述"或"背诵"。条件（conditions）：明确行为产生的条件，可能包括不允许使用工具、提供信息或提示、时间限制或行为发生的情境。例如，"在10分钟内完成……"或"在课堂讨论时能叙述……要点"。程度（degree）：指定学习者达到目标的最低表现标准，用以评价学习表现的程度，如"至少写出三种解题方案""百分之九十正确""完整无误"等。对于生成性目标而言，主要采用 STR 陈述法。情境描述（situation）：围绕教学需求创设情境，以故事形式展开，采用陈述句的语气，让学习者在特定情境中探索任务或解决问题。任务呈现（task）：学习者通过学习和探索需要完成的任务操作或最终提交的成果形式。资源提供（resources）：教师为学习者提供可利用的信息和材料，如查询网站、相关书籍或文献等，以支持任务的完成。

五、教学策略设计

（一）基本内涵

教学策略是为了达成教学目的、完成教学任务，在对教学活动有清晰认识的基础上对教学活动进行调节和控制的一系列执行过程，具体包括教学活动的元认知过程（教师对教学过程中的因素、教学的进程的反思性认知）、教学活动的调控过程（教师根据教学的进程及其中的变化而对教学过程采取的反馈、调节活动）和教学方法的执行过程（教师在教学过程中采取的师生相互作用方式、方法与手段的展开过程）（和学新，2000）。

教学策略作为教育处方，其特征包括：第一，指向性。任何教学策略都指向特定的问题情境、特定的教学内容、特定的教学目标，规定着师生的教学行为。第二，操作性。任何教学策略都是针对教学目标的每一具体要求而制定的，具有与之相对应的方法、技术和实施程序，它要转化为教师与学生的具体行动。这就要求教学策略必须是可操作的。第三，整体综合性。教学活动的元认知过程、教学活动的调控过程和教学方法的执行过程并不是割裂的，教师需进行整体性的分析。第四，调控性。教师能够根据对教学的进程及其各种要素的认识和反思，及时把握教学过程中的各种信息，即时反馈和调整教学的进程以及师生相互作用的方式，推进教学的展开，向教学目标迈进。第五，概括性。教学策略是对教学活动的理论或实践进行浓缩和提炼的结果（和学新，2005）。

（二）主要类型

教学策略是以某个构成教学活动的主要因素为中心，形成其策略的框架，使其他相关要素有机地依附于这个中心上，形成一类相对完整的教学策略，可以归纳为方法型、内容型、方式型和任务型四种类型（李康，1994），如表2-4所示。第一，方法型教学策略，包括讲授型和发现型两种。讲授型策略强调教师通过系统化的知识传递，帮助学生获取知识和理解概念，适合结构化知识的传授；发现型策略则鼓励学生通过主动探索、问题解决等方式发现知识，培养其理解和创新思维能力。第二，内容型教学策略，涵盖直线式、平行式、循环式和综合式四种模式。直线式模式按线性顺序展开教学内容，适用于逻辑联系强的学科；平行式模式让学生并行学习多个主题，适用于内容关联较小的学科；循环式模式通过反复呈现内容，帮助学生加深理解和记忆；综合式模式则将多种内容有机结合，培养学生的综合能力。第三，方式型教学策略，分为教师中心和学生中心两类。前者以教师为主导，适合传授结构化知识；后者则强调学生的自主学习，适合培养学生的深度理解和创新能力。第四，任务型教学策略，包括讲解型、练习型、问题定向型和综合能力型四类。讲解型策略通过详细解释任务帮助学生理解，练习型策略通过重复操作巩固技能，问题定向型策略通过复杂问题培养学生的批判性思维，而综合能力型策略则通过多种任务类型提升学生的综合应用能力。

表 2-4　教学策略的主要类型

方法型教学策略	内容型教学策略	方式型教学策略	任务型教学策略
讲授型策略 发现型策略	直线式模式 平行式模式 循环式模式 综合式模式	教师中心策略 学生中心策略	讲解型策略 练习型策略 问题定向型策略 综合能力型策略

六、教学活动设计

（一）基本内涵

教学活动是一种社会实践活动，它首先是教师和学生以自身的活动来引起、调整和控制人与教学客体之间物质变换的过程。在这个过程中，教师和学生、学生和学生之间又结成一定的关系并交换其活动（李松林，2011）。教学活动的本质内涵为"师生之间促进学生发展的社会实践活动"，无论是多个课时的项目式学习活动还是持续几分钟的课堂互动活动，都属于教学活动（李玉顺，谭律岐，公雪，等，2022）。

（二）基本类型

教学活动根据其对象和特点可以分为几类（李松林，2011），如表2-5所示。首先，以教学客体为对象的活动包括认识活动（学生对教学内容的理解）、改造或实践活动（学生对教学内容的应用）、欣赏或审美活动和评价活动（学生对教学内容的检测）。其次，以教学主体为对象的活动涉及师生及生生之间的互动，以主体自身为对象的活动则关注学生的自我意识和反思。根据目标领域，教学活动包括认知类、技能类和情意类活动；根据目标取向，分为行为类、生成类和表现类活动；根据活动构成，分为外部活动和内部活动；根据组织形式，分为个体、小组和群体活动。此外，教学活动还表现出不同的层次和水平。

表 2-5 教学活动的类型

维 度		教学活动			
对象	教学客体	实践活动	认识活动	审美活动	评价活动
	教学主体	师生交往活动		生生交往活动	
	主体自身	教师的自我反思活动		学生的自我反思活动	
目标	三大领域	认知类活动	技能类活动		情意类活动
	三种取向	行为类活动	生成类活动		表现类活动
构成	外部活动	感知活动	操作活动		言语活动
	内部活动	认知活动	情感活动		意志活动
形式	个体	个体活动			
	小组	小组活动			
	群体	群体活动			
层次	对客体的作用程度	感知活动	操作活动	认识活动	创造活动
	思维介入的程度	感性活动	知性活动		理性活动
	活动的总体水平	记忆型活动	理解型活动	探究型活动	创造型活动

根据上述分类，以下具体列举和介绍一些学习活动类型。

(1)分组活动。学生被分成若干小组，每组进行特定任务或讨论。此类活动有助于促进合作与沟通，培养团队合作能力。例如，小组讨论一个案例，或在科学实验中分组完成不同的实验任务。

(2)辩论活动。学生围绕某一议题进行辩论，表达不同观点，进行论证和反驳。此类活动能够增强逻辑思维能力和语言表达能力。例如，辩论是否应该推行环保政策，或讨论对历史事件的不同解读。

(3)讨论活动。学生围绕某一主题或问题展开讨论，分享个人观点并进行深入交流。此类活动有助于培养批判性思维和理解能力。例如，在课堂上讨论某部文学作品的主题，或探讨社会问题的解决方案。

(4)小组合作活动。学生在小组内共同完成一个项目或任务，通过合作解决问题。此类活动能够促进团队合作、任务分配，提高协作能力。例如，小组共同制作一份报告或进行项目设计，如策划一个社区服务活动。

(5)自主探究活动。学生根据个人兴趣和需求，自主选择学习内容和方式。此类活动能够促进自主学习，提高自我管理能力。例如，学生选择并完成一个研究项目，或进行课外阅读和撰写报告。

(6)角色扮演活动。学生扮演特定角色，通过模拟实际情境来探索和理解相关概念。此类活动有助于提高情感理解和实践能力。例如，在历史课上扮演历史人物，或者在外语课上模拟日常对话情境。

(7)案例分析活动。学生分析真实或假设的案例，以应用理论知识并解决实际问题。此类活动有助于提高分析能力和应用能力。例如，在数学课上分析全家旅游的费用规划问题。

(8)实验活动。学生通过亲自进行实验来探索和验证科学原理或理论。此类活动能够增强操作技能和观察能力。例如，进行化学实验来测试反应速度，或在生物课上观察细胞分裂过程。

七、教学评价设计

(一)基本内涵

教学评价是为了改善教师的教学和学生的学习而进行的数据收集和分析活动(Stassen，Doherty，Poe，2005)，是对教学过程中的行为、方法、态度和各种教学结果进行评价的一套标准。其设计应当以教学目标、学生的学习水平和教学环境特点为依据，并且应当根据教学目标的重点而有所区别。一般而言，一个高效的教学评价应具备以下特征：(1)全面性，评价应当包含影响教学效果的所有重要因素；(2)适应性，评价标准应当根据教学目标、学生学习水平和教学环境特点进行合理设置；(3)区分性，评价标准的权重设定应当根据教学目标的侧重点或重要性而有所区别；(4)明确性，评价中的评级应当是明显的、全面的和描述性的，描述的语言是具体的和可操作的；(5)不可再分性，评价中的每个元素都是不可再分的，每个评价元素应具有明确的独立性，避免过于笼统；(6)沟通性，评价应当促进教师与学生之间的沟通，帮助各方明确学习目标，提供及时的反馈，促进学习效果的提升。

不同的教学目标或学习单元需要采用不同的评价标准，但量规的设计与开发有一些基本步骤可循，如表2-6所示。

表 2-6　评价标准的设计步骤(钟志贤，王觅，林安琪，2007)

步骤	内　　　容
明确内容	明确所需评价的内容，分析评价主体、客体和方法
分析目标	分析所需评价内容的学习目标，了解所需评价的学习绩效特点
确定元素	确定评价元素。根据学习目标、学生认知水平以及实际的学习环境列出影响评价绩效的所有重要元素，必要时设置不同的权重

步骤	内　　容
确定等级	确定各评价元素的等级。在文献分析、调查问卷、访谈的基础上制定相应的等级，等级需涵盖预期绩效的全部范畴，每个等级应代表明显不同的层次，不能重叠或模棱两可，描述的语言应当清晰具体和可操作，避免含混抽象
量规草案	拟定初步的量规雏形，要求学生澄清量规中可能产生歧义或误解的问题
试用评价	让学生试用评价量规，并结合自己的体会充分讨论量规的效用，同时在更广的范围内征询修改量规的意见或建议
制定量规	根据各方反馈意见和具体情况调整、修订量规，形成正式使用的量规

（二）设计原则

评价本质是一种价值判断，其中蕴含评价者的个人经验与价值倾向，故应遵循评价标准差异化、评价方式多样化、评价主体多元化、评价内容全面化、评价过程动态化的原则，以体现评价指标体系的系统性、科学性、客观性、全面性（李逢庆，韩晓玲，2017）。评价标准差异化是指在评价过程中应考虑到学生的个体差异；评价方式多样化意味着评价不应局限于单一的形式，而应包括多样的方式，如项目作业、实践活动、口头汇报、案例分析等；评价主体多元化强调评价应由多个主体共同参与，包括教师评价、学生自评、同伴互评、家长反馈等；评价内容全面化要求评价不应只关注学生的知识掌握情况，而应涵盖知识、技能、情感态度价值观等多个方面；评价过程动态化强调评价应贯穿整个教学过程，而不仅仅是在学习结束时进行。

第二节　人工智能辅助教学方案设计的方法

一、人工智能辅助课程标准分析

课程标准是以纲要的形式规定有关学科教学内容的标准性文件，它规定了课程性质、课程目标、教学进度以及有关教学法的基本要求（李金桥，唐晶灵，2024）。在教育领域，合理有效地借助人工智能参与课程标准分析能达到事半功倍的效果。一方面，人工智能可以通过自然语言处理技术对课程标准文本进行深入分析。传统的课程标准分析往往依赖于专家的阅读和理解，而人工智能可以通过语义分析和文本挖掘技术快速提取课程标准中的核心要素和关键内容。另一方面，人工智能可以对不同国家、不同地区、不同学科的课程标准进行对比分析，揭示课程标准之间的异同和变革趋势。

(一)提示词模板

在分析课程标准时，教师面临着复杂多样的挑战。为了更好地理解和应用课程标准，确保其与教育目标相一致并满足不同学习者的需求，精确的分析和设计显得尤为重要。以下通过部分提示词模板，引导教师进行课程标准分析，如表2-7所示。

表 2-7 人工智能辅助课程标准分析提示词模板

课程标准分析	提示词模板
课程目标	基于课程标准中要求的核心素养，请问如何在课堂上体现和发展？ 课程目标如何支持学生的全面发展？哪些具体的学习目标与学生的个性化需求相契合？
课程内容	教学内容的难度如何设计才能适应不同层次学生的学习需求？如何把握知识、思想和价值的三重层次？ 基于课程标准中规定的关键知识点和主题，请问如何确保这些内容融入课堂教学？
课程实施	哪些教学策略最适合实现课程目标？如何选择和应用这些策略以提高教学效果？ 基于课程标准中的学业质量评价，请问如何设计评价标准以准确反映学生的学习进展和目标达成情况？

(二)知识库构建指南

在进行课程标准分析时，虽然借助通用大语言模型工具能够提供一定的支持，但要达到更好的效果，还需要接入专门构建的知识库。这样的知识库可以帮助模型更准确地理解和应用课程标准的要求。

针对课程标准分析的知识库，通常需要包括以下内容。

(1)基础知识库。包括国家或地区的教育标准文件、相关课程的教学大纲和课程标准示例、教学设计与课程开发的基础理论文献。

(2)人工智能与教育相关资源。包括有关人工智能技术在教育领域的应用案例与研究论文、各类人工智能教学工具的使用指南与评测报告、人工智能在课程开发与学习者分析中的作用与影响、已有课程标准实施的成功案例、各国关于人工智能辅助课程标准的最佳实践报告、教师和学生使用人工智能技术的反馈和经验分享。

(3)课程标准评估工具。包括课程标准评估的理论与实践方法、课程标准实施过程中的常见问题与解决方案、教育数据分析与人工智能辅助评估工具。

二、人工智能辅助教学内容分析

人工智能可以辅助教师进行教学内容的选择、组织与分层。人工智能辅助教师进行教学内容的选择，需兼顾课程大纲要求、学生需求、学科特点和教学目标。人工智能辅助教师进行教学内容的组织与分层，需明确教学内容的结构与关联。在教学设计中，教学内容通常被组织成不同的模块或章节，每个模块内部又可以进一步细分为若干知识点。人工智能在这一过程中可以发挥重要作用。

（一）提示词模板

在设计提示词以支持教学内容分析时，可以从教学内容的"知识""思想""价值"三个层次着手。

第一，知识层次提示词。

(1)分析教学内容中的主要知识点及其相互关系。

(2)探讨教学内容的知识点如何呈现，应符合什么样的学习要求。

(3)分析教学中蕴含的具体学习思路与方法，并探讨选择这些方法的依据。

第二，思想层次提示词。

(1)在知识分析的基础上，识别和凸显某学科发展的基本思想和方法。

(2)帮助用户理解和表达学科背后的核心思想及其在教学中的应用。

第三，价值层次提示词。

从价值角度升华教学内容，帮助教师分析如何将知识与思想整合以促进学生全面发展。探讨如何通过教学内容的价值分析来统领课堂教学，确保教学目标直指学生的整体发展。

表 2-8 是针对"知识""思想""价值"三个层次的提示词模板，以供教师进行教学内容分析时参考。

表 2-8 人工智能辅助教学内容分析提示词模板

层次	提示词模板
知识层次	请列出教学内容中的主要知识点，并描述它们之间的逻辑关系。
	该教学内容的知识点如何被组织和呈现？是否有助于学生的理解与记忆？
	在这个教学内容中，哪些关键知识点是学生必须掌握的？达成这些知识点的学习目标需要哪些条件？
	请分析教学内容中的学习思路和方法，并解释为什么这些方法是最佳选择。
	该教学内容的知识点有哪些常见的误解或难点？应如何设计教学来克服这些挑战？

层次	提示词模板
思想层次	该教学内容如何体现该学科的核心思想和发展方向？
	在教学内容的知识分析基础上，如何突出学科特有的基本方法论？
	请分析教学内容中如何引导学生理解并应用学科思想以解决实际问题。
	该教学内容如何通过知识传授来培养学生的学科思维？
	在教学设计中，如何利用教学内容来促进对学科思想的深入理解？
价值层次	该教学内容如何在知识和思想的基础上，进一步提升学生的整体素养与价值观？
	请分析该教学内容如何帮助学生从个人发展角度理解其学习的意义与价值。
	如何通过教学内容的设计，培养学生的社会责任感和道德判断能力？
	该教学内容是否有助于学生形成正确的价值观和人生态度？请说明如何实现。
	请讨论教学内容如何引导学生将学到的知识和思想应用于实际生活，从而实现个人和社会的价值提升。

(二)知识库构建指南

在构建支持教学内容分析的知识库时，除了依赖人工智能和大语言模型的能力，系统地整理和集成相关资源也是至关重要的。一个完善的知识库可以更有效地辅助教学设计、评估教学效果并制定改进策略，以下是构建该知识库时需要涵盖的主要内容。

(1)教学内容相关资源。包括课程标准、教材和教学资源(如教学视频、课件、互动工具等)。

(2)学生与教学成果资源库。包括学生成绩、学习进度、课堂表现记录、反馈和评估数据，用于分析学生学习情况、评估教学效果、制定个性化的教学策略和改进方案。

(3)教学策略与专业发展库。包括教学方法、课堂管理技巧、差异化教学策略、教师培训材料和教育研究等。

三、人工智能辅助学习者特征分析

传统环境下的教学方式以课堂教学为主，学习者特征分析主要通过教师的个人观察及师生之间的交流进行。技术环境下的学习者特征分析相对于传统教学而言，大大突破了时间和空间的限制，能够结合信息化手段对学习者相关的学习信息进行量化分析与处理(张靖晗，张进良，2022)。人工智能辅助学习者特征分析能实现有效的人机协同(喻国明，李钒，滕文强，2024)，实现数据采集、精准化学情分析、一对一教学指导和教学反馈的常态化,达成"有教无类,因材施教"的目标(武法提,杨重阳,李坦,2024)。具体而言,人工智能可以在大规模采集、挖掘、计算、推理学生个体认知和行为数据的基础上精准地感知和计算学生的需求,分析学生的认知和行为模式(周琴,文欣月,2020)。

(一)提示词模板

在有效的教学设计中,深入了解学习者的特征和行为模式是关键一步。这不仅能帮助教师根据学生的需求量身定制教学策略,而且能提高课堂参与度和学习效果。以下内容通过一系列提示词模板,引导教师利用人工智能分析学习者的特征和行为,如表 2-9 所示。

表 2-9 人工智能辅助学习者特征分析提示词模板

学习者特征	提示词模板
学习者特征分析	该学段的学习者偏好的学习方式是什么?(如视觉、听觉、动手操作) 该学段的学习者的基础知识水平如何?有关该学科已经大致掌握了哪些知识?哪些知识还需要教师后期着重关注? 该学段的学习者在该学科或技能上的强项和弱项是什么? 该学段的学习者对哪些主题比较感兴趣?
学习者行为模式分析	如何提高学习者在该学科课堂上的主动性?(如提问、讨论参与) 如何鼓励学习者按时并积极完成课堂任务和课后作业? 如何提高学习者与同伴和教师的互动频率和质量? 该学段的学习者的学习时间应该如何分布比较合理?(如集中学习时间、分散学习时间)

(二)知识库构建指南

在构建有效的知识库时,系统化的资源整理和数据分析是不可或缺的。在理解和应对学习者多样化需求时,利用人工智能技术的分析能力,可以显著提升教学效果的针对性和个性化水平。以下是知识库构建的关键步骤和内容。

(1)收集学习者数据。设计调查问卷以收集学习者的背景信息、学习风格和兴趣,进行个别访谈以深入了解学习者的需求和动机,观察学习者在课堂上的表现和互动方式。

(2)数据分析。对收集到的数据进行整理和分类,识别出学习者的共性和个性化需求,然后撰写详细的分析报告,包括学习者特征和推荐的教学策略。

(3)人工智能辅助分析。将整理好的数据输入人工智能工具进行分析,生成个性化的教学建议和学习资源,根据人工智能工具的反馈不断调整和优化教学设计。

四、人工智能辅助教学目标分析

人工智能可以分析学生的知识水平、认知特征和学习状态，感知学习环境的复杂性，综合制定适合不同学习者的教育目标。第一，人工智能助力教学目标个性化。通过收集和分析学习数据，人工智能可以识别学生的强项和需求，为每个学生制定有针对性的学习目标，以确保他们能够更好地掌握课程内容。第二，人工智能助力教学目标精细化。通过分析大规模的教育数据，人工智能系统可以识别趋势和模式，帮助教师了解哪些教学目标在当前教育环境中更为重要，哪些教学目标可能需要调整或更新。第三，人工智能还可以为教师提供教学目标的建议(庄佳，薛冰，崔源，2024)。

(一)提示词模板

在设计提示词时，可以围绕"三维目标"展开。"知识与技能"强调学生需掌握的核心知识和基本技能，"过程与方法"强调学生在学习过程中应当经历的思维活动、实践探索以及所采取的有效学习策略与问题解决技巧，"情感态度与价值观"强调学习兴趣、学习态度、人生态度以及个人价值与社会价值的统一。"三维目标"提示词模板如表 2-10 所示。

表 2-10 人工智能辅助教学目标分析"三维目标"提示词模板

教学目标	提示词模板
知识与技能	在本次教学内容中，哪些核心知识点和基本技能是学生必须掌握的？
	学生在学习这些核心知识与技能时，可能会遇到哪些常见的困难？如何通过教学设计加以解决？
	为了帮助学生内化所学的知识，哪些应用场景或实际案例可以用于加强他们的理解与技能运用？
过程与方法	为了鼓励学生主动探索，教师可以设计哪些开放性问题或项目引导他们进行自主学习和实践？
	学生在合作学习或团队项目中，应如何分配任务和角色，以有效提升集体智慧和协作能力？
	在解决复杂问题时，学生可以使用哪些具体的方法或工具来提高问题解决的效率和效果？
情感态度与价值观	在课堂讨论或课后反思中，如何引导学生认识到个人成长与社会责任之间的关系？
	哪些教学策略可以帮助学生在学习中体验成功的喜悦，并逐步建立自信心和正确的价值观？
	在本次教学中，如何通过学习活动帮助学生建立正确的人生态度和价值观，并促进他们的个人价值与社会价值的统一？

在"三维目标"的基础上，也可以从核心素养发展的角度设计提示词。依据中国学生发展核心素养体系，可以从文化基础、社会参与、自主发展等方面促进学生的全面发展，提示词模板如表 2-11 所示。

表 2-11　人工智能辅助教学目标分析"中国学生发展核心素养"提示词模板

核心素养	提示词模板
文化基础、文化底蕴、科学精神	在教学中，如何确保学生掌握并理解传承中华优秀传统文化的核心知识？ 如何引导学生在日常学习中将传统文化与现代文化相结合，增强他们对文化底蕴的自信心？ 在课程中，如何设计实验或探究活动，以培养学生的科学精神和理性思维？
社会参与、责任担当、实践创新	哪些社会实践活动可以让学生理解并承担社会角色，增强他们的公民意识？ 如何在课程中引导学生关注公共问题，培养他们的责任担当和解决实际问题的能力？ 如何通过跨学科整合的方式培养学生的实践能力，并激发他们的创新思维？
自主发展、学会学习、健康生活	在教学中，如何帮助学生发现和发展自己的兴趣与潜能，促进其自主发展？ 在学习活动中，如何设计引导学生掌握有效的学习策略，提升他们的自主学习能力？ 在教学中，如何渗透健康生活理念，培养学生良好的生活习惯和心理素质？

（二）知识库构建指南

在进行知识库构建时，借助基础数据和标准资料可以提供一定的支持，但为了达到更精准和高效的效果，必须整合特定的知识库。这样的知识库有助于更加系统全面地理解教学目标，从而优化教学策略和目标设定。知识库的构建通常包括以下步骤。

(1)初拟教学目标。收集、整理课程大纲和课程标准，确保目标与课程标准一致；收集已有的某学科的教学目标作为参考，了解常见的目标设定方式和内容(包括目标陈述、具体行为描述、评估标准、关联课程内容等)。

(2)确定教学目标。调研学习者需求，了解学生的基础知识和学习需求，分析学生在相关领域的表现数据，作为确定具体教学目标的依据。

(3)调整教学目标。分析实施教学后的反馈信息(学生参与度与满意度、学习行为、学习效果等），调整和优化学习目标。

五、人工智能辅助教学策略设计

教学策略包括教学活动的元认知过程、教学活动的调控过程和教学方法的执行过程，教学策略的产生就是为了解决现实的教学问题、掌握特定的教学内容、达到预定的教学目标、收到预期的教学效果(和学新，2000)。目前人工智能不仅可以矫正学生解决问题的思路，而且可以为其提供个性化的策略(张治，2023)。具体而言，第一，人工智能可以结合不同的教学方式，如基于游戏的教学、基于项目的教学等，通过不同方式赋能智慧化教学，增强教学的趣味性，提高学生学习的投入度和体验感，同时可以帮助教师布置随机的教学任务，生成不同级别且富有创造性的教学问题与答案，使教学策略和方式升级；第二，人工智能可以帮助教师制订教学计划，为教师节省大量寻找教学灵感的时间；第三，在适当教学策略的辅助下，人工智能还可以作为不同场景的学习手段，引导学生分小组协作解决对应问题，让学生在体验中成长。

（一）提示词模板

在教育领域，人工智能正在逐步融入教学设计的各个环节，成为教师的重要工具。在教学策略的设计过程中，人工智能能够分析大量数据，识别学习者的个性化需求，还可以通过提示词来理解教师的需求，并辅助教师优化教学策略的选择和实施。以下将通过方法型、内容型、方式型和任务型四种教学策略，展示如何利用对应的提示词进行人工智能辅助教学策略设计，如表 2-12 所示。

表 2-12　人工智能辅助教学策略设计提示词模板

教学策略		提示词模板
方法型 教学策略	讲授型策略	在讲授过程中，本章节哪些关键概念和知识点需要特别强调，以确保学生能够系统化地掌握内容？
		在讲授过程中，哪些方法可以有效地帮助学生理解复杂的理论或结构化知识？
	发现型策略	如何设计学习活动，鼓励学生通过哪些探索方式来主动发现并理解新的知识？
		在学生探索问题的过程中，哪些引导性问题可以帮助他们更深入地理解所学内容并激发创新思维？

续表

教学策略		提示词模板
内容型教学策略	直线式模式	在教学内容安排上,哪些主题需要按照顺序展开,以确保逻辑联系的连贯性?
		如何确定内容的递进顺序,以帮助学生逐步建立对学科概念的全面理解?
	平行式模式	哪些重要的知识点需要反复呈现,以帮助学生加深记忆和理解?
		如何安排内容的循环呈现,确保学生能通过多次接触巩固学习效果?
	综合式模式	在综合内容的教学中,如何设计跨学科的问题或项目,帮助学生在多领域中找到关联?
方式型教学策略	教师中心策略	哪些教学方法可以加强教师对课堂的控制,确保知识的有效传递?
	学生中心策略	在以学生为中心的教学环境中,如何设计学习任务,促进学生的自主学习和深度理解?
		哪些激励机制可以被使用,以增强学生在学习过程中的主动性和参与度?
任务型教学策略	讲解型策略	如何设计任务讲解,使学生能够准确掌握任务的重点和目标?
	练习型策略	在设计练习任务时,如何确保练习的难度适中,以帮助学生有效巩固所学技能?
	问题定向型策略	哪些问题可以引导学生从不同角度分析,以提升他们的综合解决问题能力?
	综合能力型策略	哪些类型的任务可以结合起来,帮助学生在实际应用中展示他们的综合能力?

(二)知识库构建指南

在构建教学策略时,虽然通用的分析工具可以提供一定的帮助,但为了取得最佳效果,必须接入专门构建的知识库,这样可以帮助我们更全面地分析和优化教学策略的实施与效果。以下是知识库构建及分析的基本步骤。

(1)构建教学策略库。收集关于各种教学策略的文献和研究资料,包括策略的理论基础、应用场景和效果案例;收集实际应用案例中的效果数据,包括教学效果、学生反馈、课堂观察记录等;收集来自教师、学生和教育专家的反馈,了解他们对不同教学策略的评价和建议。

(2)分析教学策略。对比不同教学策略的实施步骤、应用场景及效果，确定详细的教学策略；根据已有资源及设施条件，识别出教学策略的优势和需要改进的地方。

(3)人工智能辅助分析。将确定的教学策略输入人工智能工具，借助其进行教学策略的科学性及可行性分析。

六、人工智能辅助教学活动设计

传统的学校教学活动基本上发生在以教室为中心的场合，教师面对的是学生群体，教学过程也是以集体授课模式展开的，无法实现个性化教学目标(周东，2024)。人工智能辅助技术可以改变这一局面，以智能导学系统为代表的大数据在线教学平台的介入，可以辅助教师完成教学任务及教学活动的设计与实施，也可以辅助学习者把握教学活动的关键环节，成为备课助手、教学助教、私人答疑、个性化学习助手、数字导师、学业评价员等(秦渝超，刘革平，许颖，2023)。

(一)提示词模板

在教学活动的设计与实施过程中，选择合适的活动类型和明确的目标是至关重要的。为了帮助教师系统地规划和优化各种教学活动，我们提供了针对不同活动类型的一系列提示词。这些提示词旨在引导教师在设计分组活动、辩论活动、讨论活动等时，充分考虑活动的目标、过程和评估方式，如表 2-13 所示。

表 2-13 人工智能辅助教学活动设计提示词模板

教学活动	提示词模板
分组活动	学生应被分成多少小组才能最佳实现合作与沟通的目标？ 每个小组的任务如何设计才能促进团队合作能力的发展？ 如何确保小组成员之间的任务分配合理，充分发挥每个人的优势？ 活动结束后，如何评估小组间的合作与成果？
辩论活动	选择的辩题是否能够引发学生的兴趣并激发他们的思维？ 如何设计辩论规则以确保学生在表达观点时能进行有理有据的论证？ 如何平衡参与辩论的学生人数，确保每个学生都有发言机会？ 如何在辩论后总结观点，并引导学生反思和改进他们的论证技巧？
讨论活动	讨论主题是否能引发学生的兴趣和参与热情？ 如何设置讨论问题以引导学生深入思考和批判性分析？ 如何在讨论过程中促进学生之间的互动和观点交换？ 如何记录和评估学生在讨论中的贡献和理解程度？

续表

教学活动	提示词模板
小组合作活动	该项目或任务是否适合小组合作完成？ 如何设置合作任务以促使学生有效分工与合作？ 小组合作过程中，教师应如何监控和指导以确保任务顺利进行？ 如何在活动结束后评估每个小组的表现和合作效果？
自主探究活动	如何引导学生选择适合自己兴趣和能力的探究主题？ 学生在自主探究过程中需要哪些资源和支持？ 如何评估学生的自主探究过程和结果？ 如何鼓励学生在探究过程中反思和改进他们的学习策略？
角色扮演活动	选择的情境或角色是否能够帮助学生深入理解课程内容？ 如何确保学生在角色扮演中真实地模拟实际情境？ 如何引导学生在角色扮演后反思并总结所学内容？ 如何评估学生在角色扮演中的表现和理解程度？
案例分析活动	选择的案例是否具有足够的现实性和相关性，以激发学生的分析兴趣？ 如何引导学生在分析案例时应用所学理论知识？ 学生在分析过程中如何组织和呈现他们的解决方案？ 如何评估学生在案例分析中的逻辑性、创新性和实际应用能力？
实验活动	该实验的目标和步骤是否明确？学生能否顺利完成？ 实验设计是否能够帮助学生理解并验证所学理论或原理？ 在实验过程中，教师应如何指导学生观察、记录和分析数据？ 如何在实验结束后评估学生的实验技能和理解能力？

(二)知识库构建指南

在设计教学活动时，虽然基本设计工具可以提供初步支持，但要实现有效和高质量的教学活动设计，必须依靠专门构建的知识库。这种知识库能够帮助我们系统地确定和优化各种教学活动类型及其设计模板。针对教学活动设计的知识库构建，通常包括以下基本步骤。

(1)确定教学活动类型。明确不同类型的教学活动，如小组讨论、实验活动、角色扮演等，并为每种类型制定设计模板。

(2)进行教学活动设计。收集和整理各种成功的教学活动设计案例，包括活动目标、实施步骤、所用资源等。为不同类型的教学活动创建设计模板，模板应包括活动目标、步骤、时间安排、所需资源和评估方法。

(3)设计教学活动评估方式。为教学活动制定评估和反馈机制，确保能够准确测量活动效果并根据反馈进行改进。

七、人工智能辅助教学评价设计

在传统的手动评价中，教育者可能会花费大量的时间来参与教育评测的设计与实施，这可能会导致反馈延迟。而人工智能辅助教学评价设计及实施可以显著减少周转时间，及时向学生提供与学习进度相关的详细和即时的反馈，并确定学生需要改进的领域，提高教学评价反馈的效率与客观性。具体而言，智能评估工具能够检测学生的答案是否正确，并提供即时的反馈，还可以实时跟踪学生的学业进展，帮助教育者进行教育研究和课程改进(庄佳，薛冰，崔源，2024)。当然，人工智能无法仅通过数据量化就全面系统地分析教育价值或培养高素质人才(谌志霞，张文昊，赵瑞斌，2022)，因此应该有效利用人的主观意识评价和以数据为基础的人工智能评价，构建全面、客观、科学的精准评价模式。

(一)提示词模板

在教学评价中，设计高效且准确的评价量规是关键，它能够帮助教师系统地评估学生的学习表现并提供有效的反馈。人工智能介入评价量规的设计不仅能显著提高设计的效率和准确性，而且能引导教师设计出更加科学和合理的评价量规。表 2-14 是利用人工智能进行评价量规设计的提示词模板。

表 2-14 人工智能辅助评价量规设计提示词模板

评价量规设计	提示词模板
维度设置	如何明确学生在该维度下应具备的核心能力或特质？ 该维度如何反映学生的综合能力？可以提供哪些示例？ 该维度与其他维度之间的逻辑关系是什么？如何对其进行解释？
评分细则	如何为每个评价要素定义不同的评分等级，如优秀、良好、中等、差等？ 每个评分等级的具体表现和要求是什么？ 如何确保每个评分标准具体且可度量？可以使用哪些方法进行验证？ 如何确保量化评分能够有效反映学生的真实表现？
设计原则	全面性：如何确保量规覆盖所有课程或活动的关键评价目标？如何设计量规以全面反映学生在各个方面的综合能力？如何确保量规设计能够满足不同的评价需求和目标？ 适应性：如何为量规提供有效的调整和应用指导，以适应不同情况？如何设计量规以适应不同的学习环境和教学设置？ 明确性：如何为每个评分标准提供具体的示例，以帮助评估者理解？如何确保评分表格的设计能够清楚地呈现评分标准和等级？ 一致性：如何确保量规中的评分标准在不同评估者之间的一致性？如何统一量规中各维度和评分标准的描述，以避免误解？ 区分性：如何确保评价元素的权重设置能够反映教学目标的实际重要性？如何验证各评价元素的权重设置是否合理且能有效区分学生的表现？

(二)知识库构建指南

在教育评价的过程中，人工智能技术的引入为评价量规设计带来了变化。在设计评价量规时，人工智能不仅有助于确定评价要素和标准，而且能有效构建评价量规的框架和评分项，确保其结构清晰且可操作。利用人工智能辅助设计高效能的评价量规，既需要借助提示词，也需要构建知识库。以下是知识库构建与评价量规优化的基本步骤。

(1)相关数据收集与分析。收集与评价量规设计相关的基础数据，通过人工智能分析现有评价量规的反馈数据，确定改进需求。

(2)设计评价量规。确定评价要素和标准，利用人工智能设计评价量规结构。构建量规框架，定义评分项和标准，确保清晰可操作。

(3)实施与优化。在实际教学中应用量规，收集实施反馈。利用人工智能分析反馈数据，进行量规的调整和优化，保持其有效性。

第三节　实践案例

一、案例1：人工智能辅助小学语文教学方案设计

本案例以部编版语文教材五年级上册第一单元课文《落花生》(作者许地山)为例，运用人工智能文心一言来辅助教学方案设计。文心一言是一款集自然语言处理技术之大成的人工智能大模型，它通过深度学习算法，不仅能理解语言的表面意义，而且能洞察语言背后的深层含义，包括语境、情感和语用。下面将介绍运用文心一言辅助《落花生》教学方案设计的实践案例。

(一)课程标准分析

《义务教育语文课程标准(2022年版)》涵盖了课程性质、课程理念、课程目标、课程内容等多个模块。在备课前，教师需要明确课程标准的要求，以便后续备课得心应手。下面借助文心一言对课程标准进行简要分析。

提问：我是一名小学五年级语文教师，请问我进行课程标准分析时应该注重哪些部分，以便后续顺利备课？

回答：

1.课程目标与要求

(1)识字与写字

识字量：明确学生需掌握的生字数量，如五年级上册可能要求学生认字200

个，会写150个。

写字能力：强调书写的规范、端正和整洁，包括钢笔和毛笔书写的具体要求，如能用钢笔书写楷书，行款整齐，并有一定的速度；能用毛笔书写楷书，并体会汉字的优美。

（2）阅读

阅读能力：明确学生应达到的阅读速度和阅读理解能力，如默读有一定的速度，并能抓住文章的大意，能联系上下文和自己的积累体会课文中含义深刻的句子。

阅读方法：引导学生学会运用多种阅读方法，如精读、略读、浏览等，并根据不同的阅读目的选择合适的阅读方式。

课外阅读：鼓励学生进行课外阅读，设定课外阅读总量目标，如不少于25万字，并推荐适合五年级学生阅读的经典名著和优秀作品。

（3）写作

写作能力：明确学生应能写简单的纪实作文和想象作文，内容具体，感情真实，能修改自己的习作，书写规范、整洁。

写作形式：学写简单的读书笔记、内容梗概，以及在综合性学习活动中，能初步了解查找资料、运用资料的方法，并能策划简单的社会活动，学写活动计划。

（4）口语交际

交际能力：注重对学生倾听、表达和应对能力的培养，能在不同的场合，针对不同的对象，清晰、准确、有条理地表达自己的观点和想法。

实践机会：通过讨论、辩论、演讲、采访等形式，让学生在实践中提高口语交际能力。

2. 教学内容与结构

教材结构：了解教材的整体框架和单元设置，如五年级上册可能包含"我爱阅读""月是故乡明""学习说明性文章"等八个专题。

课文选择：分析课文的类型和主题，确保教学内容的多样性和丰富性，涵盖记叙文、说明文、议论文、诗歌、小说等多种体裁。

综合性学习：关注综合性学习单元的设计，如"遨游汉字王国"，注重培养学生的综合运用语文知识的能力、解决实际问题的能力和创新能力。

3. 教学方法与策略

识字教学：引导学生运用多种方法自主识字，如字形分析、部件组合、联想记忆等，并注重培养学生在阅读和生活中主动识字的意识和习惯。

阅读教学：采用多种阅读方法，如精读、略读、浏览等，并根据阅读目的选择合适的阅读方法。在阅读过程中，鼓励学生提出问题、思考问题、解决问题，培养他们的思维能力和创新精神。

写作教学：通过创设情境、组织活动等方式，为学生提供丰富的写作素材和灵感。同时，重视对学生作文的评价和反馈，通过教师评价、学生互评等方式，让学生了解自己的优点和不足，明确改进的方向。

口语交际教学：创设各种口语交际情境，让学生在实践中提高口语交际能力。同时，引导学生学会倾听他人的意见和观点，尊重他人的想法，培养良好的交际礼仪和合作精神。

4. 情感态度与价值观

情感培养：充分挖掘教材中的情感因素，引导学生感受真、善、美，培养学生的爱国主义情感、社会责任感、创新精神和实践能力。

价值观引导：在教学过程中，注重培养学生的正确世界观、人生观和价值观，引导他们在学习知识的过程中形成正确的价值选择和社会责任感。

分析上述对话：教师需结合人工智能提供的建议，有针对性地阅读课程标准的要求，明确五年级学生需达到的标准并做好记录，以便后续备课围绕课程标准的要求灵活展开。

(二)教学目标分析

提问：请从"三维目标"的角度分析本课的教学目标。

回答：

1. 知识与技能

生字词掌握：学生能够准确认读并书写课文中的生字词，理解其在课文中的具体含义和用法。

文本理解：学生能够理解课文内容，概括文章的主要情节和人物特点，理解"借物喻人"的写作手法，并识别出课文中的比喻和象征意义。

语言表达：学生能够运用所学词汇和句式进行简单的口语表达和书面表达，如复述课文、撰写读后感等。

2. 过程与方法

自主学习：鼓励学生通过预习、查阅资料等方式，自主了解花生的生长过程、营养价值等相关知识，培养自主学习能力。

合作学习：通过小组讨论、角色扮演等合作学习方式，让学生在交流中互相启发，共同解决问题，提高团队合作能力。

探究学习：引导学生对课文中的问题进行深入探究，如思考"人要做有用的人，不要做只讲体面，而对别人没有好处的人"这句话的深层含义，培养学生的探究精神和批判性思维能力。

3. 情感态度与价值观

情感体验：通过课文的学习，让学生感受到家庭收获的喜悦和温馨，体会到家庭成员之间的关爱和支持，激发学生的家庭责任感和归属感。

态度培养：引导学生形成正确的价值观和人生观，学习花生朴实无华、默默奉献的品质，培养学生不图名利、默默付出的精神。

价值观引导：通过课文中的故事和人物形象，引导学生思考人生的意义和价值，培养他们的社会责任感和公民意识，鼓励他们为社会做出自己的贡献。

分析上述对话：在教师和人工智能的上述对话中，人工智能能够清晰地从"三维目标"的角度分析《落花生》一课的教学目标，涵盖了知识与技能、过程与方法、情感态度与价值观三个方面。这种分析能够帮助教师全面理解和设计教学目标，确保教学内容的多层次性和丰富性。然而，人工智能的回答较为标准化，虽然全面，但可能缺乏对具体课堂情况和学生个体差异的细致考虑。教师在实际教学中需要根据学生的实际情况和教学环境进行调整，以确保目标的实现和学生的深入理解。

(三)教学内容分析

1. 知识层次分析

提问：关于五年级上册《落花生》一课，我该如何呈现和组织教学内容，以便学生理解和记忆？

回答：

(1)导入新课，激发兴趣

生活导入：可以从学生熟悉的花生入手，提问学生是否吃过花生、是否了解花生的基本特点和用途，从而引出课题《落花生》。

背景介绍：简要介绍作者许地山及其笔名"落华生"的由来，以及这篇文章的创作背景，激发学生的阅读兴趣。

(2)初读课文，整体感知

自由朗读：让学生自由朗读课文，初步了解课文内容。

概括大意：引导学生概括课文主要讲了哪些内容，即种花生、收花生、尝花生、议花生四个部分。

理清脉络：通过板书或PPT展示课文的结构框架，帮助学生理清文章脉络。

(3)精读课文，深入理解

①学习第一部分(种花生、收花生)

关键词语：找出描写种花生过程的词语(如买种、翻地、播种、浇水)，体会这些词语的顺序不能颠倒的原因。

情感体验：通过"居然"一词，引导学生体会收获花生时的意外和喜悦心情。

②学习第二部分(母亲提议过一个收获节)

理解内容：简单介绍母亲提议过收获节的背景和意义。

③重点学习第三部分(尝花生、议花生)

分角色朗读：让学生分角色朗读课文中的对话部分，体会人物的情感和态度。

对比分析：重点分析父亲的话，通过对比花生与桃子、石榴、苹果的不同，引导学生理解花生的可贵之处(默默无闻、朴实无华、不计较名利)。

深入理解：引导学生思考并讨论"人要做有用的人，不要做只讲体面，而对别人没有好处的人"这句话的含义，联系生活实际谈谈自己的理解和感悟。

(4)总结归纳，升华主题

总结课文：总结课文的主要内容和中心思想，强调花生不图虚名、默默奉献的品格以及做人的道理。

拓展延伸：引导学生思考生活中还有哪些像花生一样默默奉献的人或事物，并尝试用"借物喻人"或"借物喻理"的方法写一段话。

情感升华：通过介绍作者许地山的人生经历和贡献，进一步升华课文主题，让学生感受到作者不为名利，只求有益于社会的人生理想和价值观。

(5)布置作业

抄写词语：抄写课文中的生字新词，巩固字词基础。

背诵段落：背诵课文中的重点段落或句子，加深对课文内容的理解和记忆。

写作练习：仿照课文中的写法，运用"借物喻人"或"借物喻理"的方法写一篇小短文。

提问：本课教学内容的知识点有哪些难点？应如何设计教学来克服这些挑战？

回答：

(1)知识点难点

理解花生的品质：学生可能难以深入理解花生"默默无闻、无私奉献"的品质，以及如何将这种品质与人的品格相联系。

借物喻人的写法：学生可能不熟悉这种写作手法，难以把握如何通过具体事物来比喻人的品格或道理。

价值观引导：引导学生形成正确的价值观，理解"人要做有用的人，不要做只讲体面，而对别人没有好处的人"这一道理，并能在实际生活中践行。

(2)教学设计建议

情境创设，激发兴趣：通过展示花生的生长过程图片或视频，让学生直观感受花生的生长环境和特点，激发他们对花生的兴趣。引入生活实例，如环卫工人、教师等默默奉献的职业，让学生思考这些人与花生品质的相似之处。

深入阅读，理解品质：引导学生精读父亲议论花生的段落，通过圈点勾画、小组讨论等方式，理解花生的品质特点。分析对比花生与桃子、石榴、苹果的不同，强调花生不图虚名、默默奉献的可贵之处。

借物喻人，拓展思维：讲解借物喻人的写作手法，通过举例（如蜜蜂象征勤劳、蜡烛象征奉献等）帮助学生理解这一手法的运用。鼓励学生尝试运用借物喻人的手法，选择自己熟悉的事物来比喻人的品格或道理，并进行分享交流。

价值观引导，深化主题：通过讨论、辩论等形式，引导学生深入理解"人要做有用的人，不要做只讲体面，而对别人没有好处的人"这一道理。列举现实生活中具有这种品质的人物事例，如科研人员、医护人员、教师等，让学生感受到这种品质在社会中的重要性和价值。引导学生反思自己的行为和价值观，鼓励他们在实际生活中践行这一道理，做一个对社会有用的人。

分析上述对话：明显可以看出，人工智能的回答能够精准定位难点，在教学设计上的建议丰富且有针对性，同时注重知识与生活、德育的融合，让学生学知识、悟道理、重践行。

2. 思想层次分析

提问：议花生的意义是什么？

回答：

议花生的意义主要体现在以下几个方面。

理解花生的品质：通过讨论花生的生长过程、外观特征和内在价值，学生可以认识到花生虽然外表不起眼，却默默无闻地扎根土壤，结出丰硕的果实。这种朴实无华、不张扬的品质值得人们学习。

领悟做人的道理：作者通过父亲的话，将花生与桃子、石榴、苹果等水果进行对比，强调花生不图虚名、默默奉献的精神。这实际上是在教导学生，做人应该像花生一样，不求名利，只求实实在在地为社会、为他人做贡献。这种价值观对于培养学生的品德修养具有重要意义。

培养批判性思维：在议花生的过程中，学生需要思考并判断各种观点的正确性，从而培养批判性思维能力。他们要学会分析问题的本质，不被表面现象所迷惑，这是他们未来成长和发展的重要能力。

分析上述对话：人工智能的意义解读全面且深入，从理解花生品质、领悟做人道理到培养批判性思维，层层递进，精准剖析了"议花生"的多元意义，让教师清晰把握其教育价值，为课堂引导提供坚实的理论支撑，并且注重思维启迪，明确提出培养批判性思维这一要点，突破单纯知识讲授，着眼于学生长远发展。

3. 价值层次分析

提问：我应该如何引导学生理解《落花生》这一课背后的价值观，并在后续生活中实践？

回答：

(1)深入理解课文内容

精读与讨论：引导学生精读课文，特别是父亲讨论花生的部分，通过小组讨论或角色扮演等方式，深入理解花生所代表的默默无闻、无私奉献的品质。

关键词句解析：分析课文中的关键词句，如"人要做有用的人，不要做只讲体面，而对别人没有好处的人"，引导学生体会其深层含义。

(2)联系实际生活

生活实例分享：鼓励学生分享自己生活中遇到的具有花生品质的人或事，如环卫工人、教师、志愿者等，通过实例加深对价值观的理解。

角色扮演：组织学生进行角色扮演活动，模拟不同职业场景，让学生体验不同角色背后的辛勤付出和无私奉献。

(3)价值观引导与讨论

引导思考：提出问题，引导学生思考，如"你认为什么样的人才是对社会有用的人""你将来想成为怎样的人"等，激发学生的思考和讨论。

价值观辩论：针对一些有争议的话题，如"个人价值与集体利益的关系"，组织学生进行辩论，让学生在辩论中深化对价值观的理解。

(4)实践活动与体验

志愿服务：鼓励学生参与志愿服务活动，如社区清洁、帮助孤寡老人等，通过实际行动体验无私奉献的快乐和意义。

家庭责任：引导学生承担家庭责任，如做家务、照顾家人等，培养他们对家庭的责任感和奉献精神。

(5)反馈与反思

定期回顾：定期组织学生回顾自己在学习《落花生》一课后的成长和变化，分享自己在实践中的经验和感悟。

自我反思：引导学生进行自我反思，思考自己在日常生活中是否践行了花生品质，有哪些需要改进的地方。

（6）家校合作

家长参与：邀请家长参与学生的价值观教育，共同讨论如何在家庭中培养孩子的无私奉献精神。

家校联动：学校与家庭保持密切联系，共同关注学生在校内外的表现，共同促进学生的全面发展。

分析上述对话：以上只是辅助分析过程的一部分，如若要设计一堂高效的语文课，还需继续向人工智能追问，并结合自己的教学经验和思考来全面分析教学内容。

（四）学习者特征分析

提问：请问五年级的学生在该学科的有关方面已经大致掌握了哪些知识？哪些知识还需要教师后期着重关注？

回答：

（1）已掌握的知识

基础字词：学生已经能够识别并书写课文中的生字词，如"亩""播""浇""吩""咐""亭""慕""矮"等，并能够理解这些字词在课文中的具体含义和用法。

多音字识别：学生已经学会识别多音字，如"空""辟""便""种"等，并能在不同的语境中准确读出它们的正确读音。

近义词与反义词：学生能够理解并区分课文中出现的近义词和反义词，如"可惜"与"惋惜"、"爱慕"与"嫌弃"等，这有助于他们更准确地理解课文内容和作者的表达意图。

阅读理解能力：学生已经具备了一定的阅读理解能力，能够概括课文的主要内容，理解课文中的故事情节和人物形象，以及初步体会作者的思想感情。

简单写作：学生已经能够运用所学的字词和句式进行简单的写作练习，如仿写句子、写短文等。

（2）需要教师后期着重关注的知识

深入理解课文主题：虽然学生能够概括课文的主要内容，但对于课文所传达的深刻主题——花生朴实无华、默默无闻、不计较名利的品质，以及"人要做有用的人，不要做只讲体面，而对别人没有好处的人"的道理，还需要教师进一步引导和深化理解。

写作能力的培养：在写作方面，除了简单的仿写和短文写作外，教师还应注重培养学生的想象力和创造力，鼓励他们运用所学的写作知识和技巧进行更复杂的写作练习，如写读后感、续写故事等。

阅读技巧的提升：在阅读方面，教师可以引导学生学习并运用更多的阅读技巧，如快速阅读、精读、跳读等，以提高他们的阅读效率和深度理解能力。

借物喻人的写作手法：对于《落花生》中借物喻人的写作手法，教师需要重点讲解和引导学生理解其含义和用法，并鼓励他们尝试在自己的写作中运用这种手法来表达自己的思想和感情。

提问：如何提高学生在本课中的专注度和参与度？

回答：

(1)创设情境，激发兴趣

故事导入：以一个与花生或课文主题相关的有趣故事作为导入，吸引学生的注意力，激发他们的学习兴趣。

多媒体展示：利用图片、视频等多媒体手段展示花生的生长过程、家庭收获的场景等，让学生身临其境地感受课文背景，增加学习的趣味性。

(2)互动教学，增强参与

小组讨论：将学生分成小组，针对课文中的某个问题或观点进行讨论，鼓励学生发表自己的见解，增强他们的参与感。

角色扮演：组织学生进行角色扮演活动，如模拟家庭收获的场景，让学生分别扮演父亲、母亲、孩子等角色，通过表演加深对课文内容的理解。

问答环节：设计一系列与课文内容相关的问题，通过提问和回答的方式引导学生思考，提高他们的专注度。

(3)实践活动，体验学习

动手实践：安排一些与花生相关的实践活动，如观察花生的生长过程、制作花生食品等，让学生在实践中学习，增加学习的趣味性和实效性。

写作练习：布置与课文主题相关的写作任务，如写读后感、续写故事等，鼓励学生将自己的思考和感受用文字表达出来，提高他们的写作能力。

(4)及时反馈，激励表扬

积极反馈：对学生的回答和表现给予及时的反馈，肯定他们的优点和进步，指出需要改进的地方，帮助他们建立自信心。

激励表扬：对于表现突出的学生给予适当的表扬和奖励，激发他们的学习动力和积极性。

（5）多样化教学方法

游戏化教学：设计一些与课文内容相关的游戏或竞赛活动，让学生在游戏中学习，提高他们的学习兴趣和专注度。

分层教学：根据学生的不同水平和需求进行分层教学，为不同层次的学生提供适合他们的学习内容和任务，确保每个学生都能在自己的基础上取得进步。

（6）建立良好的师生关系

关注个体差异：了解每个学生的性格、兴趣和学习习惯，关注他们的个体差异，为他们提供个性化的指导和帮助。

营造和谐氛围：建立民主、平等、和谐的师生关系，让学生感受到教师的关爱和尊重，从而更加愿意参与课堂活动。

分析上述对话：不同的学习者具有不同的个性特征，教师需全方位获取课内课外学习者的行为，因人制宜。

（五）教学策略设计

提问：如果这是自主探究与小组协作相结合的课堂，请问我该如何设计教学？

回答：

1. 课前准备

明确目标：为学生明确本课的学习目标，包括知识掌握、技能提升、情感态度与价值观的培养等，并特别指出自主探究和小组协作的重要性。

预习任务：要求学生自主阅读课文，了解花生的基本知识和课文大意，同时鼓励学生查找与花生或课文主题相关的资料，为课堂讨论做准备。

2. 导入新课

创设情境：通过展示花生生长过程的图片、视频或讲述一个与花生相关的小故事，激发学生的学习兴趣和探究欲望。

提出问题：基于课文内容和预习任务，提出几个引导性问题，如"花生有哪些特点""课文中的花生象征着什么"等，为自主探究和小组协作指明方向。

3. 自主探究

个人阅读：给予学生一定时间，让他们独立阅读课文，深入思考预习任务和导入时提出的问题。

笔记记录：鼓励学生边读边做笔记，记录下自己的疑问、感悟和发现，为后续的小组讨论做准备。

4. 小组协作

分组讨论：将学生分成若干小组，每组4～6人，围绕预习任务、导入问题和自主探究中的发现进行小组讨论。

角色分配：在小组内明确每个人的角色和任务，如记录员、汇报员、时间控制员等，确保每位成员都能积极参与。

观点交流：鼓励小组成员之间充分交流意见，分享各自的理解和发现，共同解决问题，形成小组共识。

5. 汇报展示

小组汇报：每组选派一名代表，向全班汇报本组的讨论成果和观点，其他同学可提问或补充。

教师点评：教师对学生的汇报进行点评，肯定优点，指出不足，并引导学生进一步思考和探究。

6. 总结提升

知识总结：引导学生总结本课所学的知识点和关键概念，形成知识框架。

情感升华：通过讨论和反思，引导学生理解课文所传达的深刻主题和价值观，培养他们的社会责任感和家国情怀。

分析上述对话：在本次对话中，人工智能针对自主探究与小组协作相结合的课堂教学设计提供了全面且结构化的建议。这些建议涵盖了从课前准备到课堂实施再到课后反馈的各个环节，展现了对教学流程的全局把控。不过，教师在应用这些建议时，需结合学生的实际情况和课堂动态灵活调整，以实现更好的教学效果。

(六)教学活动设计

提问：关于花生，可以有哪些讨论活动指向学生的核心素养发展？

回答：

1. 花生的特点与价值讨论

(1)活动目的

培养学生的观察能力和批判性思维，同时加深学生对花生实用价值的认识。

(2)活动内容

观察与记录：让学生观察花生的外观、颜色、形状等特征，并记录下来。

价值探讨：引导学生讨论花生的营养价值、经济价值以及在社会生活中的重要作用，如作为食用油的主要原料、食品加工的重要材料等。

2. 花生与文化的联系讨论

(1)活动目的

拓宽学生的文化视野，增强文化认同感。

(2)活动内容

文化故事分享：鼓励学生分享自己了解到的与花生相关的文化故事或习俗，如中国传统的花生糖制作、花生在节日庆典中的象征意义等。

文化对比：引导学生对比不同国家和地区对花生的利用方式及文化意义，增进对多元文化的理解和尊重。

3. 花生品格的探讨

(1)活动目的

培养学生的品格素养，树立正确的人生观和价值观。

(2)活动内容

品格分析：结合《落花生》这篇课文，引导学生分析花生不图虚名、默默奉献的品格，并思考如何在日常生活中践行这种品格。

角色扮演：通过角色扮演的方式，让学生模拟花生在不同情境下的表现，加深对花生品格的理解和体验。

4. 花生种植与生态的讨论

(1)活动目的

培养学生的科学探究能力和环保意识。

(2)活动内容

种植实验：组织学生进行花生种植实验，观察并记录花生的生长过程，了解植物生长的基本条件和环境因素。

生态讨论：引导学生讨论花生种植对生态环境的影响，如土壤改良、生物多样性保护等，培养学生的环保意识和可持续发展观念。

5. 花生与社会责任的讨论

(1)活动目的

培养学生的社会责任感和家国情怀。

(2)活动内容

案例分析：选取与花生相关的社会案例，如花生种植户的艰辛生活、花生加工企业的社会责任等，引导学生分析案例中的社会问题，并思考个人和社会应如何承担责任。

讨论与规划：组织学生讨论如何通过自己的努力为花生产业的发展和社会进步做出贡献，制订个人或小组的行动计划。

分析上述对话：人工智能的回答全面且条理清晰，涵盖了花生的特点、文化、品格、生态与社会责任等多个方面，指向学生核心素养的多维度发展。其优势在于活动设计具有较强的关联性和针对性，能够有效促进学生文化认同、科学探究、社会责任感等素养的培养。

(七)教学评价设计

提问：我该如何评估学生在学习本课后的学习成果？

回答：

1. 知识掌握评估

(1)书面测试

选择题与填空题：设计关于花生基本知识、课文内容理解、作者意图等的选择题和填空题，以检验学生的记忆和理解能力。简答题：要求学生回答如"花生有哪些特点""课文通过花生表达了怎样的主题"等问题，以评估其知识掌握程度和思考能力。

(2)作业评估

布置与课文内容相关的作业，如读后感、课文分析、花生相关知识的小报告等，通过批改作业来评估学生的知识掌握情况和应用能力。

2. 技能提升评估

(1)口语表达

组织学生进行课堂讨论或辩论，观察他们在讨论中的表达能力、思维逻辑和参与度，评估其口语表达能力和批判性思维能力的提升情况。

(2)写作能力

通过学生的作文、小报告等书面作业，评估其写作能力，包括语言表达的清晰性、逻辑性、创意性等方面。

3. 情感态度与价值观评估

(1)课堂观察

观察学生在课堂上的表现，如是否积极参与讨论、是否能够尊重他人观点、是否表现出对花生品格的认同等，以评估其情感态度与价值观的变化。

(2)自我反思

鼓励学生撰写自我反思报告，分享自己在学习过程中的感受、收获和成长，以此评估其情感态度与价值观的转变。

4. 综合素质评估

(1)小组合作

观察学生在小组协作中的表现，如团队合作能力、沟通协调能力、领导力等，评估其综合素质的提升。

(2)项目展示

布置与花生相关的项目任务，如花生种植实验、花生文化调研等，通过学生的项目展示来评估其综合素质和实践能力。

5. 综合评价

（1）多元化评价

采用多种评价方式相结合，如教师评价、同伴评价、自我评价等，以确保评价的全面性和客观性。

（2）及时反馈

将评价结果及时反馈给学生，帮助他们了解自己的学习成果和存在的问题，以便及时调整学习策略和方法。

分析上述对话：人工智能的回答提供了全面的评估策略，涵盖了知识掌握、技能提升、情感态度与价值观以及综合素质等多个维度。基于此，对于如何平衡各类评估方法的权重以及如何确保评价的公平性和有效性等方面，教师可以继续追问。

二、案例2：人工智能辅助小学数学教学方案设计

本案例以人民教育出版社出版的数学教材六年级上册"圆的面积"为例，运用人工智能讯飞星火来辅助部分教学方案设计。讯飞星火拥有强大的自然语言理解与内容生成能力，能够准确理解人类的语言表达，并基于上下文生成逻辑清晰、语义连贯的文本内容。讯飞星火强大的自然语言理解与内容生成能力，使其在教育领域尤其是教学设计方面展现出革命性的应用前景。下面将介绍运用讯飞星火辅助"圆的面积"部分教学方案设计的实践案例。

（一）教学目标分析

《义务教育数学课程标准（2022年版）》指出，小学阶段，核心素养主要表现为：数感、量感、符号意识、运算能力、几何直观、空间观念、推理意识、数据意识、模型意识、应用意识、创新意识。对于第三学段六年级的学习者而言，需要掌握几何图形的面积和体积的计算方法，会计算常见平面图形的周长和面积，会计算常见立体图形的表面积和体积。结合本课的要求，借助人工智能工具进行教学目标分析。

提问：数学课程要培养的学生核心素养，主要包括三个方面。第一，会用数学的眼光观察现实世界；第二，会用数学的思维思考现实世界；第三，会用数学的语言表达现实世界。请从以上三个方面设计教学目标。

回答：

1. 会用数学的眼光观察现实世界

教学目标：学生能够在现实生活中识别并找出圆形的物体，并描述其特征。

数据导向：通过对学生在户外活动中识别圆形物体的能力进行前后测评，记录学生识别准确率的提升百分比。

图表展示：利用照片或视频记录学生发现的圆形物体，并制作一个圆形物体的集合，以直观展示学生观察的成果。

2. 会用数学的思维思考现实世界

教学目标：学生能够理解圆面积的计算公式，并应用该公式解决实际问题，例如计算不同直径的花坛所需材料。

数据导向：通过问题解决能力的评估，统计学生正确应用圆面积公式解决问题的比例。

3. 会用数学的语言表达现实世界

教学目标：学生能够准确使用数学术语（如圆、半径、直径、面积）来描述圆形物体及其属性，并能解释圆面积的计算过程。

数据导向：通过学生的作业、测试和口头报告，统计学生使用数学语言的准确性和频率。

图表展示：采用饼图展示学生在报告中使用数学语言的比例分布。

分析上述对话：人工智能精准地将教学目标与学生核心素养对接，涵盖了观察、思考和表达三个方面。设计目标明确且具体，有助于学生在实际操作中提升相关能力。但回答中涉及的数据导向和图表展示的描述略显理论化，实际操作中可能难以实施。

（二）教学内容分析

提问：我该如何设计教学内容以帮助学生形象地理解圆的面积公式？

回答：

1. 引入圆面积的概念

直观展示：使用实物圆形物体（如饼、桌面等）来直观展示圆的形状。

提问引导：提出问题"如何计算这个圆的面积"，激发学生的好奇心。

2. 探索圆的半径和直径

互动测量：让学生使用绳子或尺子测量不同圆的半径和直径，发现直径是半径的两倍。

讨论发现：引导学生讨论半径、直径与圆的面积之间的关系。

3. 理解 π 的概念

历史故事：讲述古希腊数学家如何发现 π 的值。

实际演示：使用裁剪好的圆形纸片和直线段演示 π 的几何意义。

4. 推导圆面积公式

几何拼图：使用切分成扇形的圆，重新组合成接近矩形的形状，帮助学生形象地看到圆面积与 π 和半径的平方的关系。

公式推导：通过几何拼图，引导学生自己推导出圆面积公式 $S = \pi r^2$。

5. 应用圆面积公式

实际问题解决：设计实际问题，如计算不同直径的花坛所需材料，让学生应用圆面积公式解决。

小组合作：学生分组讨论并解决问题，增强合作能力。

6. 巩固练习

练习题目：提供不同难度的圆面积计算题目，让学生巩固知识点。

互动问答：进行随堂测验，及时反馈学生的学习情况。

7. 数学语言表达

专业术语：强调数学术语的准确使用，如"圆""半径""直径""面积"等。

表达训练：鼓励学生用数学语言描述圆面积的计算过程。

8. 跨学科联系

艺术结合：探讨圆在艺术作品中的应用，如设计图案中的对称美。

科学联系：讨论圆面积在科学实验和工程设计中的重要性。

提问：我该如何引入 π 的概念？

回答：

1. 直观演示

几何直观：使用实物圆形物体（如饼、桌面等）来直观展示圆的形状。

测量活动：让学生使用绳子或尺子围绕圆周进行测量，发现圆的周长与直径的关系。

2. 互动探索

历史故事：讲述古希腊数学家如何发现圆周率 π 的值。

实际测量：分组让学生测量不同大小的圆的周长和直径，计算周长与直径的比值，并记录数据。

3. 讨论与发现

数据分析：汇总各组的测量数据，讨论周长与直径比值的一致性。

引导发现：通过数据，引导学生发现所有圆的周长与直径的比值都接近一个常数，即 π。

4. 数学推导

几何模型：使用切分成扇形的圆，重新组合成接近矩形的形状，帮助学生直观地看到圆周长与直径的关系。

公式推导：通过几何模型，引导学生自己推导出圆周长公式 $C=\pi d$。

5. 应用实例

实际问题解决：设计实际问题，如计算装饰圆形花园所需的篱笆长度，让学生应用 π 解决问题。

小组合作：学生分组讨论并解决问题，增强合作能力。

分析上述对话：人工智能所提供的教学方法多元且层层推进，充分凸显了学生的主体地位。对教师而言，教学环节贴合日常教学，分组、讨论、应用实例等易于操作，还能适配不同学习水平的学生，从基础感知到复杂推导、拓展应用都有涉及，确保各层次学生均有收获。

（三）教学活动设计

提问：按照上述核心素养目标，请问可以设计哪些有趣的教学活动来帮助学生掌握本课重难点？

回答：

1. 探索活动：发现圆的半径和直径

活动目的：让学生通过实际操作发现圆的半径和直径的关系。

活动步骤：

提供不同大小的圆形物体（如饼、桌面等）。

学生使用绳子或尺子测量圆的半径和直径。

记录测量结果，并讨论半径和直径的关系。

2. 实验活动：理解 π 的概念

活动目的：通过实验让学生直观理解 π 的意义。

活动步骤：

分组让学生测量不同大小的圆的周长和直径。

计算周长与直径的比值，并记录数据。

汇总数据，引导学生发现所有圆的周长与直径的比值都接近一个常数，即 π。

3. 拼图游戏：推导圆面积公式

活动目的：通过几何拼图帮助学生形象地理解圆面积公式的推导。

活动步骤：

使用切分成扇形的圆，重新组合成接近矩形的形状。

引导学生观察几何形状的变化，并推导出圆面积公式 $S=\pi r^{2}$。

4. 实际应用：解决实际问题

活动目的：让学生应用圆面积公式解决实际问题。

活动步骤：

设计实际问题，如计算装饰圆形花园所需的材料。

学生分组讨论并解决问题，增强合作能力。

5. 数学表达：用数学语言描述圆面积

活动目的：鼓励学生用数学语言描述圆面积的计算过程。

活动步骤：

提问学生如何用数学语言描述圆面积的计算。

强调数学术语的准确使用，如"圆""半径""直径""面积"等。

6. 跨学科探索：圆的应用

活动目的：引导学生探讨圆在艺术作品和科学中的应用。

活动步骤：

讨论圆在艺术作品中的对称美。

探讨圆面积在科学实验和工程设计中的重要性。

通过这些有趣的教学活动，学生不仅能掌握"圆的面积"这一课的重难点，还能将数学知识应用于实际生活中，同时发展了他们的数学思维和表达能力。

分析上述对话：人工智能的回答一方面紧扣教学重难点，助力学生突破知识瓶颈；另一方面教学方法丰富有趣，能激发学生好奇心、活跃课堂气氛，还注重全面培养学生的动手能力、逻辑思维等多方面素养，并且通过实际应用凸显数学的实用性，强化学生用数学解决问题的意识。

三、案例3：人工智能辅助小学信息科技教学方案设计

本案例改编自小学信息科技"在线学习小能手——食物在身体中的旅行"一课，运用人工智能文心一言辅助教师开展部分教学方案设计(赵铭洋，2024)。

(一)教学目标分析

教师与文心一言开展关于"在线学习小能手——食物在身体中的旅行"核心素养目标设计的对话，提示词力图引导文心一言生成小学信息科技核心素养导向的目标。

提问：《义务教育信息科技课程标准(2022年版)》第二学段中第三部分内容"在线学习小能手"一课的内容标准为"通过在线学习的活动，学生能体验在线进行信息搜索、信息整合、信息加工的过程，体验线上线下学习的不同方式，初步总结自己在线学习经验……实现跨学科主题与在线学习方式的融合"。该课学习对象为乡镇三年级学生，其打字能力较弱，在线获取信息的能力不强。课程内容设计包括运用

在线获取信息的方式，认识和了解人体的消化器官、食物在身体中的消化顺序，以及各消化器官的作用三个部分。请依据以上信息，从信息科技学科核心素养(信息意识、计算思维、数字化学习与创新、信息社会责任)角度出发，撰写本课核心素养目标。

回答：

信息意识：培养学生对信息的敏感性，通过在线搜索人体消化器官相关信息的活动，使学生意识到网络是获取知识和信息的重要途径，激发他们对在线资源的好奇心和探索欲。

计算思维：通过在线信息搜索、整合和加工的过程，训练学生的逻辑思维和系统化处理能力，使其能够有条理地组织和呈现关于消化器官的知识。鼓励学生在面对多源信息时，运用计算思维进行筛选、分类和归纳，以形成对人体消化系统的整体认识。

数字化学习与创新：提升学生利用数字化工具进行学习的能力，包括使用搜索引擎查找资料、利用在线绘图工具制作消化器官示意图等；激发学生的创新意识，鼓励其尝试不同的在线学习方式和工具，以更高效地获取和分享关于食物消化过程的知识。

信息社会责任：教导学生在使用在线学习资源时，遵守网络道德规范，尊重他人的知识产权和隐私；通过小组协作的方式完成任务，培养学生的团队合作精神和分享意识，使其在信息交流中相互学习、共同进步。

分析上述对话：人工智能的回答能够贴合课程标准与学情，依据学情和学习内容，从信息科技学科四大核心素养角度出发精准确定目标，指向明确，并且对目标的阐述具体、可操作性强。但在实施过程中对乡镇学生的基础薄弱预估不足，没有针对打字慢、获取信息难等问题给出帮扶策略，教师难以直接上手。

(二)教学内容分析

教师与文心一言开展多轮连续对话，交流观点，进行教学内容分析。部分对话如下。

提问：请问本课的教学重点和教学难点是什么？

回答：

1. 教学重点

消化系统的组成：学生需要清晰地了解并记住消化系统的主要器官，包括口腔、食道、胃、小肠、大肠等，以及它们在身体中的相对位置。

食物在体内的消化过程：学生需要理解食物从进入口腔开始，经过食道、胃、小肠、大肠，最终排出体外的整个消化过程。这包括食物在各阶段的形态变化以及发生的化学反应。

消化器官的功能：学生需要了解每个消化器官在食物消化过程中的具体作用，如口腔的咀嚼和唾液分泌、胃的搅拌和胃液分泌、小肠的吸收功能等。

2. 教学难点

理解消化过程的复杂性：食物在体内的消化是一个复杂且连续的过程，涉及多个器官的协同工作。学生可能难以全面理解并记住整个过程中的每一个细节。

将抽象概念具体化：消化系统及其工作过程对于学生来说是相对抽象的概念。如何将这些抽象的概念通过直观的方式(如视频、动画、实物展示等)呈现给学生，帮助他们理解和记忆，是教学的一大难点。

提问：消化过程十分复杂，请问我该选取哪些有代表性的教学内容帮助学生理解？

回答：

1. 消化系统的基本组成

(1)口腔

功能：咀嚼食物，与唾液混合形成食团，初步消化淀粉。

代表性活动：让学生体验咀嚼不同食物(如馒头、苹果)的感觉，观察唾液分泌和食物形态的变化。

(2)食道

功能：作为食物进入胃的通道，通过蠕动将食物推向胃。

讲解方式：可以通过动画或视频展示食物在食道中的运动过程。

(3)胃

功能：通过胃液的分泌和胃壁的蠕动，将食物进一步搅拌和初步消化，尤其是蛋白质的分解。

代表性内容：解释胃酸的作用，以及为什么胃酸过多或过少都会对人体产生影响。

(4)小肠

功能：食物消化和吸收的主要场所，大部分营养物质在这里被吸收进入血液。

代表性特点：小肠内壁有大量的皱襞和绒毛，增加了吸收面积；小肠液、胰液和胆汁等消化液在这里与食物混合，完成化学消化。

教学方式：通过模型或视频展示小肠的结构特点，以及消化液的作用。

(5)大肠

功能：吸收水分和无机盐，形成粪便并排出体外。

简要介绍：大肠内的细菌还能进行发酵作用，产生一些对人体有益的物质。

2. 食物在体内的消化过程

(1)机械消化与化学消化

机械消化：通过咀嚼、吞咽、胃的蠕动等物理方式将食物破碎。

化学消化：通过消化液中的酶将食物中的大分子物质分解为小分子物质。

(2)代表性食物的消化过程

淀粉类食物(如米饭、馒头)：在口腔中开始被唾液淀粉酶分解为麦芽糖，进入小肠后被胰淀粉酶进一步分解为葡萄糖。蛋白质类食物(如肉类、蛋类)：在胃中被胃蛋白酶初步分解，进入小肠后被胰蛋白酶和肠肽酶进一步分解为氨基酸。脂肪类食物：在小肠中被胆汁乳化为小滴，然后被胰脂肪酶分解为脂肪酸和甘油。

3. 互动与实践活动

(1)绘制食物旅行图

让学生绘制食物从口腔到肛门的旅行图，并标注各消化器官及其主要功能。

(2)模拟实验

利用简单的材料(如塑料管、气球等)模拟消化道的结构，通过注入水和食物颗粒来模拟消化过程。

(3)小组讨论与分享

分组讨论不同食物的消化过程及其对身体的影响，然后派代表进行分享。

分析上述对话：人工智能的回答能够精准定位重难点，让教师教学有的放矢。对教学内容的选取也精准得当，从学生熟悉的场景切入，可以帮助学生更好地理解复杂的消化过程，并培养他们的探究能力和健康意识。但对乡镇三年级学生的学情把握仍有欠缺，部分内容难度偏大(如复杂的化学消化原理)，没有充分考虑学生知识储备与接受能力。

(三)教学活动设计

提问：我可以设计哪些教学活动来帮助学生认识并了解人体的消化器官？

回答：

为了帮助学生认识并了解人体的消化器官，你可以设计以下一系列教学活动：

1. 角色扮演游戏

活动说明：让学生分别扮演不同的消化器官(如口腔、食道、胃、小肠、大肠等)，穿上相应的服装或佩戴标志牌。

活动内容：学生扮演人体的消化器官，模拟食物在体内的旅行过程，每个"器官"介绍自己的功能，并演示食物在该器官中的变化。

2. 拼图游戏

准备材料：制作一套消化系统的拼图，每个器官独立成块。

活动说明：学生分组进行拼图比赛，看哪组能最快最准地完成消化系统的拼图。

讨论环节：完成拼图后，各组讨论每个器官的位置和功能，并派代表分享。

3. 动手制作消化系统模型

准备材料：纸板、剪刀、胶水、彩笔等。

活动说明：指导学生根据消化系统的结构，利用纸板等材料制作一个三维模型。模型上应明确标注各器官的名称。

展示环节：学生展示自己的模型，并介绍各器官的功能及其在消化过程中的作用。

4. 故事讲解与绘图

活动说明：教师讲述一个关于食物在人体内旅行的故事，强调每个消化器官的作用。

绘图环节：学生根据故事内容，绘制一幅食物在消化系统中旅行的图画，并标注各器官。

5. 虚拟现实体验

技术条件：如果条件允许，可以使用虚拟现实(VR)技术让学生"亲身体验"食物在体内的旅行过程。

活动说明：学生佩戴VR设备，进入虚拟的消化系统环境，观察食物在各器官中的变化。

互动环节：在VR环境中设置互动点，让学生可以通过手势或语音与虚拟器官进行互动，了解其功能。

提问：有没有比较有趣、高效且不需要那么多工具支持的活动？

回答：

1. 消化器官接力赛

活动说明：

将学生分成几个小组，每个小组代表一个消化器官(如口腔、食道、胃、小肠、大肠)。

设定一个起点(代表食物进入口腔)和一个终点(代表食物排出体外)。

每个小组的学生需要模拟自己所代表的消化器官的功能，并通过接力赛的形式将"食物"(可以用小球或软垫代替)传递给下一个小组。

例如，口腔小组的学生可以咀嚼"食物"，然后将其传递给食道小组的学生，食道小组的学生则模拟食道的蠕动，将"食物"传递给胃小组，以此类推。

第一个将"食物"传递到终点的小组获胜。

2. 消化器官知识问答竞赛

活动准备：

准备一系列关于消化器官功能、位置、特点等的问题。

将问题分为几个轮次，每轮包含不同难度的问题。

将学生分成几个小组进行竞赛。

活动说明：

每轮问题由各组抢答或轮流回答。

回答正确的小组获得积分，积分最高的小组获胜。

可以设置"观众互动"环节，让未参赛的学生也有机会参与答题，增加活动的趣味性。

3. 消化器官故事创作

活动说明：

要求学生以第一人称的视角，选择一个消化器官作为主角，创作一个关于它在消化过程中发挥作用的故事。

鼓励学生发挥想象力，将科学知识融入故事中，使故事既有趣又富有教育意义。

完成后，学生可以在课堂上分享自己的故事，其他同学可以给予评价和建议。

分析上述对话：人工智能所提供的活动形式多样，能够满足不同学习风格的学生，从而激发学生兴趣与热情，并且有分层设计，知识问答竞赛设置了多个轮次不同难度的问题，适配各层次学生。

(四)教学评价设计

在评价方面，希望文心一言能够设计包含过程性评价和结果性评价的多元评价量表，对话如下。

提问：请帮我设计一份包含过程性评价和结果性评价的多元评价量表，要求体现评价主体多元化。

回答：

多元评价量表：人体消化器官探索

评价维度与指标

1. 知识掌握与理解(结果性评价)

(1)评价指标

知识测试成绩：通过闭卷考试或在线测试，评估学生对消化器官的名称、功能、相互关系的掌握程度。

项目报告：学生撰写关于特定消化器官的深度研究报告，展示其研究能力、信息整合能力及对知识的深入理解。

(2)评价主体

教师。

2. 学习过程与参与（过程性评价）

(1)评价指标

课堂参与度：观察并记录学生在小组讨论、提问、回答问题时的积极性与贡献度。

任务完成进度：定期检查学生完成课堂作业、实验记录或在线学习任务的进度和质量。

合作学习：评估学生在小组活动中的协作能力、角色分配与责任感。

(2)评价主体

教师、同伴、自我。

3. 技能发展

(1)评价指标

实验操作技能：在模拟消化过程实验中，观察学生的实验设计、操作规范及数据分析能力。

信息技术应用：利用信息技术工具(如制作消化过程动画、在线资源搜索)的熟练度和创新性。

沟通与表达能力：在口头报告、小组展示中，评估学生的语言组织、逻辑清晰度和表达自信度。

(2)评价主体

教师、同伴、自我。

4. 情感态度与价值观

(1)评价指标

学习兴趣与好奇心：观察学生对消化器官探索主题的兴趣表现，如主动提问、课外探索等。

责任感与团队合作：在小组项目中，评估学生的责任心、对团队目标的贡献以及解决问题的能力。

自我反思与改进：鼓励学生进行学习反思，记录学习过程中的收获与不足，并提出改进计划。

（2）评价主体

教师、同伴、家长、自我。

分析上述对话：人工智能设计的评价量表在评价主体上引入同伴、家长、自我，改变了教师单一评价，让评价更加客观公正，评价体系也更加全面科学，涵盖知识、过程、技能、情感态度四大维度，不只看知识记忆，更注重能力与素养培养。

四、案例4：人工智能辅助初中英语教学方案设计

本案例以人民教育出版社出版的初中英语教材八年级上册"Period 1　Holidays and Vacations"为例，运用人工智能智谱清言来辅助部分教学方案设计。智谱清言是一款融合了知识图谱与自然语言处理技术的人工智能大模型，它能够理解和解释复杂的知识结构，以直观的方式呈现抽象的概念。下面将介绍运用智谱清言辅助"Period 1　Holidays and Vacations"部分教学方案设计的实践案例。

（一）教学目标分析

根据《义务教育英语课程标准（2022年版）》，英语课程要培养的学生核心素养包括语言能力、文化意识、思维品质和学习能力等方面。语言能力指运用语言和非语言知识以及各种策略，参与特定情境下相关主题的语言活动时表现出来的语言理解和表达能力。文化意识指对中外文化的理解和对优秀文化的鉴赏，是学生在新时代表现出的跨文化认知、态度和行为选择。思维品质指人的思维个性特征，反映学生在理解、分析、比较、推断、批判、评价、创造等方面的层次和水平。学习能力指积极运用和主动调适英语学习策略、拓展英语学习渠道、努力提升英语学习效率的意识和能力。基于此，利用人工智能智谱清言来设计教学目标。

提问：本课是初中英语人教版八年级上册"Period 1　Holidays and Vacations"，基于课程标准对核心素养的要求，请从语言能力、文化意识、思维品质和学习能力四个方面设计本课的教学目标。

回答：

1. 语言能力目标

（1）能够理解并运用与假期和度假相关的词汇和短语，如 holiday, vacation, celebrate, tradition, custom 等。

（2）能够运用一般过去时描述过去假期中的活动，提高口语表达和书面表达能力。

（3）能够听懂、读懂关于不同国家假期习俗的英语材料，并进行信息提取和简

单转述。

2.文化意识目标

(1)了解中外假期的差异，增强跨文化交际意识。

(2)尊重并欣赏不同国家的节日习俗，培养国际视野和跨文化素养。

3.思维品质目标

(1)通过比较和分析中外假期的异同，培养学生的批判性思维和比较思维。

(2)鼓励学生运用所学知识，创新性地设计自己的理想假期，提高创新思维能力。

4.学习能力目标

(1)培养学生自主学习和合作学习的能力，通过小组讨论、角色扮演等活动，提高学生英语学习兴趣。

(2)指导学生运用有效的学习策略，如记笔记、提问、总结等，提高学习效率。

提问：请把上述内容个性化、趣味化，提高针对性。例如，在语言能力目标方面，可以改为"简单地和同学们分享自己的假期经历"。

回答：

1.语言能力目标

(1)学生能够用地道的英语简单地和同学们分享自己的假期经历，使用至少5个与假期相关的核心词汇。

(2)通过"假期趣事"角色扮演活动，学生能够在小组内流畅地运用一般过去时描述假期中的精彩瞬间，提升语言的实际运用能力。

2.文化意识目标

(1)学生将通过"世界假期地图"探索活动，发现并描述至少3个不同国家的独特假期习俗，增强对多元文化的认识和理解。

(2)通过"我的文化小发现"分享会，学生能够表达对不同文化假期习俗的尊重和兴趣，培养开放和包容的文化态度。

3.思维品质目标

(1)在"假期习俗大比拼"活动中，学生将比较中外假期的异同，锻炼批判性思维，并能够提出自己的见解。

(2)学生将参与"设计我的梦想假期"创意活动，运用想象力规划一个独一无二的假期，提升创新思维和规划能力。

4.学习能力目标

(1)通过"假期日记"写作小组，学生将学会如何有效地记录和分享假期体验，提高自主学习和合作学习的能力。

（2）在"学习策略分享会"上，学生将交流自己学习英语的小技巧，互相学习，共同提升学习效率和兴趣。

分析上述对话：从上述对话可以看出，人工智能的回答能够有效地帮助教师将教学目标个性化、趣味化，并且提高了针对性。这种调整更符合学生的实际学习需求，有助于激发学习兴趣。

（二）教学内容分析

提问：关于"What did you do on summer vacation?"这一部分，请问重难点分别是什么？

回答：

1. 重点

时态运用：使用一般过去时来描述假期活动，这是英语学习中的一个重要语法点。

词汇积累：掌握与假期活动相关的词汇，如 swimming, traveling, camping, reading, visiting 等。

句型结构：能够使用"I went to …""I did …""I visited …"等句型结构来描述假期经历。

听力理解：能够理解他人关于假期的描述，并获取关键信息。

2. 难点

动词过去式的变化规则：对于一些不规则动词的过去式形式，学生可能难以记忆和正确使用。

描述细节：在描述假期活动时，学生可能难以提供具体的细节，使得叙述显得单调或缺乏深度。

听力技巧：在听力活动中，学生可能难以捕捉到关键信息，尤其是在有背景噪声或不同口音的情况下。

连贯表达：学生可能难以将零散的信息组织成连贯的段落，进行流畅的表达。

提问：关于"一般现在时"的时态运用，请问如何设计 5 分钟的内容来开展旧知回顾？

回答：

设计一个 5 分钟的"一般现在时"时态回顾环节，可以按照以下步骤进行：

1. 开场引导（1 分钟）

教师活动：简要介绍今天的复习目标，即回顾一般现在时的用法。

学生活动：学生准备纸笔，准备记录重要信息。

2. 互动问答(1分钟)

教师活动：提出几个关于学生日常活动的问题。例如："What do you usually do in the morning?""How do you go to school?"

学生活动：学生用一般现在时回答问题。例如："I usually eat breakfast in the morning.""I go to school by bus."

3. 语法点复习(1分钟)

教师活动：在黑板上列出一般现在时的几个关键语法点，如主语＋动词原形(He/She/It ＋ does)，第三人称单数动词变化规则等。

学生活动：学生跟随教师在心中回顾这些规则，并尝试举出例子。

4. 实例演练(1分钟)

教师活动：给出几个简单的句子，要求学生判断句子是否使用了一般现在时，并找出主语和动词。

学生活动：学生快速判断并指出句子中的主语和动词。例如："Cats sleep all day. (subject：cats. verb：sleep)"

5. 快速小测(1分钟)

教师活动：进行一个快速的小测，教师说出一个动作，学生需立即用一般现在时造句。

学生活动：学生快速反应。例如，如果教师说"read books"，学生可以说"She reads books every evening."。

分析上述对话：从上述对话可以看出，人工智能的回答能够快速且有效地提供教学内容的重点与难点分析，并为课堂设计提供了具体的步骤和活动建议，特别是"5分钟旧知回顾"的设计，逻辑清晰，操作性强。教师在实施时需要根据学生的实际情况进行调整，以确保教学活动的有效性和针对性。

(三)学习者特征分析

提问：本课的学习者是八年级的学生，根据我的教学经验和课堂观察，全班英语口语能力相对较弱，请问我该如何引导学生?

回答：

面对英语口语能力较弱的八年级学生，以下是一些策略和方法，可以帮助引导学习者提高口语能力。

1. 创建安全和支持的课堂环境

鼓励和肯定：始终给予学生正面的反馈，鼓励他们大胆开口，即使他们的表达中有错误。

同伴支持：鼓励学生互相鼓励和支持，形成积极的语言学习氛围。

2. 分层次教学

基础练习：从简单的句子结构和常用词汇开始，确保所有学生都能参与。

逐步提升：随着学生信心和能力的提升，逐渐增加任务的难度。

3. 采用多样化教学方法

模仿和重复：让学生跟读和模仿教师的发音和语调，增强语音意识和口语流畅性。

角色扮演：通过角色扮演活动，学生在模拟情境中练习口语，减轻紧张感。

4. 利用视觉和实物辅助

使用图片：利用图片来帮助学生联想和记忆单词，进而构建句子。

实物展示：使用实物或教具，让学生能够通过具体物品来练习描述和表达。

5. 小组合作学习

小组讨论：将学生分成小组，让他们在小组内部用英语讨论，减轻个别学生的压力。

小组报告：每个小组向全班汇报讨论结果，增加学生的口语练习机会。

6. 游戏化学习

语言游戏：设计一些简单的语言游戏，如"Simon Says"或"Word Chain"，让学生在玩乐中练习口语。

7. 定期口语练习

每日口语：每天安排时间让学生进行简短的口语练习，如每日报告或新闻分享。

口语日记：鼓励学生用英语记录日常，定期分享。

8. 个别辅导

针对性指导：针对口语能力特别弱的学生，提供个别辅导，帮助他们建立自信。

家长合作：与家长沟通，鼓励家长在家中支持孩子的英语学习。

9. 以学生为中心

兴趣导向：选择学生感兴趣的话题进行口语练习，提高他们的参与度。

学生主导：让学生参与决定课堂活动，增加他们的学习动力。

分析上述对话：人工智能提供了详细且多样化的策略，帮助教师引导口语能力较弱的八年级学生。这些策略包括创建安全和支持的课堂环境、分层次教学、利用视觉和实物辅助、游戏化学习等，具有很强的实用性和操作性。这些建议能够有效地增强学生的信心，提高学生的参与度。

（四）教学策略设计

提问：在以学生为中心的教学环境中，如何设计本课学习任务，促进学生的自主学习和深度理解？

回答：

1. 预习任务

个人探索：让学生在课前预习时，调查并记录下自己家庭庆祝假期的传统习俗。

资料搜集：要求学生搜集至少两个不同国家假期习俗的信息，准备在课堂上分享。

2. 课堂互动任务

小组讨论：将学生分成小组，让他们基于预习资料讨论不同国家假期习俗的异同。

思维导图：每组绘制一幅关于假期习俗的思维导图，展示他们的发现和理解。

3. 口语表达任务

角色扮演：设计一个"假期旅行分享会"，让学生扮演旅行者，向其他同学介绍他们的"假期经历"。

口头报告：每组选择一个假期主题，准备一个简短的口头报告，并在全班面前展示。

4. 听力和阅读理解任务

听力挑战：播放不同国家假期习俗的录音或视频，学生听后回答问题。

阅读理解：提供相关的阅读材料，学生通过阅读获取信息，并完成相应的理解性任务。

5. 写作任务

日记创作：让学生撰写一篇关于假期的日记，描述一次特别的假期经历或表达对一个假期习俗的感受。

博客文章：鼓励学生撰写一篇博客文章，分享他们对于一个国家假期习俗的深度理解。

6. 评价和反思任务

同伴评价：学生之间互相评价口语表达和写作任务，提供反馈。

自我反思：学生在课程结束后，填写一份自我反思问卷，思考自己在本课中的学习过程和收获。

分析上述对话：在上述对话中，人工智能提供了一系列以学生为中心的学习任务设计建议，涵盖了预习、课堂互动、口语表达、听力和阅读理解、写作以及评价和反思等多种任务形式。这些建议能够有效激发学生的自主学习兴趣，促进深度理解，并鼓励学生主动参与学习过程。任务设计具有多样性和层次性，能够满足不同学习风格的学生的需求。

五、案例5：人工智能辅助初中物理教学方案设计

本案例以人民教育出版社出版的物理教材八年级上册"凸透镜成像的规律"为例，运用人工智能通义千问来辅助部分教学方案设计。通义千问是一款以深度问答系统为核心的人工智能大模型，它能够通过高级的自然语言理解技术精准捕捉问题的本质，提供深刻、全面的答案。下面将介绍运用通义千问辅助"凸透镜成像的规律"部分教学方案设计的实践案例。

（一）教学目标分析

《义务教育物理课程标准(2022年版)》指出，物理课程要培养的核心素养，主要包括物理观念、科学思维、科学探究、科学态度与责任。物理观念是从物理学视角形成的关于物质、运动和相互作用、能量等内容的总体认识，是物理概念和规律等在头脑中的提炼与升华，是从物理学视角解释自然现象和解决实际问题的基础。科学思维是从物理学视角对客观事物的本质属性、内在规律及相互关系的认识方式。科学探究是指基于观察和实验提出物理问题、形成猜想与假设、设计实验与制订方案、获取与处理信息、基于证据得出结论并作出解释，以及对科学探究过程和结果进行交流、评估、反思的能力。科学态度与责任是指，在认识科学本质和了解科学、技术、社会、环境之间关系的基础上形成的，探索自然的内在动力，严谨认真、实事求是、持之以恒的品质，热爱自然、保护环境、遵守科学伦理的自觉行为，以及推动可持续发展和实现中华民族伟大复兴的使命担当。基于此，利用人工智能通义千问来辅助生成教学设计方案。

提问：本课是初中物理人教版八年级上册"凸透镜成像的规律"，基于课程标准对核心素养的要求，请从物理观念、科学思维、科学探究、科学态度与责任四个方面设计本课的教学目标。

回答：

1. 物理观念
理解并掌握凸透镜成像的基本原理及其应用；能够描述不同条件下（如物距变

化)凸透镜成像的特点(实像、虚像等);能够解释生活中常见的凸透镜成像现象(如放大镜、照相机等)。

2. 科学思维

培养观察和分析能力,通过实验观察凸透镜成像的变化,归纳总结成像规律;发展推理能力,运用已知的物理定律预测不同物距下凸透镜的成像结果,并通过实验验证;提高问题解决能力,针对实际问题,如如何调节照相机以获得清晰的图像,提出合理的解决方案。

3. 科学探究

设计并实施简单的实验,如使用凸透镜观察不同距离下的物体成像情况;收集数据并进行记录,通过实验观察和测量,记录不同物距下的像距、像的性质等信息;分析实验数据,利用收集到的数据分析凸透镜成像的规律,并与理论预测进行比较。

4. 科学态度与责任

培养严谨认真的科学态度,强调实验操作的规范性和数据记录的真实性;增强团队合作意识,在小组活动中学会倾听他人意见,共同完成实验任务;树立环保意识,在实验过程中注意节约资源,合理处理实验器材和废弃物。

分析上述对话:人工智能所设计的教学目标注重知识与素养的融合,既强化物理知识学习,又通过实验、小组活动等培养多种素养,促进学生全面发展。这为后续教学活动的开展提供了高水准的起点。

(二)教学内容分析

提问:如何设计教学内容帮助学生理解并掌握凸透镜成像的基本原理及其应用?

回答:

1. 引入新课

情境引入:展示一些凸透镜在生活中的应用实例(如放大镜、显微镜、望远镜、照相机等),激发学生的学习兴趣。

提问引导:提出问题让学生思考,如"为什么凸透镜能放大物体""凸透镜是如何工作的"等,引导学生思考凸透镜的作用原理。

2. 基础理论讲解

概念介绍:介绍光的折射、凸透镜的定义、主轴、焦点、焦距等基本概念。

原理讲解:详细讲解光线经过凸透镜时的折射规律,包括平行于主轴的光线通过凸透镜后的汇聚点(焦点)。

公式推导：介绍凸透镜成像的数学表达式，并通过具体的例子来说明公式的应用。

3. 实验探索

设计实验：准备实验器材（如凸透镜、光源、白纸屏、标尺等），指导学生动手操作。

操作步骤：调整凸透镜的位置，观察不同物距(u)下成像的情况。记录每次实验中物距、像距以及成像的性质（实像还是虚像，倒立还是正立，放大还是缩小）。分析实验数据，尝试找出物距与像距之间的关系。

数据分析：引导学生根据实验数据计算焦距，并与理论值进行对比，讨论误差来源。

4. 应用拓展

案例分析：分析凸透镜在日常生活中的应用，如放大镜的工作原理、照相机成像的过程等。

创新实践：鼓励学生思考并设计一个简单的装置或工具，利用凸透镜成像原理解决某个实际问题（如制作简易显微镜或望远镜）。

5. 总结与反思

知识点回顾：总结凸透镜成像的规律，强调重点概念。

问题讨论：组织学生就实验中遇到的问题进行讨论，分享自己的发现和思考。

作业布置：布置相关练习题，加深学生对凸透镜成像规律的理解。

提问：本课的教学重点和难点有哪些？

回答：

1. 教学重点

凸透镜成像的基本原理：学生需要理解光线通过凸透镜时的折射规律。掌握凸透镜成像的基本特征，如实像和虚像的区别，倒立像和正立像的概念。

透镜方程的应用：学会使用透镜方程来计算物距、像距和焦距。了解如何根据不同的物距预测成像的位置和特性。

实验操作与数据处理：学习如何正确设置实验装置，包括调整凸透镜的位置以获得清晰的像。记录实验数据并进行简单的数据分析，如计算焦距。

凸透镜的应用：理解凸透镜在日常生活中的应用，如放大镜、照相机等。探讨凸透镜如何用于解决实际问题。

2. 教学难点

理解实像与虚像的区别：学生可能会混淆实像和虚像的概念，特别是如何通过实验区分它们。需要通过实验观察和教师的引导来帮助学生加深理解。

透镜方程的应用：利用透镜方程解决实际问题对学生来说可能有一定难度，尤其是在物距变化时成像位置的变化。可以通过多次练习和实例来帮助学生掌握这一技巧。

实验操作的准确性：在实验中精确测量物距、像距和焦距可能对学生构成挑战。需要教师示范正确的操作方法，并确保学生理解如何准确读取数据。

抽象概念的理解：凸透镜成像涉及一些抽象的概念，如光线路径、折射角度等。使用直观的图表和模型可以帮助学生更好地理解这些概念。

分析上述对话：人工智能将理论讲解、实验探索、生活应用紧密融合，以严谨的逻辑引导学生从兴趣激发到知识构建，能让学生既深入理解凸透镜成像的基本原理、透镜方程的应用等知识重点，又通过亲身体验实验、剖析生活实例等方式感知知识的实用性，全方位助力学生掌握知识。

(三)教学活动设计

提问：结合上述核心素养目标，请帮我设计一个10分钟的小组探究学习活动，目的是帮助学生深入理解凸透镜折射规律。

回答：

活动名称：凸透镜折射规律的探究

1. 目标

物理观念：加深对凸透镜折射规律的理解。

科学思维：通过实验观察和数据记录，培养逻辑推理能力。

科学探究：体验科学探究的过程，学会使用实验工具和记录数据。

科学态度与责任：培养合作精神，锻炼解决问题的能力。

2. 准备材料

凸透镜若干个(至少保证每个小组有一个)、光源(手电筒或LED灯)、白纸屏或投影屏、标尺或直尺、笔记本或记录表。

3. 活动流程

(1)第1分钟：活动介绍

教师：简短介绍活动目的和规则，强调安全注意事项。

时间：1分钟。

(2)第2～3分钟：分组与分工

教师：将全班分成4～5人的小组，并分配实验材料。

学生：小组内自行分配角色(组长、记录员、实验操作员等)。

时间：2分钟。

(3)第4～8分钟：实验操作与数据记录

教师：提供实验指导，确保所有小组都清楚实验步骤。

学生：

将光源放置在一定距离处，将凸透镜置于光源与白纸屏之间。

观察并记录不同物距(光源到凸透镜的距离)下形成的像的性质(实像还是虚像，倒立还是正立，放大还是缩小)。

调整光源的位置，记录每一次实验的物距、像距以及像的性质。

尝试预测不同物距下的成像效果，并通过实验验证。

时间：5分钟。

(4)第9～10分钟：小组汇报与讨论

学生：每组派代表向全班汇报实验结果，包括观察到的现象和得出的结论。

教师：引导全班讨论实验中的发现，帮助学生理解凸透镜折射规律，并解答疑问。

时间：2分钟。

4. 活动结束

教师：总结实验发现，强调凸透镜折射规律的重要性，并鼓励学生继续探索。

学生：整理实验器材，确保实验室整洁。

5. 注意事项

确保每位学生都有参与的机会，鼓励他们积极发言。

实验过程中，提醒学生注意安全，避免凸透镜直接聚焦强光造成伤害。

鼓励学生在实验结束后自己总结实验结果，并与其他小组的结果进行比较。

分析上述对话：人工智能所提供的教学活动紧扣核心素养，目标明确；流程安排合理，各环节时间规划精准，充分利用了10分钟；材料准备充分，操作性强；强调学生分工合作、自主探究，培养多种能力。但是对基础薄弱学生的引导稍欠火候，可能会出现部分学生跟不上节奏、理解困难的情况。

(四)教学评价设计

根据课程标准的要求，物理学习评价需强化素养导向，以过程性评价全面了解学习者的核心素养发展状况，以结果性评价提高教学质量。基于此，利用人工智能工具生成一份课堂检测题。

提问：请结合核心素养目标要求，出一道有关"凸透镜成像规律"的应用题，要求来源于生活情境、逻辑严密、难度适中，着重考查学生对成像规律的理解。

回答：

题目背景：小明的爷爷最近买了一台新的照相机，但是他对如何调节照相机以获得清晰的照片感到困惑。小明决定帮助爷爷解决这个问题。他知道照相机里的镜头相当于一个凸透镜，并且熟悉凸透镜成像的规律。

问题：假设小明的爷爷想要拍摄一张远处风景的照片。当照相机对准风景时，小明注意到照相机上的物距指示器显示物距为 2 米。假设照相机镜头的焦距为 50 毫米。

如果小明希望照片中的景物尽可能清晰，他应该怎样调节照相机？

根据凸透镜成像规律，计算此时像距大约是多少毫米。

假设小明想要拍摄一张特写照片，他需要将照相机靠近风景，使物距减小至 1 米。请计算此时像距大约是多少毫米。

分析上述对话：人工智能所设计的题目紧扣生活，以常见的照相机使用为情境，激发学生兴趣，贴合课程标准素养导向；聚焦凸透镜成像规律，针对性地考查知识理解与运用，能有效检测学习成果。不过，由于未给出参考答案，教师后续需自行计算，且缺少对学生解题思路、步骤的引导，不利于学生自查自纠。

从以上案例可知，人工智能只能为教师提供教学设计方案的大体框架，想要实现个性化的教学活动设计，教师还需自行增改或不断更新提示词以细化教学设计方案。尽管人工智能可以快速生成期望的教学设计方案框架，但也会存在忽略细节、伪造资源的问题(Powell，Courchesne，2024)，故教师还需仔细阅读并斟酌其科学性和可行性，再将其纳入教学实践活动。

六、案例 6：人工智能辅助教学方案一体化设计

除了通过单独设计的提示词分步骤设计教学方案各组成要素，当前已有众多智能系统支持教学方案的一体化生成。这种一体化设计方法能够确保教学方案各要素之间的逻辑关联性与内容的一致性，并且降低了对中小学教师人工智能素养和提示词设计能力的要求，同时提高了教学设计的整体性。本案例以部编版语文教材三年级下册第五课《守株待兔》为例，利用"智慧教研"平台辅助实现教学方案的一体化设计。

"智慧教研"平台是由北京师范大学未来教育高精尖创新中心主导研发的综合性教研支持系统，旨在为教师教研活动全流程提供智能化支持与服务。如图 2-4 所示，该平台包括备课中心、研课中心、资源中心、教研社区、赛事中心、学校中心等核心功能模块，能够在课前、课中、课后为教师的备课、授课、听评课及教学反思提供全方位的智能支持。本案例主要利用"智慧教研"平台备课中心的智能备课功能，辅助教师实现《守株待兔》教学方案的一体化设计。下面将详细介绍该实践案例

的操作流程与成果展示。

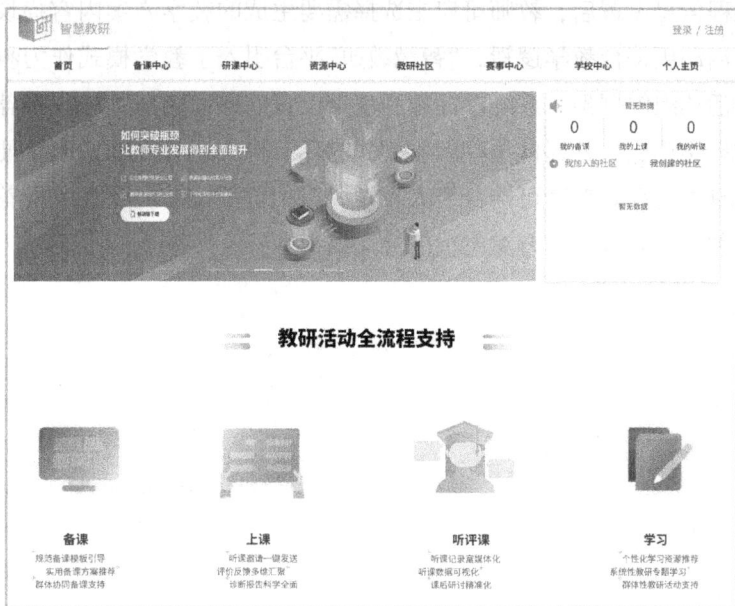

图 2-4　"智慧教研"平台

(一)设置课程信息

"智慧教研"平台导入了各学科常见的教材信息库,教师可以根据自己使用的教材版本,便捷地选择相应的课程主题。如图 2-5 所示,在"课程信息"栏中选择学段、学科、教材版本、年级、课文等,并设置课时、课型等基本信息。完成课程信息设置后,点击"智能生成教案",进入下一步操作。

图 2-5　设置课程信息

（二）设置生成内容

完成课程信息设置后，教师可自主选择需要生成的教学方案内容模块。为确保生成的教学活动更符合教学逻辑，"智慧教研"平台引入了教学模式作为教学方案生成过程中的活动组织框架。系统根据教师前期设置的课程信息，优先推荐与课程特点相匹配的教学模式，并提供每种教学模式的环节构成及其简要说明，便于教师了解各模式的基本特征。教师可结合个人教学风格和课程需求，从系统推荐的教学模式中选择一种作为后续教学方案生成的活动组织框架，如图 2-6 所示。

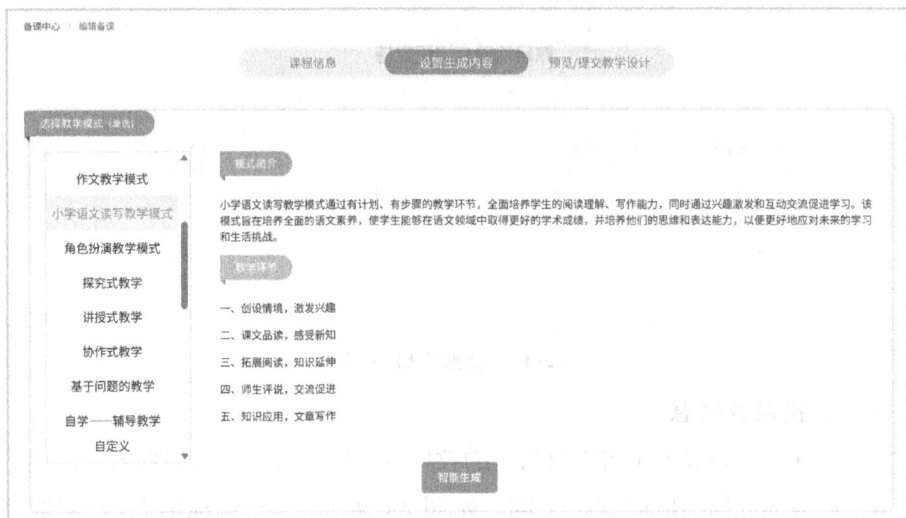

图 2-6　选择教学模式

（三）教学方案一体化生成

在教师完成课程信息和生成内容的设置后，"智慧教研"平台将结合课程信息和教师的内容生成需求，通过内嵌的基于教学设计理论和学科特点而设计的教学方案生成提示词模板，分模块生成教学内容分析、学习者特征分析、教学目标分析、教学活动设计等。以下内容为"智慧教研"平台一体化生成的《守株待兔》教学方案实例。

1. 教学内容分析

本节内容在小学三年级的语文课程中，我们将学习部编版教材的《守株待兔》。这节课是一个寓言故事，通过讲述农夫守株待兔的故事，让学生理解不能坐等机会，要主动去寻找和创造机会的道理。在教学过程中，我们将重点引导学生理解故事的寓意，同时也会通过故事让学生学习和掌握一些基本的语文知识和技能。

2. 学习者特征分析

学生基础：学生已经掌握了基础的语文知识，包括汉字的基本构造和基本的阅读理解技巧。他们已经能够理解简单的故事，并能够进行基本的口头表达和书面表达。此外，他们对语文的学习有着积极的态度和较高的兴趣。

当前不足：目前，学生在阅读理解方面还存在一些不足，特别是在理解故事的深层含义和进行批判性思考方面。他们对于一些复杂的词语和句子结构还不能完全理解和掌握。此外，他们在写作方面也存在一些问题，如语言表达不够准确、逻辑结构不够清晰等。

学习策略：通过课堂讲解和实例展示，帮助学生理解故事的深层含义，提高他们的阅读理解能力。通过写作练习和教师的个别指导，帮助学生提高写作技巧，特别是语言表达和逻辑结构的构建。同时，通过课堂讨论和小组合作，培养学生的批判性思维能力和团队合作能力。

个性化特点：本班学生对语文学习有着较高的兴趣和积极的态度，他们的学习能力和学习习惯也较好。但是，他们在阅读理解和写作方面还存在一些问题，需要通过个性化的教学策略进行针对性的指导和帮助。同时，教师也需要注意调动学生的积极性，激发他们的学习兴趣，提高他们的学习效果。

3. 教学目标分析

(1)朗读课文，了解主要内容，理解"守株待兔"的寓意，明白不能坐等机会，要主动去创造机会的道理。

(2)学会本课生字，认读"宋、耕"等4个生字，会写"守、株"等9个生字。

(3)体会文中句子的表达方法，学会用简洁明了的语言表达自己的观点。

4. 教学活动设计

环节一：创设情境，激发兴趣

(1)故事引入

教师活动：教师微笑着对大家说："同学们，今天老师带来了一个有趣的故事，叫作'守株待兔'。你们知道这个故事吗？从前，有一个农夫在田里耕作，有一天，一只兔子突然从草丛中蹿出，撞在树桩上死了。农夫捡起兔子，心想：'如果每天都能捡到兔子，那我就不需要辛苦耕作了。'于是，他放下手中的农具，每天守在树桩旁，等待兔子再次出现。可是，他再也没有捡到兔子，田地也荒废了。这个故事听起来是不是很有趣呢？"

学生活动：学生们兴奋地讨论起来，有的说："我听过这个故事，那个农夫太傻了！"有的说："我也觉得他不应该放弃耕作。"

　　活动意图：通过生动的故事引入，激发学生的好奇心和学习兴趣，为接下来的学习打下基础。

　　效果评价：学生积极参与讨论，对故事内容表现出浓厚的兴趣，能够简单复述故事的主要情节。

　　(2)揭示课题

　　教师活动：教师继续说："同学们，今天我们学习的课文就是这个有趣的故事——《守株待兔》。这个故事不仅有趣，还蕴含着深刻的道理。让我们一起翻开书本，看看这个故事是如何展开的，它又告诉了我们什么道理。"

　　学生活动：学生们翻开课本，期待接下来的学习。

　　活动意图：通过揭示课题，引导学生进入学习状态，激发他们对课文内容的探索欲望。

　　效果评价：学生能够明确本节课的学习内容，表现出对课文的浓厚兴趣。

　　环节二：课文品读，感受新知

　　(1)朗读课文

　　教师活动：教师微笑着对大家说："同学们，今天我们要一起读一个有趣的故事——《守株待兔》。请大家翻开书本，跟着老师的节奏，我们一起用最动听的声音来朗读这篇课文，注意每个字的发音，让我们的声音像小溪流水一样流畅。"

　　学生活动：学生们盯着书本，随着老师的引导，一字一句地朗读起来，声音时而轻柔，时而响亮，仿佛在讲述一个古老而神奇的故事。

　　活动意图：通过生动的朗读，不仅帮助学生熟悉课文内容，还能激发他们对故事的兴趣，感受语言的美妙。

　　效果评价：学生能够准确无误地朗读课文，语音语调富有变化，能够初步感受到故事的趣味性。

　　(2)理解课文

　　教师活动：教师轻轻地问："同学们，故事中的农夫为什么会在树桩旁等待兔子呢？请大家再仔细读一读课文，然后举手告诉我你们的想法。"

　　学生活动：学生们再次认真阅读课文，有的皱眉思考，有的轻声讨论，最后纷纷举手回答："农夫是因为有一次看到一只兔子撞到树上死了，他觉得这样的好事还会再发生，所以就天天守在树旁等兔子。"

　　活动意图：通过深入理解课文，引导学生思考故事背后的道理，明白生活中的机会不会轻易重复，需要我们积极主动地去寻找和创造。

　　效果评价：学生不仅能准确回答问题，还能进一步阐述自己的看法，了解到不能依赖偶然的机会，而应该通过自己的努力去实现目标。

环节三：拓展阅读，知识延伸

(1)讨论故事道理

教师活动：教师微笑着对大家说："同学们，我们刚刚读了《守株待兔》这个故事，现在请大家分组讨论一下，这个故事到底想告诉我们什么道理呢？大家可以大胆地说出自己的想法。"

学生活动：学生们分成几个小组，围坐在一起，有的同学认真思考，有的同学积极发言，大家你一言我一语，讨论得非常热烈。有的同学说："这个故事告诉我们不能抱有侥幸心理，要脚踏实地。"有的同学说："我们要学会努力，而不是等待机会自己来。"

活动意图：通过生动的讨论，帮助学生深入理解故事背后的深刻道理，培养学生的批判性思维能力。

效果评价：学生能够积极参与讨论，不仅能正确理解故事的道理，还能用具体的事例来支持自己的观点。

(2)分享生活经验

教师活动：教师继续说："同学们，我们每个人在生活中都会遇到各种各样的机会，有的人通过自己的努力抓住了机会，有的人却因为没有准备而错过了机会。现在请大家分享一下，你们在生活中是如何通过自己的努力去创造机会的呢？"

学生活动：学生们纷纷举手。有的同学说："我通过每天坚持练习钢琴，终于在学校的音乐会上表演了一首曲子。"有的同学说："我参加了学校的足球队，通过不断训练，提高了球技，还帮助球队赢得了比赛。"还有的同学说："我通过每天认真复习，期末考试取得了好成绩。"

活动意图：通过分享具体的生活经验，帮助学生将故事中的道理与自己的实际生活联系起来，增强学生的实践意识和行动力。

效果评价：学生能够结合自己的生活经验，具体而生动地讲述自己的努力过程，展示他们对故事中的道理的深刻理解和应用。

环节四：师生评说，交流促进

(1)教师点评

教师活动：教师对大家说："同学们，刚才大家的讨论非常热烈，现在请安静下来，听老师对你们的分享进行点评。"教师会像一位智慧的长者，用生动的故事和例子，帮助学生更好地理解"守株待兔"的寓意。比如，教师会指出，如果一个人总是期待着不劳而获，就会像故事中的农夫一样，结果只会一事无成。

学生活动：学生聆听老师的点评。

活动意图：通过教师生动的点评，帮助学生纠正理解上的偏差，进一步巩固学习成果，让学生在轻松愉快的氛围中领悟故事的深层含义。

效果评价：学生能够积极回应教师的点评，不仅理解了故事的道理，还能举一反三，将故事中的道理应用到日常生活中。

(2)学生互评

教师活动：教师微笑着对大家说："现在，老师想请同学们互相评价一下你们的讨论和分享。大家可以像小老师一样，用友好的语气，指出对方的优点和可以改进的地方。比如，你可以这样说：'我觉得你讲得很清楚，但如果能再加一些自己的想法，就更好了。'"

学生活动：学生们分成小组，每个人都有机会发言。他们用温和的语气，真诚地给予同伴肯定和建议。

活动意图：通过学生互评，不仅帮助学生进一步理解故事的道理，还培养了学生的交流能力和团队合作精神，让他们学会倾听和尊重他人的意见。

效果评价：学生能够积极参与互评，不仅能正确理解故事中的道理，还能在互评中学会如何表达自己的观点，提高沟通技巧。

环节五：知识应用，文章写作

(1)写作指导

教师活动：教师对大家说："同学们，今天我们一起学习了《守株待兔》这个有趣的故事。现在，让我们拿起笔，用你们的想象力和创造力，写一篇关于'守株待兔'的小短文吧！你可以复述这个故事，也可以写写你读了这个故事后的感想。记得，要用生动的语言，让读者仿佛能看见故事中的场景哦！"

学生活动：学生们静静地坐在座位上，有的闭上眼睛想象着故事中的画面，有的已经开始在纸上勾勒自己的想法。教室里充满了创作的氛围。

活动意图：通过写作活动，不仅能帮助学生巩固今天学到的知识，还能激发他们的创造力和表达能力，让他们在写作中体验到乐趣。

效果评价：学生们能够根据要求完成写作任务，不仅故事复述准确，而且感想部分能够深刻地反映出他们对故事中的道理的理解和应用。

(2)展示作品

教师活动：教师微笑着对大家说："同学们，现在是展示你们作品的时间了！请勇敢地站到讲台前，分享你的作品给大家听。我们不仅会听故事，还会一起讨论，看看谁的故事最吸引人，谁的感想最深刻。"

学生活动：学生上台展示自己的作品。

活动意图：通过作品展示，不仅能增强学生的自信心，还能促进学生之间的相互学习和交流，进一步加深对故事中的道理的理解。

效果评价：学生们积极参与展示，不仅能清晰地表达自己的想法，还能对同学的作品提出建设性的意见，表现出良好的团队合作精神和批判性思维能力。

第
三
章

人工智能辅助
导学案设计

第一节　导学案的基本框架

导学案的概念起源于江苏省南京市东庐中学的"讲学稿"，并逐渐演变为一种师生共同参与编写的教学材料，旨在促进学生的自主学习和合作探究。这种模式在山东省聊城市杜郎口镇中学等学校得到进一步发展，强调学生课前预习学案，培养学生的自主学习能力。

导学案又称学案，是一种以学定教、集教师的教与学生的学于一体的学习活动方案，在教学实践中有许多称谓，如导学稿、讲学稿、预习稿、前置性学习、学习单、学道等。学案是教师根据学科课程标准要求，在充分把握学情的基础上，结合教材等文本信息，通过集体备课，汇集学科教师群体智慧设计而成的学生学习活动方案。学案充分尊重了学生对学习内容、过程、方法的知情权和参与权，成为沟通学生与教材、教与学的一座桥梁(郝琦蕾，2014)。导学案的实施过程大致分为课前、课中、课后三个环节：课前，教师需结合学生的需求和学习风格选择学习主题，合理安排学习课时，制定学习目标，并设计评价方式；课中，教师需根据教学内容选择或设计合适的教学资源；课后，教师需针对学生的课中表现布置作业，帮助学生巩固所学知识，并对教学活动进行反思和总结。这里，我们采纳了《教案的革命：基于课程标准的学历案》一书中的学历案的概念(卢明，崔允漷，2016)，其认为一份全面的学历案应包含以下六个核心要素：学习主题与课时、学习目标、评价任务、学习过程、检测与作业以及学后反思。这些要素共同构成了一个结构化的框架，旨在引导学生在教育过程中进行深入思考。

一、学习主题与课时

(一)学习主题

"学习主题"作为专有名词的首次出现，是在《义务教育语文课程标准(2022年版)》中，且处于显要位置。学者们对学习主题的理解是多样的。陆志平把学习主题理解为人文主题，从人文角度划分学习内容、概括学习主题(陆志平，2022)。王荣生则认为，2022年版义务教育课程标准所说的学习主题应该有两个含义，一是"人文主题"，二是"活动主题"；他进而提出，"学习主题"指主要的学习内容(王荣生，2023)。此外，还有学者认为，学习主题即核心学习价值。总的来说，"学习主题"是教育中用于组织课程内容的术语，2022年版义务教育课程标准中，包括道德与法治、地理、历史、数学、物理、化学、生物学和科学在内的 8 门学科均采用此表述。

学习主题的确定依据主要有三个方面(郑桂华，2024)。一是借助统编教材中的单元主题。统编教材是课程标准精神的体现，其单元建设包括内容切分、重点确定、材料组织和任务设计。理解这些内容是进行学习主题设计的前提。例如，七年级教材中有"亲情"主题，教师可据此设计"感受亲情"的学习主题。二是从生活中提炼主题并与学习内容有机关联。教育应将学生生活经验与教学内容紧密联系，使学习具体、生动、有意义。教师在设计课程时，应考虑学生兴趣、需求和背景，将其融入教学，如数学教学解决实际问题、语文教学讨论社会现象，强调跨学科整合。三是从人类基本问题入手推导学习主题、组织学习内容。这体现了课程标准修订的核心理念，即以学生核心素养为中心，强调课程内容与学生生活、社会实际的联系，鼓励学生通过探究和实践解决问题，培养批判性思维、创新能力和实践能力。

（二）课时

课时是指在教学计划中为完成特定教学内容而安排的一定时间单位，是教学过程中实现教学目标的基本单元。

在设计课时时要考虑课程的一体化和连贯性，注重不同学段之间的自然过渡。同时，鼓励跨学科整合，以促进学生综合素质的提升。课时设计还强调实践性和体验性学习以及学业质量标准的明确性，确保教学活动既有深度又有广度。此外，为了提高教学的指导性和有效性，课程标准提供了具体的学业要求和教学提示，帮助教师更好地实施教学计划(杜修全，叶绵雪，2024)。

二、学习目标

学习目标，即学生应达到的知识、能力、情感态度与价值观等方面的目标(郝琦蕾，2014)。学习目标的设计要简洁明确、有针对性。

首先，学习目标要紧贴课本、课时。学习目标应根据课本和课时有针对性地设计，确保每节课都有明确目标，实现与教学内容的有机结合。其次，学习目标的阐述要符合语言逻辑。导学案学习目标要更加注重情感态度与价值观方面的达成，更需要在阐述方面下功夫。再次，学习目标要做到整合性和层次性的统一。最后，学习目标要重视预设与生成的结合。学习目标应结合预设与学生实际达成情况，以学生生成为目标评价的主要标准(沈利波，2017)。

学习目标的设计是一个关键环节，它要求教师明确学生通过教学活动应达到的认知、情感和动作技能水平。布鲁姆的教育目标分类理论为我们提供了一个框架，他将学习目标分为记忆、理解、应用、分析、评价和创造六个层次。新版课程标准中的核心素养则强调，学生在知识获取之外还应具备相应的关键能力、必备品格和价值观念。

三、评价任务

课堂教学活动的评价是按照目标、任务和成果，收集学生学习过程中各种心理反应的活动。换言之，评价实际上贯穿整个课堂教学过程，是由一个个评价节点形成的整体，是一个动态的过程。在评价内容上，要关注学生学习态度的变化；在评价标准上，要突出知识与技能的辩证统一；在评价主体上，要注重学生的自我评价；在评价作用上，要注重激励和发展。

在设计评价时要注意以下几个方面：(1)每一个体现学生活动的环节都要有一个评价的模块，但不能占据太多的空间；(2)评价部分要简单易行、便于操作，不能占用太多的时间；(3)评价应分为学生自主评价和教师评价两个方面，附上标准，形成等第(宋波，2016)。

在学生自我评价时，教师要指导学生注意观察课堂发言情况、课堂纪律、解题能力、小组合作参与度等方面，鼓励学生积极思考、踊跃发言、创新回答。在小组合作互评时，教师要指导学生注意从小组积极程度、参与程度、帮扶程度、正确率、能力拓展、纪律及综合表现等方面进行客观评价，对表现优异的小组和成员给予一定的奖励，要特别注意给予边缘生更多的激励(陆全贵，刘桂珍，2018)。

学习目标是学生自我评估的起点，为了让学生能够轻松地进行自我评估，目标的表述需要具体和明确。以地理学科的"季风环流"为例，《普通高中地理课程标准(2017年版2020年修订)》中的描述比较模糊，只是大概提出了"运用示意图，说明气压带、风带的分布，并分析气压带、风带对气候形成的作用，以及气候对自然地理景观形成的影响"。为了让学生更容易理解，教师应该用更直接的语言来解释这些概念，比如：

(1)学会用海陆热力差异的原理来解释为什么在60°N的副极地低压带和在30°N的副热带高压带会被切断。

(2)记住在1月和7月时，亚洲的气压中心分别叫什么。

(3)了解季风的含义。

(4)会根据示意图分析东亚、南亚季风的风向、对气候的影响及成因(赵丽蓉，周霞，2017)。

这样，学生在学习之前就会知道自己要达到怎样的条件才算完成学习目标。这既有利于学生的自我评价，也方便教师考查学生的学习效果。

四、学习过程（资源与建议、课前预习、课中学习）

（一）资源与建议

资源与建议是帮助学生学习的重要工具。通过在课前快速浏览这些资料，学生可以更好地理解课程内容在教材中的位置和重要性，预测可能遇到的挑战以及如何应对，同时还能学会如何评估自己的学习成果。教师在教学时可能会调整教材的顺序，以帮助学生更好地吸收知识。因此在提供资源与建议时，需要指明内容在教材中的具体位置，并概述前后相关的知识点，帮助学生构建完整的学科知识体系。在提供资源与建议的尾声，教师需要明确地列出评价标准。这些标准会为学生提供指导，告诉他们完成哪些特定的任务和练习后，就能判断自己是否已经完全理解或者部分理解了本节课的内容。这样，学生就能通过实践来检验自己的学习效果。

（二）课前预习

预习是学生在正式上课前进行的准备工作，它既是学习的一种方式，也是学习过程的一部分。在新的教学标准下，为了提高学生学习效率和课堂教学效果，教师鼓励学生进行有效的预习是非常关键的。学生在课前做好预习，有助于教师更顺利地进行教学，同时也能提升课堂教学的效率。教师可以通过设计预习指导材料，帮助学生进行有目的的预习，这样学生在上课时就能更好地把握重点（叶绿柳，2022）。

（三）课中学习

导学案的课中学习设计需要设置连贯、逐步深入的问题，问题需基于现实情境，具有可操作性，任务步骤详细明确（沈利波，2017）。课中学习应以学生为中心，鼓励他们成为学习的主导者。

在设计导学案的课中学习活动时，应该考虑以下几个原则。

1. 目标导向

学习活动应与学习目标紧密相连，确保每个活动都能帮助学生朝着既定目标前进。例如，如果学习目标是理解光合作用的过程，就可以设计一个实验活动，让学生种植植物并观察植物在不同光照条件下的生长情况，以此直接关联光合作用的学习目标。

2. 学生中心

活动设计应以学生的需求和兴趣为中心，鼓励学生参与和探索，以增强他们的学习动机。例如，如果学生对环境保护感兴趣，就可以设计一个项目，让他们研究本地的生态系统并提出保护建议。

3. 多样性

设计不同类型的活动，如讨论、实验、角色扮演、案例研究等，以适应不同学习风格和需求。例如，对于一个科学单元，可以安排学生进行实验操作、观看相关视频，或者参与模拟辩论。

4. 互动性

鼓励学生之间以及学生与教师之间的互动，以促进知识的交流和深入理解。例如，通过小组合作解决数学问题，或者在历史课上进行角色扮演——组织一个模拟联合国会议，让学生扮演不同国家的代表，就某一历史事件进行辩论。

5. 资源利用

合理利用各种学习资源，如图书馆、多媒体、网络资源等，以丰富学习体验。例如，可以利用图书馆的资源，让学生选择一本与课程主题相关的书进行阅读，然后组织一次读书会，让学生分享他们的阅读体验和对书籍的见解。此外，还可以利用在线资源为学生提供额外的阅读材料，或者使用教育软件进行互动式学习。

五、检测与作业

检测与作业是巩固学习成果的重要手段，而且作业设计是一项流程较为复杂的工作，其中首要的和最关键的是要明确三点，即"为什么要设计学案作业"（即作业目标）、"设计什么内容的学案作业"（即作业内容）和"设计什么形式的学案作业"（即作业形式）（白瑞敏，徐宝芳，姚林，2010）。

首先，作业设计不能抛开课本，要以课本为基础。从根本上说，作业设计要遵循课程标准，以课程标准为基础。在新课标背景下，导学案中的作业设计应该遵循以下原则：确保作业与学习目标紧密相连，促进学生的深度理解和应用；设计多样化的作业类型，以适应不同学生的学习风格和兴趣；鼓励学生通过实践和探究活动将知识应用于实际情境；提供及时的反馈和评价，帮助学生了解自己的学习进度；促进学生的合作学习和跨学科整合能力提升。

以初中物理课程中的"力和运动"单元为例，在设计导学案中的作业时，可以采取以下几种形式，如表 3-1 所示。

表 3-1　初中物理"力和运动"作业设计分类

作业类型	作业内容	作业目的
基础理解	要求学生完成一系列与牛顿第一定律相关的选择题和填空题,以检验他们对惯性和力与运动关系的理解	确保学生对牛顿第一定律有基本的理解,能够识别和解释惯性的概念,以及力与运动状态之间的关系
实验探究	设计一个实验,要求学生使用小车、斜面和测力计来探究力对物体运动的影响。学生需要记录实验数据,分析结果,并撰写实验报告,解释他们的发现如何支持或反驳牛顿第二定律	通过实验活动,让学生亲身体验和观察力对物体运动的影响,从而加深对牛顿第二定律的理解,并培养他们的实验设计、数据收集和分析能力
生活应用	要求学生观察并分析日常生活中的一个现象,如自行车的刹车机制,解释其中涉及的力和运动原理,并讨论如何通过改变力的大小或方向来影响运动状态	将物理概念与现实生活中的现象联系起来,帮助学生理解物理知识在日常生活中的应用,促使他们将理论知识转化为实际问题解决能力
小组合作	学生分组,每组选择一个与力和运动相关的现代技术应用,如汽车的悬挂系统或运动员的装备,进行研究并准备一个展示,讨论这些技术如何利用物理原理来提高性能	通过小组合作,培养学生的团队协作能力、沟通技巧和集体讨论解决问题的能力,同时让他们了解不同领域中力和运动的应用
创意设计	鼓励学生设计一个简单的机械装置,如投石机,来展示力和运动的关系。学生需要绘制设计图,解释其工作原理,并在班级中展示其模型	激发学生的创造力和创新思维,通过设计和制作机械装置,将物理原理应用于实际创造中,同时增强他们的动手能力和工程思维

这些作业设计旨在满足不同学生的需求,从基础到高级、从个体到团队、从理论到实践,确保每个学生都能找到适合自己的学习路径,并在各自的水平上取得进步。教师可以根据学生的具体情况和需求灵活调整作业的难度和要求,以确保每个学生都能在适合自己的水平上得到挑战和发展。

其次,在整体规划课时作业时要有计划、有思路,不能只是凭感觉、凭经验。要在深入研究课程标准和课本的基础上,结合学生实际,将课程标准细化。

(1)具体地设计和规划主题、单元教学目标、课时教学目标及其相应要求。

(2)明确重点和难点,保证重点,梳理、分解难点,规划如何及时巩固,适时拓展提高。

(3)编制内容—水平—题型作业计划细目表。

(4)规划课时作业实行"五结合"，即巩固基本与发展提高结合，纸笔作业与实践活动结合，闭合性选择、填空题与开放性简答、探究题结合，统一要求与适应个别结合，提高质量与控制总量结合(吴俊明，2015)。

六、学后反思

学后反思是学生内化知识、提升元认知技能和自我调节学习策略的重要环节。在导学案的课后实施阶段，教师和学生都要认真进行反思。反思是一种冷静的、主动的自我反省过程，是对过去经历的再认识。学生通过对学习内容、学习表现和学习态度等方面进行反思，可以发现自己的成功或不足之处，进而采取强化或修正的手段予以调整。

为了引导学生进行有效的反思，教师可以提供明确的指导。例如，要求学生概述课程的知识结构，描述他们是如何获取知识的、他们学到了哪些方法或策略以及他们需要哪些帮助。最后，通过及时的反馈和评价，帮助学生提升反思质量。

第二节　人工智能辅助导学案设计的方法

导学案作为一种教学工具，其设计和实施可以极大地受益于人工智能技术的辅助。人工智能能够提供个性化、灵活和高效的教学支持，使导学案更加贴合学生的学习需求和特点，同时为教师提供强大的教学辅助，优化教学过程，提高教学质量。通过二者的结合，可以实现教学资源的优化配置，提升教学互动的质量，促进学生的全面发展。

提到使用人工智能辅助教师设计导学案，我们就不得不介绍提示工程。提示词(prompt)是模型接收以生成响应或完成任务的初始文本输入。我们给人工智能输入一组提示词，用于指导模型生成响应以执行任务。这个提示词可以是一个问题、一段描述、一组关键词，或其他任何形式的文本，用于引导模型产生特定内容的响应。有人工智能研究公司提出了三种优化提示词的技巧，分别是分步提示以增强逻辑性、少量样本提示以提供具体示例和提示链以分解复杂任务，旨在提升其性能表现(AI信息Gap，2024)。这些技巧同样适用于教育领域中人工智能辅助教学的场景，为教师提供了一种提高教学互动效率和效果的新工具。

(1)分步提示(step by step)。一种高效的提示工程技巧，旨在通过引导大型语言模型按照一系列有序的步骤来处理问题，从而提高解决问题的逻辑性和准确性。这种方法特别适用于需要逻辑推理或多步骤解决方案的复杂问题，通过明确指示人工智能分步骤地思考和回应，帮助模型更准确地理解问题的本质，并提供更加精确和有条理的答案。

(2)少量样本提示(few-shot prompting)。一种通过提供具体示例来指导大型语言模型理解和执行特定任务的技巧。这种方法通过展示期望的输入和输出，帮助大型语言模型快速学习并模仿所需的行为模式。少量样本提示特别适用于那些需要模型进行模式识别或适应新任务的场景，因为它能够在没有大量训练数据的情况下有效地传达用户的意图。

(3)提示链(prompt chaining)。一种实用的提示工程技巧，通过将复杂任务分解为一系列更小、更易于管理的步骤，并通过连续的提示来引导大型语言模型逐步完成整个任务。这种方法特别适用于那些需要多步骤逻辑或深度思考的问题，它能够帮助模型更好地理解任务的结构，并提供更加连贯和精确的输出。

下面，我们以导学案的各个要素环节为例，详细阐述应该如何借助提示工程来实现人工智能辅助导学案设计。

一、人工智能辅助学习主题与课时设计

围绕学习主题搭建复杂情境，人工智能的应用主要体现在以下两个方面：一是能够极大地增强复杂情境的真实性，使学生在参与中获得的具身体验感更强；二是能够在情境演进的过程中提供强有力的支持。借助人工智能的情境感知技术能够即时捕获学习者的行为、情绪等方面的数据，精准识别学习者的认知水平、个性特征，这为更高质量的互动提供了准确的信息(王振华，于泽元，2023)。人工智能可以分析学生的学习数据，包括成绩、学习习惯、兴趣点等，帮助教师了解学生的强项和弱点，从而确定适合的学习主题；也可以帮助教师整合和筛选大量的教育资源和材料，为特定学习主题提供丰富的教学内容，确定学习主题的可行性。此外，人工智能还可以分析教育领域的趋势和热点，帮助教师把握最新的教育动态，选择与时俱进的学习主题。

(一)学习主题设计的提示词模板

下面，我们结合本章第一节中提出的学习主题的确定依据(郑桂华，2024)，以分步提示为例，展示如何向人工智能提问，如表3-2所示。

表 3-2 分步提示确定学习主题的提示词模板

学习主题的选择依据	提问步骤	提示词模板
借助统编教材中的单元主题	确定本单元的核心主题和学习目标	我正在准备一节关于"亲情"的语文课，这个主题在教材中是如何被引入和展开的？你能帮我梳理一下教材中关于这个主题的关键点吗？
	列出教材中与核心主题相关的所有课文和材料	在这些教材中，有没有哪些特定的文本或故事最能体现亲情的深刻含义？请提供一些文本分析，帮助学生更好地理解亲情的价值。
	分析教材中提供的学习活动和任务，以及它们如何支持学习目标	我想通过一些活动来加深学生对教材中亲情主题的理解。你能建议一些与教材内容相关的课堂讨论或写作活动吗？
	考虑如何将教材内容与学生的先验知识和兴趣相结合	我们如何将教材中的亲情主题与学生的实际生活经验相结合，让学生在情感上产生共鸣？请提供一些具体的教学策略。
从生活中提炼主题并与学习内容有机关联	识别学生日常生活中的相关情境或事件	我想将数学教学与学生的实际生活经验相结合。请提供一些现实生活中的问题，这些问题可以帮助学生理解数学概念的实际应用。
	列出这些情境或事件与学习内容之间的联系点	在设计数学课程时，我希望能够让学生感受到数学与他们日常生活的紧密联系。你能建议一些将数学问题与生活情境相结合的教学方法吗？
	设计问题或活动，让学生将课堂学习与现实生活经验相联系	我想让学生通过解决实际问题来学习数学。你能帮我设计一些与学生生活紧密相关的数学项目或案例研究吗？
	讨论如何通过这些联系点增强学生的学习动机和参与度	我希望通过数学教学培养学生的实践能力和创新思维。你能提供一些跨学科的项目建议吗？比如结合科学或艺术来解决数学问题。

续表

学习主题的选择依据	提问步骤	提示词模板
从人类基本问题入手推导学习主题、组织学习内容	确定与人类基本问题相关的主题，如道德、社会正义、环境可持续性等	我想通过探讨"环境保护"这一基本问题来引导学生学习科学。你能帮我概述一些与此相关的基础科学原理，并提供一些教学策略来帮助学生理解这一概念吗？
	分析这些主题如何与学科内容和课程标准相结合	在设计以"环境保护"为核心的课程时，我希望能够涵盖多个学科的视角。你能建议一些跨学科的教学方法吗？比如结合历史、地理和生物来探讨环境问题。
	设计探究活动，鼓励学生探索这些问题，并将其与学科知识相联系	我想让学生通过参与一个项目来应用他们学到的关于环境保护的知识。你能建议一些跨学科的项目想法吗？比如结合社会学或伦理学来解决环境问题。
	规划如何评估学生的理解和探究成果，以及这些活动如何促进学生的批判性思维和解决问题的能力	为了评估学生对"环境保护"这一主题的掌握程度，我需要设计一些综合性的评估任务。你能提供一些创新的评估工具或方法吗？比如项目式学习、模拟实验或辩论赛。

（二）课时设计的提示词模板

课时的提示词设计，以分步提示为例，如表 3-3 所示。

表 3-3　分步提示确定课时的提示词模板

课时的确定依据	提问步骤	提示词模板
评估课时安排	评估所设计的教学活动是否适合在一节课内完成	我已经规划了一系列教学活动，但我需要评估这些活动是否都能在一节课的时间内完成。你能帮我分析这些活动的预计时长，并给出是否需要调整的建议吗？

二、人工智能辅助学习目标设计

人工智能在导学案的学习目标设计中的作用体现在以下几个方面。

首先，人工智能可以通过分析课程标准和学生数据，帮助教师确定学习目标的认知层次。例如，在设计一个关于"环境保护"的单元时，人工智能会建议从知识层次开始，让学生先了解基本的环境概念，然后逐步提升到理解层次，比如理解不同环境问题的成因和影响。

其次，人工智能可以根据布鲁姆的教育目标分类理论的应用、分析和创造层次，为学生设计更高层次的学习目标。例如，在"环境保护"单元中，人工智能会建议学生应用所学知识解决实际问题，如设计一个减少校园垃圾的计划，或者分析不同环保政策的效果并综合信息提出自己的见解。人工智能也可以结合课程标准中的核心素养，如批判性思维、创新能力和合作精神等设计学习目标。例如，建议学生在小组内合作，共同完成一个关于可持续发展的项目。在这个过程中，学生不仅要运用所学知识，还要展现团队合作精神和创新思维。

人工智能还可以根据学生的个性化需求，调整学习目标的难度和深度。通过分析学生的学习行为和成绩，人工智能可以识别出学生的强项和弱点，为不同水平的学生设定不同的学习目标，确保每个学生都能在自己的能力范围内得到挑战和发展。

在教学过程中，人工智能可以实时监控学生的学习进度和理解程度，根据学生的反馈和表现动态调整学习目标。例如，如果人工智能发现大多数学生在分析层次上存在困难，它会建议教师提供更多的指导和支持，或者调整教学策略，帮助学生克服障碍。

最后，人工智能可以为教师提供学习目标达成情况的评估和反馈。通过分析学生的作业、测试和项目，人工智能可以生成详细的报告，帮助教师了解学生在各个学习目标上的掌握情况，为教学改进提供依据。

新课标背景下，教师在向生成式人工智能提问如何确定导学案的学习目标时，可以遵循以下步骤，并使用相应的提示词模板，如表 3-4 所示。

表 3-4　学习目标的提示词模板

学习目标的设计步骤	提示词模板
分析课程标准	根据当前课程标准，本单元的核心教学目标是什么？
分析学生需求和特点	我正在准备一节关于"环境保护"的课程。你能帮我分析一下学生对这个话题可能的兴趣点和先前的知识水平吗？
明确知识、能力和素养目标	在设计这节课的学习目标时，我需要确保它们既符合课程标准，又能够激发学生的积极参与。你能建议一些具体的知识、能力和素养目标吗？
引领未来的教学目标	我希望通过这节课不仅传授知识，而且培养学生的创新思维和实践能力。你能提供一些有助于实现这些长期目标的教学建议吗？
关注学生的个性化需求	在设计学习目标时，如何考虑到不同学生的需求和兴趣？

三、人工智能辅助评价任务设计

在数字化和智能化的社会中，简单的知识学习已不足以应对快速发展的需求，劳动者需要具备终身学习和适应社会发展的高阶能力与核心素养。传统的教育评价侧重于甄别和选拔，内容标准化，并且依赖经验。随着生成式人工智能等工具的出现，信息获取和知识传授的速度加快，知识的网络化特征变得更加明显。相应地，教学评价也将超越对知识本身的评价，转向更高层次的实践能力和更全面的综合素养，形成"知识＋素养"的综合性评价体系。

具体说来，在评价理念方面，注重学生中心，指向学生综合素养提升，强调发展性和成长性评价，注重结果导向，基于学习结果反向设计，重视可视化、可观察的结果评价(钟秉林，2023)。在评价内容方面，固定式的知识问答转变为开放式的问题解决，一张张由各类题型组成的试卷转变为若干个"情景＋问题"的综合型任务，单独作答转变为多方互动，经过"人机＋人际"的沟通协作，标准化问题答案转变为开放式解决方案。在评价标准方面，单一的分数指标转变为"行为＋过程＋结果"的综合指标，既注重整体性的问题解决能力，鼓励学生的综合性发展，又兼顾过程性的综合行为表现，引导学生的差异化发展。在评价方式方面，以考试成绩、访谈评语、活动表现为主的评价方式转变为数据驱动的自动化、智能化、可视化评价。在评价结果方面，将重塑结果性评价、过程性评价、增值性评价，更加强调人机协同、人际合作，评价结果将更加精准、科学(杨宗凯，王俊，吴砥，等，2023)。

下面我们使用提示链分解复杂任务，来设计导学案中的评价任务。教师可以和语言模型进行一系列分步骤的对话，以确保评价任务能够全面且精准地测量学生的学习成果，如表 3-5 所示。

表 3-5   提示链分解评价任务的提示词模板

步骤	详细说明	提示词模板
定义评价目标	教师首先明确评价任务的目标	我们需要设计一个评价任务，旨在评估学生在(具体学科)的(特定概念或技能)的掌握程度。
列出评价标准	教师可以根据核心素养或布鲁姆的教育目标等要求语言模型帮助列出评价标准	请根据××学科核心素养/布鲁姆的教育目标分类法，列出评价学生在(认知层次)的具体标准。

续表

步骤	详细说明	提示词模板
设计评价问题或任务	教师进一步指导语言模型设计具体的评价问题或任务	基于这些标准，设计一系列问题或任务，要求学生展示他们的(记忆/理解/应用/分析/评价/创造)能力/××学科核心素养。
细化评价任务	教师细化评价任务的要求	请为每个问题或任务提供详细的指示和评分细则，以确保它们能够准确测量学生在学习目标上的表现。
考虑评价方法的多样性	教师考虑评价方法的多样性	除了书面问题，我们还需要哪些类型的任务来全面评价学生的综合能力？
生成评价任务样本	教师要求语言模型生成评价任务的样本	请提供一个评价任务的样本，包括问题陈述、预期答案和评分标准。
反馈与迭代	教师对语言模型进行反馈和迭代	根据这个样本，讨论可能的改进方向，并调整评价任务的设计。

四、人工智能辅助学习过程(资源与建议、课前预习、课中学习)设计

在人工智能辅助学习过程中，不同的提示词技巧可以发挥不同的作用。对于资源与建议、课前预习、课中学习的设计，分步提示可增强逻辑性，帮助学生按照逻辑顺序逐步深入理解学习材料，从而提高学习效率。例如，教师可以设计一系列逐步深入的问题或任务，引导学生从基础知识点的理解开始，逐渐过渡到更高层次的认知任务，如分析、创造和评价。在课前预习阶段，教师可以提供一些基础问题，让学生通过与人工智能的互动来初步了解课程内容。在课中学习时，教师可以设计更深层次的问题，促进学生对知识的深入思考和应用。

以语文学科的《红楼梦》一课为例，教师可以与语言模型对话，设计如下分步提示词：

——请为《红楼梦》的预习阶段提供一些基础问题，帮助学生了解主要人物和背景。

——在课中学习时提供一些分析性问题，引导学生探讨人物之间的关系及其对主题的贡献。

这种分步提示的方法能够帮助学生建立起对学习材料的深层次理解，同时也能够适应不同学生的学习节奏和需求。以下是针对资源与建议、课前预习和课中学习各环节的过程设计，基于分步提示与语言模型对话的提示词模板。

（一）资源与建议

以下是使用分步提示的关于资源与建议的提示词模板。

步骤一：确定学习目标和内容。

教师：我正在为××课程准备导学案，需要涵盖资源推荐、预习指导和课堂活动。请帮我梳理一下这门课程的核心学习目标和主要内容。

步骤二：设计课前预习问题。

教师：我需要设计一些预习问题，以便学生在上课前对课程内容有一个初步的认识。请帮我构思一些问题，这些问题应该能够引导学生探索故事背景、主要人物和情节发展。

步骤三：生成课前预习材料。

教师：基于我们确定的学习目标和预习问题，你认为学生在课前应该预习哪些关键内容？有哪些资源可以推荐给学生，帮助他们更好地准备课程？

（二）课前预习

使用分步提示，教师可以设计出一个结构化的课前预习活动。以下是课前预习的提示词模板。

步骤一：引入主题。

教师：请为明天的物理课"熔化和凝固"创建一个预习问题列表，第一步是让学生了解并定义课程中将讨论的三个核心概念——熔化、凝固和熔点。

步骤二：激活先前知识。

教师：接下来，设计一些问题，让学生回顾与这三个核心概念相关的先前知识，以便他们能够建立联系。

步骤三：提供背景信息。

教师：请提供一些背景信息和资源链接，比如相关的阅读材料或视频，让学生对即将学习的主题有一个基本的了解。

步骤四：提出引导性问题。

教师：现在，我需要一些引导性问题，鼓励学生对阅读材料提出自己的见解和疑问，这些问题将帮助他们在课堂上进行更深入的讨论。

步骤五：布置具体任务。

教师：能帮我设计一个具体的预习任务吗？比如，让学生准备一个简短的报告，概述他们对核心概念的理解和对即将讨论的主题的预期。

步骤六：鼓励自主探索。

教师：能否提供一些开放性问题，激发学生的好奇心，鼓励他们在预习时进行自主探索和研究？

通过这样的分步提示，在人工智能的辅助下，教师可以设计出确保学生在课前有目的、有条理地进行预习所需的任务内容，为课堂学习做好准备。

（三）课中学习

使用分步提示，教师可以设计出丰富的课中学习活动。以下是课中学习的提示词模板。

步骤一：明确学习目标。

教师：针对即将学习的主题"光合作用"，请设计一些与学习目标"理解光合作用过程"直接相关的学习活动。

教师：我正在规划一节关于光合作用的课程，你能帮我设计一些实验活动，让学生能够直观地观察和理解光合作用的过程吗？

步骤二：考虑学生的需求和兴趣。

教师：我们的学生对环保话题很感兴趣，我想结合这个兴趣点来教授生态系统的知识，你能帮我构思一些相关的项目或活动吗？

步骤三：设计多样化的活动。

教师：在即将到来的科学课上，我希望引入多样化的教学方法，你能设计一些活动，比如实验、视频分析或模拟辩论，来帮助学生更好地理解科学方法吗？

步骤四：促进互动性。

教师：我想在我的数学课上增加更多的互动环节，你能提供一些小组合作的数学问题解决活动，让学生在合作中学习和提高解决问题的能力吗？

步骤五：利用学习资源。

教师：我打算利用图书馆和在线资源来设计我的语文课，你能帮我设计一些活动，让学生能够通过阅读和讨论来深入理解文学作品吗？

五、人工智能辅助检测与作业设计

作业的内涵与外延是人机协同作业设计的关键，决定着人机如何协同完成何种作业。作业是学生为了达到学习目标，通过完成教师设计的学习任务而开展的学习活动（郭要红，2009）。作业由学习目标、既定任务和学习活动三个核心要素构成（李海峰，王炜，2023）。

在辅助教师完成检测与作业设计方面，人工智能可以对作业的核心要素（学习目标、既定任务和学习活动）进行深入分析和应用，从而实现个性化和高效的教学支持。

　　首先，人工智能可以帮助教师确保作业与学习目标的一致性。通过分析课程标准和学生的学习数据，人工智能能够为教师提供关于学生当前学习水平和需求的洞察，使教师能够设计出契合学习目标的作业。例如，人工智能系统可以推荐适合学生当前学习阶段的练习题，确保作业内容与教学大纲及学习目标保持一致。其次，在既定任务的设计上，人工智能可以根据学生的学习风格和能力水平生成多样化的作业任务。这些任务可以包括不同类型的问题，如选择题、简答题、实验设计等，以适应不同学生的需求。人工智能还可以根据学生的反馈和作业完成情况，动态调整作业难度，提供个性化的学习路径。在学习活动方面，人工智能可以提供互动式的学习体验，如通过智能辅导系统提供即时反馈，或者通过虚拟实验室提供模拟实验的机会。这样的学习活动不仅能提高学生的参与度，而且能帮助他们在实践中深化理解。

　　同时，人工智能在检测方面也可发挥重要作用。通过自动评分系统，人工智能可以快速评估学生的作业，并提供详细的反馈。这既减轻了教师的工作负担，也使学生能够及时了解自己的学习进展和需要改进的地方。在数据分析和优化方面，人工智能可以收集和分析学生作业的大量数据，帮助教师识别教学中的强项和弱点，从而调整教学策略，优化作业设计。此外，人工智能还可以促进跨学科整合，通过设计涉及多学科知识的作业，培养学生的综合素质和解决复杂问题的能力。例如，结合数学和科学知识的项目式作业，可以鼓励学生运用多学科知识解决实际问题。

　　围绕作业的三个核心要素，教师在使用人工智能辅助作业设计时，可以参考分步提示的提示词技巧来引导人工智能提供帮助。以下是以英语学科为例，向人工智能提问辅助作业设计的提示词模板(见表 3-6)。

表 3-6　作业设计的提示词模板

提问步骤/程序	提示词模板
明确课程目标	我需要设计一份关于英语过去时态的课后作业，请问有哪些有效的练习可以让学生巩固这一语法点？
作业类型的建议	你能提供一些创新的英语写作练习吗？目的是让学生实践使用过去时态。
个性化和分层作业	我的学生英语水平不一，我如何设计不同难度的作业来满足他们各自的需要？
利用人工智能工具	有哪些人工智能工具可以帮助学生练习英语发音，并在他们练习过去时态时提供反馈？
同伴评审流程	如何组织有效的同伴评审活动，让学生在评审彼此的过去时态写作时能够提供建设性的反馈？

续表

提问步骤/程序	提示词模板
自我修正策略	你能提供一些指导学生如何自主修正他们过去时态错误的策略吗？
作业提交和反馈	有哪些在线平台可以让学生提交他们的英语作文，并让教师轻松地提供书面反馈？
课后拓展资源	你能推荐一些适合中学生的课后英语学习资源吗？特别是那些关于过去时态练习的。
评估和调整	我应该如何评估作业的有效性，并根据学生的学习进度进行调整？
家庭作业管理	有没有人工智能工具可以帮助我跟踪学生的家庭作业提交情况和进度？

六、人工智能辅助学后反思设计

在设计学后反思时，教师也可以使用提示词技巧向人工智能提问。以下三种提示词技巧适用于不同的教学场景。

(1)分步提示。这种方法通过将学后反思活动分解成一系列有序的步骤来增强逻辑性和条理性。例如，在数学教学中，教师可以设计一个分步的反思活动，首先让学生回顾关键概念(如公式和定理)，然后引导学生将这些概念与具体问题联系起来，最后鼓励学生思考这些概念在现实世界中的应用。这种方法有助于学生逐步深入理解学习内容，并发展批判性思维能力。

(2)少量样本提示。这种方法适用于需要通过具体示例引导学生进行深入反思的场景。例如，在语文课上，教师可以提供几个反思示例，展示如何分析文学作品中的主题和象征，然后要求学生选择一个文本并应用这些示例进行个人反思。少量样本提示可以帮助学生理解期望的反思深度和质量，从而提高他们的分析和表达能力。

(3)提示链。这种方法通过将复杂的反思任务分解成一系列小步骤来帮助学生处理复杂的学习内容。例如，在科学课上，教师可以设计一个提示链，让学生从观察实验现象开始，逐步引导他们提出假设、设计实验、收集数据、分析结果，直至得出结论并反思整个过程。这种方法有助于学生理解科学方法，还能够培养他们的系统思维和问题解决能力。

以下是针对三种提示词技巧设计的提示词模板，旨在帮助教师有效地利用人工智能进行学后反思活动的设计(见表3-7)。

表 3-7　学后反思设计的提示词模板

提示词技巧	提示词模板
分步提示	请为数学课程设计一个分步反思活动，第一步要求学生回顾并解释今天学到的主要公式，第二步要求学生讨论这些公式如何应用到解决具体问题中，第三步鼓励学生思考这些数学概念在日常生活中的应用。
	我正在设计一个历史课的学后反思活动，能帮我创建一个三步骤的提问模板吗？第一步是让学生总结今天讨论的主要历史事件，第二步是让学生思考这些事件如何影响了后续的历史进程，第三步是鼓励学生探讨这些历史教训在现代社会的相关性。
少量样本提示	能提供一个基于文学作品分析的学后反思样本吗？我需要展示如何从主题和象征主义角度进行文本分析，以便学生能够模仿这种分析方法进行个人反思。
提示链	我需要一个连续的提问模板，用于引导学生在完成一个项目后进行反思。首先，让学生描述他们在项目中承担的角色和学到的技能；其次，让他们分析项目成功和失败的可能原因；最后，鼓励他们思考如何将这些经验应用到未来的学习或工作中。

第三节　实践案例

一、案例 1：使用万彩 AI 设计导学案

万彩 AI 可以智能生成教学知识动画视频，还可以智能创作微课稿、教师总结、导学案等，从而适当解放双手，提高工作效率。万彩 AI 既可以在电脑网页上使用，也可以在手机上使用。

使用万彩 AI 的"教学帮手"，教师只需输入相关的教学内容、学科学段和其他特定要求，系统便能自动生成教学文档的初稿。这些文档可以根据教师的具体需求进行编辑和优化，以确保它们符合教学目标和学生的学习需求。

以人民教育出版社出版的数学教材七年级上册第一章的"正数和负数"为例，要求联系生活，让学生理解正数和负数的概念，并能对数据做出正确解读。下面我们使用万彩 AI 设计一份合适的导学案。

根据提示填好主题、学段和其他对导学案的要求后(见图 3-1)，万彩 AI 会根据教师需求自动生成导学案，并细化为三个主题，分别是正负数的认识与表示、正负数在数轴上的表示、利用正负数解决实际问题(见图 3-2)。

图 3-1　导学案生成提示

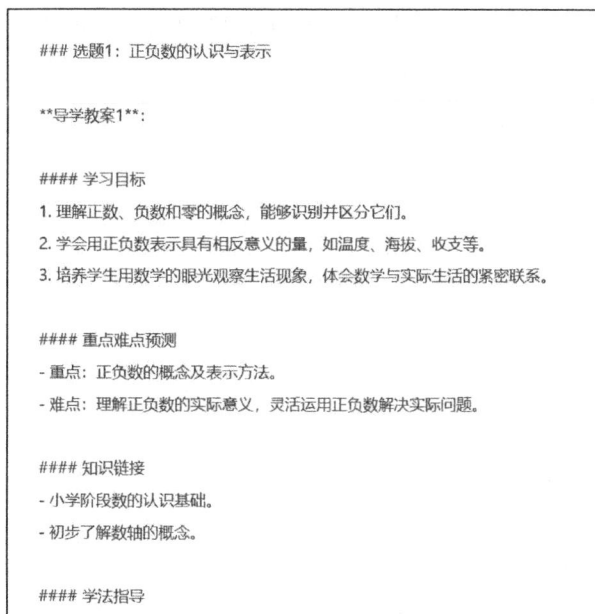

图 3-2　导学案生成示例

教师可以在这个导学案的基础上，根据自身的授课需求进行修改。例如，生成的导学案中有"知识链接"这一部分，目的在于让学生建立起新旧知识的联系，在学好旧知识的基础上更快地理解新知识的内涵。但是导学案中仅仅给了一句话，过于简单，教师可以使用扩写功能进行丰富，也便于学生回忆旧知(见图3-3)。

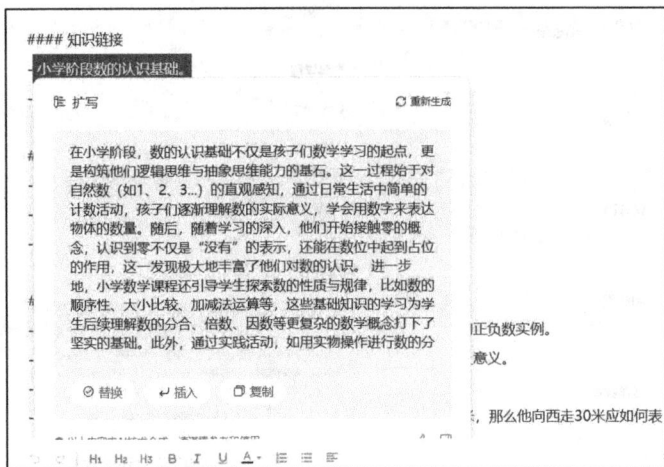

图 3-3　导学案扩写修改示例

此外，导学案中自动生成的例题可以作为学生作业的参考(见图3-4)，教师也可以在生成的作业的基础上进行修改。如图3-5所示，改写后的例题背景更丰富，可以作为课堂引入引发学生的兴趣，让学生通过学习来最终解密。

1. 海拔500米记作+500米，则海拔-300米表示 _____。

2. 存入银行200元记作+200元，那么支出150元应记作 _____ 元。

选择题

3. 下列说法正确的是（　）

　A. 负数比正数小

　B. 0是正数

　C. -a一定是负数

　D. 负数没有绝对值

4. 在数轴上，点A表示的数是-3，若将点A向右移动4个单位长度，则点A表示的数是（　）

　A. -7　B. 1　C. 7　D. -1

5. 某种商品的标准重量是500克，质检员从A、B两箱中各抽出5件商品进行检测，结果如下（超过标准重量的记为正数，不足的记为负数，单位：克）：

　A箱：+1, -2, +3, +1, -1；B箱：-1, +2, -2, +1, -1。

　哪箱商品的重量更接近标准重量？（　）

　A. A箱　B. B箱　C. 一样接近　D. 无法确定

图 3-4　导学案作业示例

普通改写（段落）

在数学的奇妙世界里，数轴如同一条无尽的直线，承载着无数数字的梦想与旅程。想象一下，有一个点A，它静静地躺在数轴上，代表的数字是-3，仿佛是一个小小的探险家，在负数的领域里默默探索。

现在，让我们给这个探险家一个指令：向右，勇敢地迈出四步！在数轴的语境下，这"四步"其实就是四个单位长度的移动。点A欣然接受了这个挑战，它开始向右滑动，每一步都离原点更近一些，离负数的深渊更远一些。

当点A完成了这四步的壮举后，它不再是最初的那个-3了。它现在所代表的数字，是-3加上这向右移动的4个单位长度，即-3 + 4 = 1。这个数字，就像点A新获得的徽章，标志着它完成了从负数到正数的跨越。

那么，回到我们的问题：点A向右移动4个单位长度后，它表示的数是多少呢？答案已经呼之欲出——是B选项，1。这个简单的数学操作，不仅让点A在数轴上完成了位置的变迁，更让我们领略到了数学中变化与不变的魅力。

所以，当下次你在数轴上遇到类似的探险任务时，不妨想象一下点A的这次旅程，或许你会更加深刻地理解数轴上的移动与数字变化之间的奥秘。

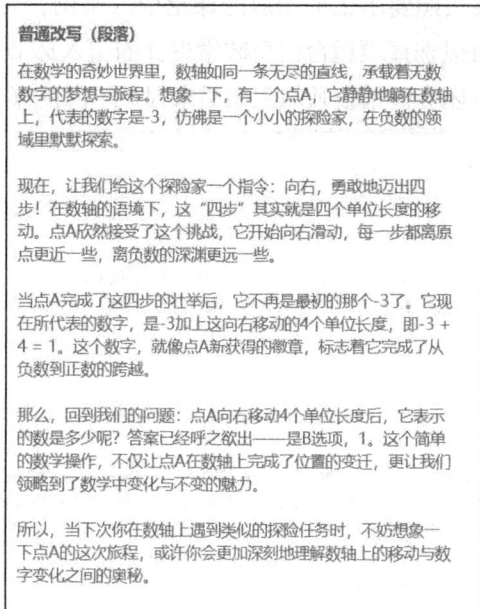

图 3-5　导学案作业改写示例

二、案例 2：利用文心一言优化课堂引入环节设计

以下是利用生成式人工智能优化课堂引入的案例"高中语文《沁园春·长沙》——激扬青春当拿云"(部编版高中语文教材必修上册，作者毛泽东)。教师已完成了导学案，在课堂引入环节，教师的设计是通过导入语来引出词作者，再链接到课文。但是这样的引入稍显普通，可能难以引发学生的学习兴趣。那么，我们如何借助文心一言来改进课堂导入呢？

首先需要向文心一言说明本节课的教学内容、学习目标和教学重难点，告知我们的需求是设计课堂的引入环节，并推荐相关资源(见图3-6)。

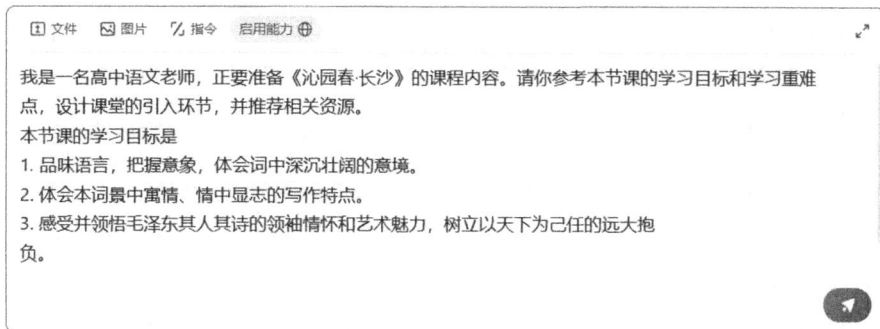

⊡ 文件　🖾 图片　⁒ 指令　启用能力 ⊕

我是一名高中语文老师，正要准备《沁园春·长沙》的课程内容。请你参考本节课的学习目标和学习重难点，设计课堂的引入环节，并推荐相关资源。
本节课的学习目标是
1. 品味语言，把握意象，体会词中深沉壮阔的意境。
2. 体会本词景中寓情、情中显志的写作特点。
3. 感受并领悟毛泽东其人其诗的领袖情怀和艺术魅力，树立以天下为己任的远大抱负。

图 3-6　文心一言提问示例

    然后文心一言就会按照要求生成相应的课堂引入案例，并进行拓展(见图 3-7、图 3-8)。接下来教师可以选择更适合自身教学设计的引入环节，进行进一步扩充和修改。此外，文心一言还会根据教师的上课需求提供不同的学习资源(见图 3-9)。

课堂引入环节设计

情境导入法：

开场白：
"同学们，在历史的长河中，有这样一位伟人，他以笔为剑，以诗言志，不仅改变了中国的命运，更以他的诗词激励着无数后来者。今天，让我们穿越时空，回到那个风起云涌的年代，去聆听一首响彻云霄的壮丽词章——《沁园春·长沙》。"

情境创设：

1. **播放背景音乐：** 选择一段激昂、大气的古典音乐作为背景，如《高山流水》的变奏版，营造一种壮阔的历史氛围。
2. **展示图片或视频：** 利用多媒体展示长沙橘子洲头、湘江风光的图片或短视频，让学生直观感受词中描绘的自然景观，同时介绍毛泽东创作此词时的历史背景，如北伐战争、国共合作等，为理解词中的情感铺垫。

提问引入：

- "看着这些画面，你们能想象到一位年轻人在这样的景致下，心中涌动着怎样的情感吗？"
- "在这样一个变革的时代，他可能会思考些什么？又想要表达什么呢？"

图 3-7 文心一言课堂引入生成示例一

故事导入法：

讲述故事：
"在1925年的深秋，一位名叫毛泽东的青年才俊，独自漫步在长沙的橘子洲头。他望着眼前滚滚北去的湘江水，心中涌动着对国家和民族未来的无限憧憬与忧虑。于是，他挥毫泼墨，写下了这首震撼人心的《沁园春·长沙》。今天，就让我们一起走进这首词，去感受那份跨越时空的豪情壮志。"

设置悬念：

- "你们知道，在这首词中，毛泽东是如何用文字描绘出如此壮阔的自然景象的吗？"
- "他又是如何将自己的情感与国家的命运紧密相连，展现出以天下为己任的领袖情怀的呢？"

通过讲述故事和设置悬念，激发学生对课文内容的好奇心和求知欲，为接下来的学习做好心理准备。

图 3-8 文心一言课堂引入生成示例二

推荐相关资源

1. **音频资料：** 毛泽东诗词朗诵音频，特别是名家朗诵版本，如濮存昕、康辉等，让学生感受诗词的韵律美和情感表达。
2. **视频资料：** 纪录片《毛泽东》中关于《沁园春·长沙》创作背景及解析的片段，或者相关历史题材的电影、电视剧片段，帮助学生更好地理解时代背景。
3. **图文资料：** 长沙橘子洲头、湘江风光的现代高清图片，以及毛泽东手迹、书法作品等图片，增加教学的直观性和趣味性。
4. **学术文章：** 关于《沁园春·长沙》的文学评论、赏析文章，供学有余力的学生深入阅读，提升文学鉴赏能力。
5. **互动平台：** 利用在线学习平台或社交媒体，建立学习社群，鼓励学生分享自己的学习心得、疑问和创作，形成良好的学习氛围。

图 3-9 文心一言学习资源生成示例

三、案例 3：DeepSeek 辅助教师设计作业练习

DeepSeek 能够智能辅助教师设计分层化、精准化的作业练习，帮助教师提升作业设计的效率与质量。通过分析学生的认知水平和教学目标，DeepSeek 可快速生成基础巩固、能力提升、思维拓展等不同层次的练习题，使作业更具针对性和适应性。同时，DeepSeek 支持动态调整题目难度和类型，教师可根据课堂反馈灵活优化作业内容，确保练习与教学目标高度契合。

下面，我们以人民教育出版社出版的数学教材三年级下册"认识面积"为例，展示如何利用 DeepSeek 设计科学有效的作业练习。

DeepSeek 能够按照教师的要求精准把握教学重难点(见图 3-10)，自动生成结构化的分层作业(见图 3-11)，也可以在教师的补充要求下设置递进式问题链，将抽象知识转化为生活化情境任务，同时提供差异化练习方案(见图 3-12)。

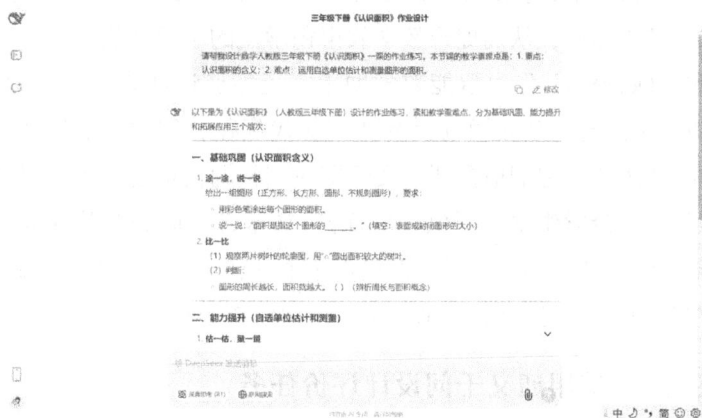

图 3-10　作业提问示例

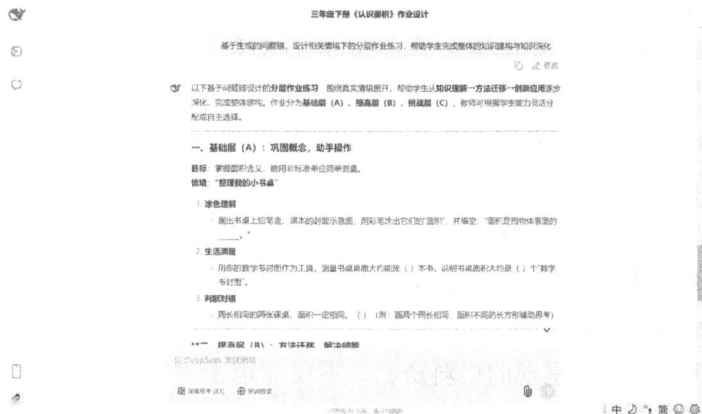

图 3-11　作业修改示例

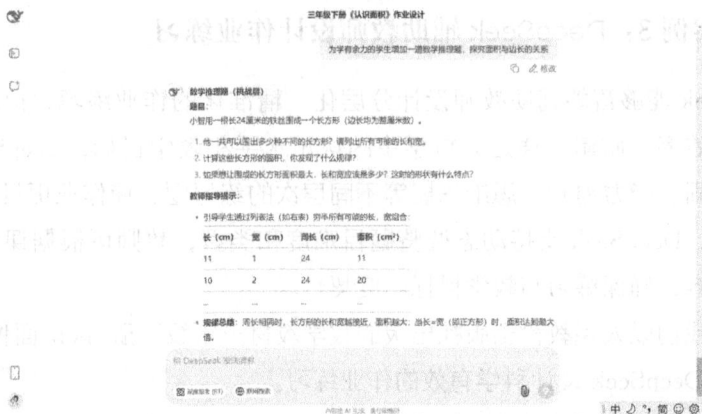

图 3-12 作业优化示例

通过科学化的设计框架和丰富的素材库，DeepSeek 既能减轻教师的备课负担，又能确保作业内容紧扣教学目标，满足不同学生的学习需求，帮助教师实现"教学—练习—评估"的闭环，从而提升教学效果和学生的学习成效。

不仅如此，DeepSeek 作为智能教学助手，还能通过动态响应教师反馈、精准适配班级学情、灵活支持多教学场景及持续迭代优化，实现作业设计的"需求—生成—反馈—优化"闭环。它能根据课堂实际即时调整题目难度与类型(如针对薄弱知识点强化练习)，结合学生水平提供分层任务(从基础巩固到开放探究)，并基于长期互动数据不断学习教师偏好，最终提供真正个性化、科学化的作业解决方案，使教师从机械性劳动中解脱出来，将精力聚焦于教学核心环节。

四、案例 4：使用通义千问设计评价任务

本案例在郑耿标提出的生成式人工智能应用于历史学习评价设计的基础上(郑耿标，2024)，采用通义千问大模型来设置开放性问题，以探索其在历史学习评价中的适用性和效果。以历史学科为例，史料的搜集往往是非常耗时耗力的，这也是历史教师在设计史料探究类学习评价时的一个痛点。而生成式人工智能拥有强大的信息处理能力，能从大量数据中迅速筛选出与特定历史主题相关的材料，为学习评价设计提供丰富的背景信息和支撑点。例如，我们如果想要命制一道关于秦始皇的评价的题目，就可以使用通义千问来搜索生成相关史料(见图 3-13)。该方式通过广泛搜集跨越不同时间段与观察维度的历史资料，极大地增强了教学素材的多样性与全面性，鼓励学生从多重视角切入，深化对历史事件的理解与分析过程。此外，教师借助通义千问精选并呈现的史料资源，不仅能用于课堂教学，还可作为评价依据，旨在培育学生针对历史事件形成独立见解与批判性思维的能力。

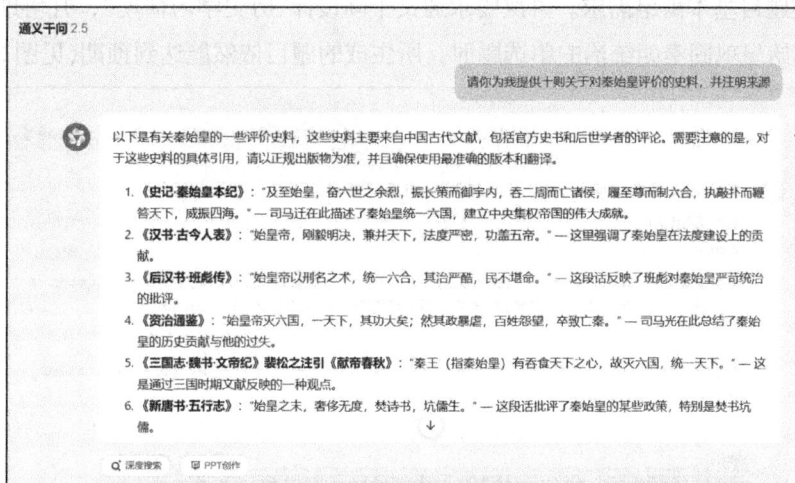

图 3-13 通义千问史料生成示例

此外，生成式人工智能还支持个性化的评价设计，可以根据学生的不同学习水平和需求生成适合不同学生的评价任务，从而提供更具个性化和差异化的学习评价，更好地满足不同学生的学习需求。例如，让通义千问阅读黄牧航的《论历史情境命题》一文，要求其设计历史事件情境并进行学习评价设计(见图 3-14)。这里需要注意的是，不同的生成式人工智能工具的知识库和功能偏向是有差别的，如果教师需要生成式人工智能工具基于某个文献来设计材料，请先将文献上传给生成式人工智能进行阅读。

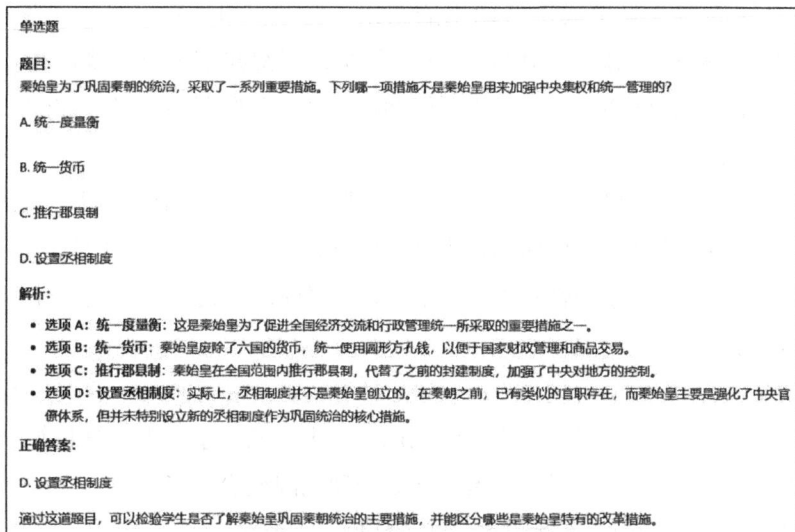

图 3-14 通义千问生成单选题示例

上述题目基本满足需求。再次要求通义千问设计"历史学习情境"，并协助命制一道关于秦始皇巩固秦朝统治的单选题时，所生成的题目依然能达到预期(见图 3-15)。

图 3-15　通义千问设计的"问题即答案"的学习情境单选题

当我们要求生成式人工智能完成特定领域的复杂任务时，需要持续给予指导，并通过更具体的指令来生成符合期望的结果。例如，如果我们给出了如下指令："谢谢，但我认为此题的题面已包含统一度量衡，答案亦采用统一度量衡，故此题颇为简单，难以考查学生水平。"通义千问会接受意见并根据指令进行改进。图 3-16 展示了修订后的题目。

然而，此类学习情境略显"形式主义"。实际上，即使剥离该情境，亦不影响学生之回答，故仍不能称之为优质情境设计。因此，进一步给出如下提示：

(1)请你设计"历史学习情境"——历史歌曲填词，帮我命制一道关于秦始皇巩固秦朝统治的单选题。

(2)请你设计"历史学习情境"——历史歌曲填词，帮我命制一道关于秦始皇巩固秦朝统治的单选题。题目设计为：学生已经写出歌词，学生再根据你给出的一小段歌词内容来推论这段歌词是关于秦始皇哪一项巩固统治的措施的。

(3)歌词过于直白，与答案一致，能不能换一下？

在一步步的提示下，通义千问历经三次修改，终于生成了比较令人满意的结果

（见图 3-17）。

谢谢，但我认为此题的题面已包含统一度量衡，答案亦采用统一度量衡，故此题颇为简单，难以考查学生水平。

理解您的需求，我们需要设计一个更具挑战性的问题，以更好地考查学生对秦始皇巩固秦朝统治措施的理解。以下是一个新的单选题设计：

历史学习情境设计

情境背景：

假设你是秦始皇时代的一名官员，你被召见到了朝堂之上，秦始皇询问你关于巩固秦朝统治的意见。你需要回答一系列问题，证明你对秦始皇所采取的各项巩固措施的深刻理解。

情境任务：

准备一份详细的汇报材料，解释秦始皇采取的各项巩固措施，并回答一道关于这些措施的选择题。

单选题

题目：
秦始皇为了巩固秦朝的统治，采取了多项措施。以下哪一项措施最能体现秦始皇通过文化和思想控制来加强中央集权？

A. 统一度量衡

B. 统一货币

C. 推行郡县制

D. 焚书坑儒

解析：

- **选项 A：统一度量衡：**这项措施是为了方便经济交流和行政管理，但并不是直接的文化和思想控制手段。
- **选项 B：统一货币：**这项措施同样是为了便利经济活动，但并不是直接的文化控制手段。

图 3-16　通义千问根据意见重新设计的学习情境单选题

假设你是一名古代乐师，为庆祝秦始皇统一六国并巩固秦朝的统治，创作了一首歌曲。歌词中隐含了秦始皇采取的各项巩固措施。现在，你需要根据已经写好的歌词片段，回答关于这些措施的具体内容。

情境任务：

根据给定的歌词片段，选择正确的答案，说明这段歌词反映了秦始皇巩固统治的哪一项措施。

歌词片段

（旋律：传统古风）

歌词：
秦始皇，雄才大略，
统六国，江山一色。
尺有所短，寸有所长，

币同而信，国泰民安。
郡县广布，权归于上，
笔墨同源，法令昭然。
书简尽焚，儒士悲叹，

单选题

题目：
以下歌词片段反映了秦始皇巩固统治的哪一项措施？
"书简尽焚，儒士悲叹，"

A. 统一度量衡

B. 统一货币

C. 推行郡县制

D. 焚书坑儒

图 3-17　通义千问在提示下最终生成的学习情境单选题

第
四
章

人工智能辅助
教学材料设计

人工智能大模型凭借其强大的数据处理和智能分析能力，能够快速筛选出高质量的教学材料资源，并根据教学目标和学生的学习需求进行智能整合，为教学材料的搜集与整合带来了革命性的变化。在教育领域中，教学材料作为知识传递的媒介，其设计与应用的质量直接关系到教学的效果。一个优秀的教学材料设计不仅能激发学生的学习兴趣，而且能促进深度学习，提高教学效率。在现代教育体系中，教学材料的设计与应用应遵循一定原则，以更好地促进知识的传递与内化。

一是目标导向原则。教学材料的设计应明确教学目标，确保所有内容紧密围绕教学目标展开(童义清，2020)。这要求设计者在教学前对课程目标、单元目标乃至课时目标有清晰的认识，并据此精选和组织教学材料。

二是学生中心原则。教学材料应充分考虑学生的年龄特征、认知水平、学习兴趣及学习需求。这要求设计者采用适合学生认知水平和发展规律的方式呈现信息，增强材料的可读性和吸引力(布兰思福特，布朗，科金，等，2013)。

三是科学性与准确性原则。教学材料的内容必须准确无误，符合学科的科学性要求，避免误导学生。同时，材料的呈现方式应逻辑清晰，有助于学生构建科学的知识体系(中华人民共和国教育部，2022)。

四是多样性与灵活性原则。教学材料应形式多样，包括文字、图表、音频、视频等多种媒体形式，以满足不同学生的学习风格和偏好。同时，材料应具有一定的灵活性，便于教师根据学生的实际情况进行调整和补充。

五是评估与反馈原则。教学材料应包含适当的练习和评估环节，以便学生自我检测学习效果并获得及时的反馈。这有助于学生调整学习策略，巩固所学知识。

接下来，我们将在本章中共同探讨人工智能辅助教学材料设计与开发的方法和应用途径，从教学课件、习题、作业三个方面深入剖析它如何为教育赋能，从而开启人工智能助力教师创新教学实践的新篇章。

第一节　教学材料的类型

一、教学课件

(一)概念

课件译自英文"courseware"，其本义是课程软件。从概念上讲，课件属于教学软件，课件中的教学内容属于软件的数据部分。也就是说，课件中必须包含具体学科的教学内容。教学课件作为现代教育技术的重要组成部分，是指教师为了辅助课堂教学而设计并制作的集文字、图像、音频、视频、动画等多种媒体元素于一体的教学材料(焦彩珍，2015)。它旨在通过多媒体的呈现方式，将复杂、抽象的教学内容以更加直观、生动、形象的形式展现给学生，从而提高学生的学习兴趣、理解能力和学习效率。

教学课件具有灵活性和多样性的特点。教师可以根据教学需要随时调整课件的内容和形式，以适应不同学生的学习风格和认知水平。同时，多媒体元素的融入也使得教学过程更加生动有趣，有助于吸引学生的注意力，激发他们的学习兴趣和动力(梁辰，2023)。此外，教学课件还具有可重复使用和可共享的特点。制作完成后，教师可多次使用同一课件进行不同班级或不同学期的教学，也可将其分享给其他教师或学生，实现教学资源的共享和优化配置。

(二)主要内容与表征形式

1. 主要内容

(1)文本(text)。文本是以文字、数字和各种符号表达的信息形式，是多媒体信息中使用最多的信息媒体，主要用于对知识的描述。在计算机中，文本有两种主要形式：格式文本和无格式文本。格式文本中除了文本内容的文字外，还包含定义版面格式的相关信息，如字体、字号、颜色等；而无格式文本仅包含构成文本内容的文字，其输出格式由管理程序指定(不能由编辑使用者改变)，故又称为纯文本。

(2)图形(graphic)。图形是指用计算机绘图软件绘制的从点、线、面到三维空间的以矢量坐标或位图表示的黑白或彩色图形，如以直线、矩形、圆、多边形以及其他可用角度、坐标和距离表示的几何图形。

(3)图像(image)。图像是指静态图像，如各种图纸、照片等。既可以从现实世界中获取图像，也可以利用计算机产生数字化图像。图像是由单位像素组成的位图来描述的，每个像素点都用若干位二进制编码，用来反映像素点的颜色和亮度。

(4)音频(audio)。音频是指在 20Hz～20kHz 频率范围内连续变化的声波信号，可以分为语音、音乐和合成音效三种形式。

(5)视频(video)。视频是指从摄像机、录像机、影碟机以及电视接收机等影像输出设备获取的连续活动图像信号。

(6)动画(animation)。动画是采用计算机动画设计软件创作，由若干幅图像连续播放而产生的具有运动感觉的连续画面。视频和动画的共同特点是每幅图像都是前后关联的，通常后幅图像是前幅图像的变形，每幅图像均可称为帧。帧以一定的速率(fps，帧/秒)连续投射到屏幕上，就会使观察者产生连续运动的感觉。

当播放速率在 24fps 以上时，由于人眼的视觉滞留效应，就产生了自然连续播放的效果。

2. 表征形式

(1)PPT 演示文稿。这是最常用的教学课件形式，通过幻灯片展示文本、图片、图表、动画和视频等，适合讲解理论、概念、步骤等内容，具有制作简单、易于修改等优势。同时，PPT 演示文稿内容丰富多样，可灵活调整以适应不同教学场景，便于携带和分享。

(2)PDF 文档。通常以电子文档形式呈现，支持文本、图片、表格等多种元素，适合需要详细阅读和理解的材料，如教材章节、研究报告等，具有格式稳定、易于打印和分发等优势。同时，PDF 文档支持批注和共享，适合作为课后复习资料。

(3)交互式课件(如 HTML5、flash 等)。此类课件具有很强的互动性，包含点击响应、拖拽操作、游戏化学习元素等，可以增强学生参与感。同时，交互式课件能够根据学生反馈调整教学内容，提高学生的学习兴趣和学习效果，并且能够支持多种设备和平台访问。

(4)视频教程。主要以视频形式呈现教师讲解、实验操作、案例分析等，适合需要直观展示和重复观看的教学内容。此类课件直观易懂，便于学生随时随地学习，并且能够支持暂停、回放等功能，便于理解和复习。

二、习题

(一)概念

习题是指为了帮助学生练习、复习和检验所学知识而设计的题目或问题。它们通常围绕教学大纲或课程标准中的知识点、技能点和能力要求精心编制，旨在通过实际操作和思维活动，促进学生对知识的内化、迁移和应用(唐双虎，左祥胜，2023)。习题可以是书面的、口头的，也可以是实验性的或数字化的，形式多样，以适应不同学科特性和学生需求。合适的习题能够拓展学生的知识面，激发学生的学习兴趣，并帮助学生进行自我检测，让学生在知识与技能、过程与方法、情感态度与价值观等方面都有较大的收获。对于教师来讲，习题既可以作为教学内容的有机组成部分，又可以帮助其检查教学效果，得到反馈信息(张艳香，金新喜，2013)。

(二)主要功能与作用

1. 知识点覆盖

习题的首要任务是覆盖并强化课程中的核心知识点，这些知识点往往是构建学科知识体系的基础。通过反复练习，学生可以加深记忆，确保对基本概念、原理和公式的准确掌握。

2. 技能训练

除了知识点，习题还注重对学生技能的训练，包括解题技巧、实验操作能力、数据分析能力、逻辑推理能力等。通过不同类型的习题训练，学生能够逐步掌握并熟练运用这些技能，提升解决问题的能力。

3. 思维拓展

高质量的习题不仅关注知识的直接应用，更重视对学生思维能力的拓展。通过设计具有挑战性和开放性的问题，教师可以激发学生的好奇心和探索欲，引导他们从不同角度思考问题，培养批判性思维、创新思维和解决问题的能力。

4. 反馈与评价

习题的另一个重要任务是反馈与评价。通过习题的完成情况，教师可以及时了解学生的学习状况，发现存在的问题并给予针对性的指导。同时，学生也可以通过习题的解答过程进行自我反思和评估，明确自己的学习目标和努力方向。

三、作业

(一)概念

作业是教师为了帮助学生巩固课堂所学内容、拓展知识面、提升学习技能而布置给学生的课外学习任务。它是教学活动的一种延伸，旨在使学生通过自我探索与实践，将课堂上学到的理论知识转化为实际应用能力，同时促进学生的思维发展、自主学习能力以及时间管理能力的提升(周璐，余金丽，2023)。作业的设计往往紧密围绕教学目标和学生的学习需求展开，具有明确的针对性和目的性。教师需要根据学生的学习情况、认知水平和能力差异，设计不同难度和类型的作业，以帮助学生巩固重点、突破难点、拓宽视野(孙兆前，赵琼，2024)。同时，作业的形式和内容丰富多样，既有传统的书面作业，如填空题、选择题、解答题等，也有实践性的作业，如实验报告、社会调查、项目研究等。这种多样性既满足了不同学科的教学需求，也适应了学生多样化的学习风格和兴趣偏好。此外，作业还具有反馈与评估的作用，教师可以通过批改作业了解学生对知识的掌握情况、存在的问题和困难，进而给予针对性的指导和帮助。学生也可以通过作业中的错误和反馈进行自我反思和总结，明确自己的学习方向和努力目标。

(二)主要功能与作用

1. 巩固与复习

作业的首要任务是巩固学生在课堂上学习的知识点。通过练习，学生可以回顾并加深对新的概念、原理、公式或技能的理解与记忆，确保这些知识在脑海中得到强化和固化。这类作业通常包括填空题、选择题、简答题等形式，直接针对课堂内容进行测试。

2. 拓展与应用

除了巩固基础知识外，作业还承担着拓展学生知识视野、培养学生解决实际问题能力的重任。这类作业鼓励学生将所学知识应用于新的情境或问题中，通过解决具有挑战性的任务，提升学生的创新思维和实践能力。例如，数学作业可以设计一些需要运用多种知识点解决的应用题，语文作业则可以要求学生进行创作性写作或阅读分析。

3. 预习与引导

部分作业还承担着预习新课、引导思考的任务。通过提前布置与下节课内容相关的预习作业，教师可以激发学生对新知识的兴趣和好奇心，帮助他们提前了解将要学习的内容，为课堂上的深入学习做好准备。这类作业可能包括阅读教材、观看视频、完成预习问卷等。

4. 反思与总结

作业也是学生反思学习过程、总结学习成果的重要平台。通过完成作业后的自我检查、错误分析以及学习心得的撰写，学生可以更清晰地认识到自己的学习状况，发现存在的问题与不足，进而调整学习策略，提高学习效率。此外，反思与总结还有助于培养学生的批判性思维和自我管理能力。

第二节　人工智能辅助教学材料设计的方法

人工智能技术变革下的机器辅助教学为教育教学发展注入了新的动能（刘智，孔玺，王泰，等，2021）。教师需要积极应对人工智能带来的冲击和挑战，通过提升个人能力来完成自身的角色转变，从传统的"教书匠"转变为学生能力培养者、行为示范者和教育研究者（董晓波，詹娇娇，2020）。因此，学会灵活利用人工智能来辅助设计与开发教学材料，已经成为智能时代教师必备的技能之一。教育提示语（educational prompt）是指在教育场景或学习任务中为了帮助大语言模型理解人类意图，使用适合机器理解的自然语言组织设计的一组指令集（赵晓伟，祝智庭，沈书生，2023）。为了弥合人类意图与机器理解之间的差距，更好地释放生成式人工智能的教育潜力，教师需要发挥教育提示语的价值以促进人机对话（赵晓伟，戴岭，沈书生，等，2024）。

一、人工智能教育提示语设计

提示语设计是指用户提供给生成式人工智能一段文字或文本的技能，人工智能根据这些文字或文本生成回应内容。提示语设计直接影响到人工智能生成内容的质量。下面介绍两种常见的提示语设计公式，分别为任务导向提示语设计公式和问题导向提示语设计公式（黎加厚，2024）。

（一）任务导向提示语设计公式

1. 角色（role）

指定人工智能所扮演的角色。生成式人工智能明确了自己扮演的社会角色，能更好地理解有关任务的信息和背景，从数据库中生成对应的结果。例如，指定"你是中学音乐教师"，这样生成式人工智能的回答会使用更多的音乐专业知识。

2. 任务（task）

明确告诉人工智能要完成什么任务。在与生成式人工智能的对话中，教师提出的任务应清晰、明确、不含混。提问的策略是："问浅不问深"，即问题的推理程度不要太深，最好把复杂的问题逐步分解，拆成多个递进的小问题，再逐个抛给生成式人工智能；"问小不问大"，问题的聚焦点要小，不要问一些过虚或过大的问题，如"人生的意义是什么"，以免它无从下手。

3. 要求（requirements）

概述这个任务需要遵守的规则、标准和实现的结果。要求可包括：生成内容的类型，如文章、故事、新闻、诗歌、对话、歌词、教案、计划、规章制度等；生成内容的格式，如文本、语音、图像或其他格式，以及数量、字数长度等；生成内容的风格，如热烈、奔放、严谨、幽默等；想法创意及其他要求。

4. 说明（instructions）

提供更多关于任务和要求的详细具体的上下文信息。对于有具体场景的任务，教师需要提供一些补充说明，以便让生成式人工智能更好地理解任务和要求。这些补充说明包括：上下文信息，如有关话题的背景、相关的历史事件或人物等；围绕主题的互动问答、追问，前后连贯、由浅入深、由表及里、层层递进，形成对话序列；提供一些关于某个回答的例子，让生成式人工智能根据例子推测具体要求。

（二）问题导向提示语设计公式

1. 角色（role）

指定人工智能的角色，如 PPT 设计师、心理咨询师、幼儿园教师、科学家等。

2. 问题（problem）

清晰描述你需要解决的问题及其背景。描述的信息越详细具体，人工智能对问题的理解就越全面，提出的解决方案就越有针对性。

3. 目标（goal）

期望人工智能解决、完成、回答的具体目标要求，如提供演讲稿、编写代码、设计教案、给学生布置作业、编制考试题等。

4. 方案（solution）

要求人工智能如何输出方案，包括格式、风格、口吻、示例等，如采用鲁迅的口吻输出作文，采用毕加索的风格输出图画。

二、人工智能辅助教学课件设计

（一）教学课件提示词模板设计

1. 辅助教学设计，创作教学计划

示例：你现在是一位九年级的语文老师，请你为我设计一份针对九年级语文课本中高尔基的《海燕》一课的教学计划，该计划需包括教学目标、教学重点难点、教学过程、形成性评价、拓展阅读材料等。其中在教学过程部分，请详细包含加涅九段教学法的各个阶段，确保每个环节都与《海燕》的教学内容和目标紧密结合，并明确指出每一步骤所对应的加涅教学阶段，以及如何有效实施这些教学活动以促进学生的深入理解和掌握。

2. 创作教学用图

示例：你现在是一位九年级的语文老师，人民教育出版社出版的九年级下册语文（部编版）教科书中有一篇课文是高尔基的《海燕》，请你依照这一篇课文的内容，绘制一幅与海燕相关的绘画作品，要求有乌云、大海、波浪，里面有浪花，浪花拍打礁石……展现海燕在乌云密布的海上不畏艰难险阻、搏击长空的景象。

（二）教学课件知识库的构建

知识库是人工智能辅助教学课件的核心组成部分，它储存了海量的教学资源，包括文本、图片、视频、音频等多种形式。知识库的作用在于为课件制作提供丰富的素材和参考，支持个性化学习路径的生成与优化。下面是构建知识库的具体步骤。

1. 明确目标与需求

在构建知识库之前，应明确目标与需求。这包括确定知识库的规模、功能、使用场景等，以便选择合适的构建工具和策略。

2. 选择合适的工具

目前市面上有多种知识库构建工具可供选择，如 HelpLook、Notion、Confluence 等。教师可根据自己的需求和偏好选择合适的工具，并考虑其界面友好度、功能强大度和扩展性等因素。

3. 整理与归纳知识

对已有的教学资源进行整理与归纳，按照不同的主题或分类进行分组，建立清晰的知识结构。在整理过程中，可使用标签、目录和笔记等方式进行分类和组织，以便后续查找和使用。

4. 创建与编辑内容

将整理好的教学资源导入知识库，或直接在知识库中创建与编辑内容。在创建与编辑过程中，应确保内容的准确性和完整性，尽量使用简洁明了的语言，方便学生理解和记忆。

5. 建立检索与索引系统

设置合适的检索与索引系统，方便用户快速找到所需的知识。可利用关键词、标签、目录等方式进行检索与索引，提高知识库的查找效率。

6. 维护与更新

知识库是一个动态的系统，需要不断维护与更新。教师应定期检查和更新知识库的内容，删除过时或错误的信息，确保知识库的准确性和可靠性。

三、人工智能辅助习题设计

(一)习题提示词模板设计

1. 设计课后选择题

示例：你现在是一位九年级语文老师，请你根据高尔基的不朽篇章《海燕》，设计 5 道选择题，每道题目只有 1 个正确选项，请在结尾给出正确答案。

2. 给特定文本生成阅读理解题

示例：现在，你是一位精通大语言模型的形成性评价专家。请你[根据给定文本]，生成[5 道][多项选择题]，在[多项选择题]之后，附上[正确答案]。在理解了这个提示的时候，请你回复我："收到，现在请给我[给定文本]吧!"请注意：我给你输入的文本为[英文]，请你务必输出[英文]。

(二)习题知识库的构建

1. 数据源收集

收集来自教科书、试卷、在线教育平台等多种渠道的习题资源，确保数据的多样性和全面性。

2. 数据处理与清洗

对收集到的习题数据进行清洗和归一化处理，去除重复、错误或不符合教学要求的习题。同时，对习题进行分类和标注，便于后续分析和生成。

3. 知识库构建

基于处理后的习题数据，构建学科知识点的知识库。知识库应包括习题的题型、难度、知识点、解析等详细信息，并支持快速检索和智能推荐功能。

四、人工智能辅助作业设计

(一)作业提示词模板设计

1. 设计课后拓展性作业

示例：你现在是一位经验丰富的八年级数学老师，擅长学生的拓展性思维训练。请你围绕"勾股定理"单元设计两个课后拓展作业，要求作业内容既能够加深学生对勾股定理概念的理解，又能够锻炼他们的实际应用能力和解题技巧。作业设计需包含明确的题目描述、解题提示以及评价标准，请以表格的形式呈现该作业。

2. 设计分层作业

示例：你是一位教学经验非常丰富的物理老师，擅长进行分层教学。现在请为不同学习水平的学生设计关于"摩擦力"的分层作业。作业应包含基础、进阶和挑战三个层次，确保每个层次都能有针对性地提升学生对摩擦力概念、原理及应用的理解。基础层次作业应侧重于摩擦力的定义、分类及简单计算；进阶层次作业可涉及摩擦力在日常生活中的应用实例分析；挑战层次作业则可要求学生探究影响摩擦力大小的因素，或设计实验验证摩擦力相关理论。请确保每个层次的作业都具有明确的解题指导和评价标准。

(二)作业知识库的构建

1. 需求分析与内容规划

明确教师与学生的具体需求，根据需求规划知识库的内容结构，如习题、答案、解析、知识点等。

2. 数据收集与整理

从教材、教辅资料、网络资源、教师经验、学生作业等多渠道收集相关知识内容并进行筛选，确保内容的准确性与权威性。

3. 平台选择与知识录入

根据知识库的需求和特点选择平台，将整理好的知识内容录入系统并进行性能测试，确保平台能够稳定运行。

4. 运行与维护

根据教学实际需求定期更新知识库的内容。

第三节 实践案例

一、案例 1：使用讯飞智文制作教学课件

讯飞智文是科大讯飞股份有限公司旗下基于星火大模型的 AI 一键生成 Word、PPT 文档的网站平台，主要有文档一键生成、AI 撰写助手、多语种文档生成、AI 自动配图和模板图示切换等功能(见图 4-1)。目前有四种快速生成 PPT 的方式，包括主题创建、文本创建、文档创建、自定义创建，能够兼容更多使用场景。其中，主题创建 PPT 支持一句话式主题输入，快速把用户的想法变为 PPT 文档，可根据需求进行 AI 改写，完善文档内容；文本创建 PPT 最高支持 12000 字长文本输入(截至 2024 年 12 月)，AI 帮助总结、拆分、提炼，最终生成高度相关的 PPT 文档；文档创建 PPT 支持 doc、pdf、txt 等格式的文档上传，AI 提取文档中的关键信息，生成一个贴合文档材料内容及要求的 PPT 文档；自定义创建 PPT 支持每条大纲的自定义关联，可关联文本、文档和互联网内容，让生成内容更精准。

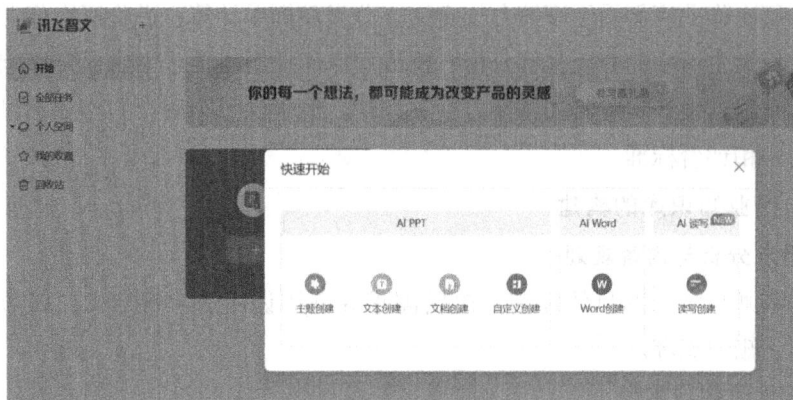

图 4-1 讯飞智文功能界面

下面以主题创建 PPT 为例，介绍讯飞智文的 PPT 创作功能(科大讯飞沈阳智汇谷，2024)。在生成 PPT 文档之前，可以选择语言，默认为中文(简体)，支持更改为其他语言，包括英语、日语、俄语、韩语、德语、法语、葡萄牙语、西班牙

语、意大利语和泰语。然后，讯飞智文会基于我们输入的主题生成 PPT 标题和大纲(见图 4-2)，如果对大纲不满意，可以编辑调整大纲内容。

图 4-2 讯飞智文生成的 PPT 标题和大纲

确定 PPT 标题和大纲后，可以根据自己的需要或喜好选择不同风格、颜色的模板，然后耐心等待讯飞智文生成一份完整的 PPT 文档即可(见图 4-3)。生成 PPT 文档后，如果对内容不满意，可以进行在线编辑：选中页面中的内容，在弹出的工具栏中调整内容的文本样式和对齐方式。还可以再次调用 AI，对选中的内容进行扩写、润色和精简。

图 4-3 讯飞智文生成的 PPT 文档预览

二、案例 2：星火教师助手助力语文课堂创新实践

2024 年 4 月 25 日，在深圳市西乡中学举行的一次校本教研活动中，王宝兴老师利用生成式人工智能技术，为学生们带来了一堂别开生面的《鸿门宴》(部编版高中语文教材必修下册，作者司马迁)教学课。这不仅是一次教学展示，更是人工智能技术在教育领域应用的创新尝试(讯飞 AI 校园，2024a)。

王宝兴老师在备课阶段使用星火教师助手生成教学设计，并通过畅言课件工具制作和加工课件。在授课阶段，王老师向星火教师助手发出指令："你现在是一名教学经验丰富的语文老师，请根据《鸿门宴》这一节课的内容，绘制出刘邦的照片，要求要符合课文中对刘邦这一人物特点的描述，不能抽象化。"点击【发送】后，几张栩栩如生的刘邦形象图便展现在同学们眼前。王老师还使用了星火大模型中的"虚拟人—西楚霸王项羽"工具，让学生与项羽直接对话，深入探讨了刘邦和项羽的性格特点，以及历史上项羽能够赢得巨鹿之战却又最终落得垓下之围的原因。通过与历史人物的直接对话，王老师成功地引起了学生的兴趣，增强了课堂互动。这种互动不仅让学生以全新的视角理解历史，而且激发了他们的批判性思维能力。课程结束时，王老师结合星火教师助手和大模型中的人物形象分析生成了思维导图，帮助学生总结课程要点，加深了学生对知识的理解，锻炼了学生的思维能力。

2024 年 4 月 18 日，在保定市第十七中学举行的一次教育数字化转型现场交流会上，张文田老师利用生成式人工智能技术，为学生们带来了一堂生动的语文课"语美韵·闻花香"(部编版语文教材七年级下册《紫藤萝瀑布》，作者宗璞)(讯飞 AI 校园，2024b)。这堂课不仅展示了人工智能技术在教育领域的应用，而且实现了技术与教学的深度融合，提升了教学互动性和个性化学习体验。

在授课环节，张老师与星火教师助手进行对话："你现在是一位资深的语文老师，请详细地列出景物的描写手法，并以思维导图的形式呈现出来，且对专业名词要进行相应的解释。"点击【发送】后，星火教师助手生成了详细的景物描写手法思维导图，包括观察景物的形状、颜色、气味以及多种修辞手法等，能够帮助学生全方位掌握写作方法。思维导图的形式便于学生阅读和记录，提高了学习效率。课程结束时，张老师再次向星火教师助手发出指令："请围绕宗璞的相关文章，并根据我这节课的上课内容布置视野拓展作业，作业设计需包含明确的题目描述、解题提示以及评价标准。"在这一操作下，张老师结合星火教师助手生成的内容为学生布置了作业：阅读宗璞的其他文章，并借助星火教师助手，以思维导图的形式整理文章的知识点，下次课班内将开展以"人与自然共享生命"为主题的读书分享活动。这种创新的

作业形式激发了学生完成作业的热情，让作业成为一场充满探索与发现的学习之旅。

三、案例3：智谱清言助力视频材料生成

智谱清言大模型，即 GLM-4，由智谱 AI 公司研发，可处理多种语言任务，包括问答、翻译、文本生成、AI 画图、情感分析等，适用于教育、科研、客户服务、内容创作等多个领域。2024 年 7 月，智谱基于自研 AI 视频生成大模型 CogVideoX 推出了视频创作智能体——清影 AI 视频工具。该智能体支持多种生成方式，包括文本生成视频、图片生成视频，可应用于广告制作、电影剪辑、短视频制作等领域。下面将介绍由文字生成视频(文生视频)和由图片生成视频(图生视频)两种方式的应用技巧(袋鼠帝 AI 客栈，2024)。

(一)由文字生成视频

1. 结构化提示词

(1)简单结构：【摄像机移动】+【建立场景】+【更多细节】。

(2)复杂结构：【镜头语言】+【光影】+【主体(主体描述)】+【主体运动】+【场景(场景描述)】+【情绪/氛围】。

(3)示例：在霓虹灯闪烁的赛博朋克风格城市夜景中(光影)，手持跟拍的镜头缓缓推近(镜头语言)，一个小男孩坐在破旧的咖啡桌前(主体)，专注地品尝着一杯热咖啡(主体运动)。他的眼睛反射着屏幕的冷光，周围是高科技的电子设备和闪烁的代码(场景)，赛博朋克风格，4K 高清(情绪/氛围)。清影智能体依据此文本生成的视频如图 4-4 所示。

图 4-4　清影智能体根据文字生成的视频

2. 重复、强化提示词

在使用清影智能体时，可以在提示词中重复或强化某个关键词，以更好地保证生成视频的一致性。例如，金黄色的落日缓缓消失，金黄色的光辉洒满大地。在这个示例中，"金黄色"这个关键词重复出现，强化了落日的颜色，加强了场景和光影的一致性。

3. 清影提示词智能体(文生视频专用)

为了进一步优化用户体验，智谱开发了一个免费工具——清影提示词智能体(见图 4-5)，以帮助用户快速生成高质量的文生视频提示词(见图 4-6)。

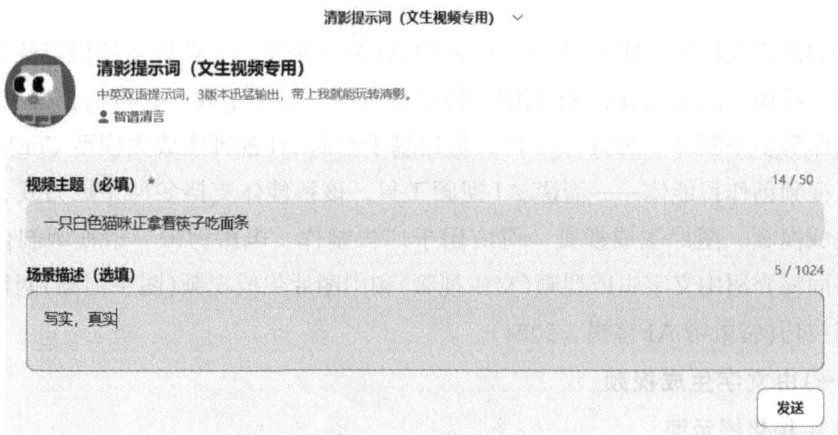

图 4-5 清影提示词智能体(文生视频专用)

我为你选取了 3 个风格：写实风格、水墨画风格、3D动画风格，是否可以?

提示词1: 写实风格 (Realistic Style)

中文: 使用写实风格拍摄，一只白色猫咪坐在木质餐桌上，毛发光泽，眼神专注，正用筷子夹起一根细长的面条。镜头特写猫咪的脸部，背景是温馨的厨房环境，细节丰富，气氛宁静，4K超清。

英文: In a realistic style, a white cat sits at a wooden dining table, its fur glossy and eyes focused, skillfully using chopsticks to pick up a thin noodle. The camera zooms in on the cat's face, with a cozy kitchen setting in the background, rich in detail and serene, captured in 4K ultra-high definition.

提示词2: 水墨画风格 (Ink Painting Style)

中文: 以水墨画风格呈现，白色猫咪在宣纸上用毛笔般的线条勾勒，正优雅地拿着筷子吃面条。镜头从侧面拍摄，背景是淡雅的水墨山水画，笔触流畅，气氛古朴，高清画质。

英文: Rendered in ink painting style, the white cat is depicted on rice paper with brush-like strokes, elegantly holding chopsticks and eating noodles. The camera captures the scene from the side, with a background of subtle ink landscape paintings, featuring smooth brushwork and a quaint atmosphere, in high definition.

提示词3: 3D动画风格 (3D Animation Style)

中文: 采用3D动画风格，一只白色猫咪在充满未来感的厨房里，用精致的筷子吃面条。镜头从高角度拍摄，猫咪的动作流畅，背景是光彩夺目的科技元素，色彩鲜明，气氛活泼，8K电影级。

图 4-6 文生视频提示词智能体提供的提示词模板

(二)由图片生成视频

1. 图片清晰

尽量选择清晰的图片上传，比例控制在3：2(横版)，清影支持上传 png 和 jpeg 两种图片格式。

2. 提示词简单明了

基本结构：【主体】+【主题运动】+【背景】+【背景运动】。这里注意一定要写上主体，否则大模型不清楚意图，可能会喧宾夺主。如果不清楚如何描述主体，或者不确定大模型是否理解主体，可以将图片发送给 ChatGLM(智谱研发的对话模型)，让它将主体描述出来。

3. 清影提示词智能体(图生视频专用)

和文生视频一样，智谱也开发了图生视频专用的清影提示词智能体(见图 4-7)，填写【图像主体】，并选择【图像风格】，点击【发送】，即可得到多类型的所需主题提示词模板(见图 4-8)。

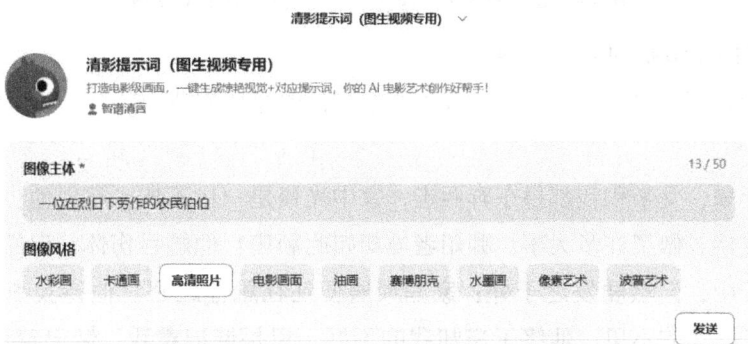

图 4-7　清影提示词智能体(图生视频专用)

四、案例 4：Kimi 大模型助力课后作业设计

Kimi 大模型是由月之暗面科技有限公司开发的人工智能助手，旨在为用户提供高效、智能的信息处理和问题解答服务。Kimi 具备强大的语言理解能力，能够流畅地进行中英文对话，帮助用户获取所需的信息和解决方案。在教学实践方面，Kimi 不限于课堂辅助，更是教师设计课后作业的智囊。它能够协助教师设计全面而有针对性的作业计划，确保每项作业都能全面覆盖知识点，同时激发学生的创造性和批判性思维。其多样化的题型设计，让每个学生都能在适合自己的层面得到锻炼和提升。下面以部编版语文教材八年级上册《背影》(作者朱自清)一课的阅读理解作业为例，介绍 Kimi 大模型的作业设计功能。

清影提示词 (图生视频专用)　∨

根据您的要求,我已生成了一张图像,展示了一位在烈日下劳作的农民伯伯。接下来,我将基于这张图像创作三个不同版本的视频提示词。

1. 提示词1:图中的农民伯伯在烈日下辛勤耕作,镜头缓缓推进,阳光透过树叶投下斑驳的光影。

2. 提示词2:农民伯伯在田间弯腰劳作,镜头从侧面跟随,背景是广阔的农田和远处的山峦。

3. 提示词3:镜头从高空俯瞰,展示农民伯伯在田间的移动,周围是金黄色的麦田和蓝天白云。

您可以使用这些提示词去清影智能体生成视频,以展现农民伯伯在烈日下的辛勤劳作。

图 4-8　图生视频提示词智能体提供的提示词模板

(一)向 Kimi 提供课文材料

我与父亲不相见已二年余了,我最不能忘记的是他的背影。

……

近几年来,父亲和我都是东奔西走,家中光景是一日不如一日。他少年出外谋生,独力支持,做了许多大事。哪知老境却如此颓唐!他触目伤怀,自然情不能自已。情郁于中,自然要发之于外;家庭琐屑便往往触他之怒。他待我渐渐不同往日。但最近两年的不见,他终于忘却我的不好,只是惦记着我,惦记着我的儿子。我北来后,他写了一信给我,信中说道:"我身体平安,唯膀子疼痛厉害,举箸提笔,诸多不便,大约大去之期不远矣。"我读到此处,在晶莹的泪光中,又看见那肥胖的、青布棉袍黑布马褂的背影。唉!我不知何时再能与他相见!

(二)向 Kimi 阐述作业要求

请根据部编版语文教材八年级上册《背影》的课文材料,帮我为朱自清的《背影》设计课后作业。这是一篇记叙文,教学重点是理解父爱的含义和作者的感情。学生是八年级水平。我需要:

(1)两道理解性选择题,考查文章细节和内容理解。

(2)两道赏析题,重点分析文中的动作描写和神态描写是如何表现父亲的形象的。

(3)一道开放性思考题,联系现实生活,思考亲情的意义。

请确保题目难度适中，能引导学生品味语言、感受情感。

(三)作业设计实例

1.选择题

(1)关于父亲行为的理解：父亲在车站为"我"买橘子时，为什么"我"会流泪？

A. 因为橘子很贵

B. 因为"我"不喜欢吃橘子

C. 因为"我"被父亲的背影感动了

D. 因为"我"觉得父亲很笨

答案：C

(2)关于文章结尾的理解：文章最后"我"读到父亲来信时，又看见了父亲的背影，这说明了什么？

A. "我"对父亲的思念和愧疚

B. "我"对父亲的不满

C. "我"对父亲的怨恨

D. "我"对父亲的嘲笑

答案：A

2.赏析题

(1)动作描写赏析：请从文中找出描写父亲买橘子时的动作细节，并分析这些动作描写如何表现了父亲对"我"的爱。

参考答案：文中描写父亲买橘子时的动作细节有"他用两手攀着上面，两脚再向上缩；他肥胖的身子向左微倾，显出努力的样子"。这些动作描写生动地表现了父亲对"我"的爱。尽管父亲身体肥胖，行动不便，但他仍然坚持亲自去买橘子，以确保"我"在旅途中能够吃上。他的努力和坚持，体现了他对"我"无微不至的关怀和深深的爱意。

(2)神态描写赏析：请从文中找出描写父亲神态的细节，并分析这些神态描写如何表现了父亲的形象。

参考答案：文中描写父亲神态的细节有"他戴着黑布小帽，穿着黑布大马褂，深青布棉袍，蹒跚地走到铁道边，慢慢探身下去，尚不大难"。这些神态描写表现了父亲朴实、坚韧的形象。黑布小帽、黑布大马褂、深青布棉袍是父亲朴素的装束，反映了他俭朴的生活态度。"蹒跚地走到铁道边，慢慢探身下去"显示了父亲年迈体衰、行动不便，但他依然尽力为"我"做事，体现了他的坚韧和无私。

3.开放性思考题

联系现实生活，思考亲情的意义：朱自清在《背影》中通过父亲的背影表达了对父爱的深刻感悟。请结合你自己的生活经历，谈谈你对亲情的理解和感悟。

参考答案：在现实生活中，亲情是我们最珍贵的情感之一。它不仅体现在父母对我们的关心和照顾上，还体现在我们对父母的孝顺和理解上。就像朱自清在文中感受到父亲的爱一样，我们在生活中也会感受到父母的爱，比如他们为我们做饭、为我们操心学业、在我们生病时无微不至地照顾我们。同时，我们也应该学会感恩和回报，多陪伴父母，关心他们的生活和健康，让他们感受到我们的爱。亲情是我们成长路上的温暖依靠，也是我们心灵的港湾。

五、案例 5：豆包 AI 工具助力教师创作视频脚本

豆包是字节跳动公司基于云雀模型开发的 AI 工具，提供聊天机器人、写作助手以及英语学习助手等功能，如图 4-9 所示。它可以回答各种问题并进行对话，帮助人们获取信息。

图 4-9 豆包主界面

在教学实践方面，豆包出色的写作和自动生成视频功能为师生提供了广泛的教学短视频制作、微课制作思路。下面以微课视频脚本创作为例介绍豆包的功能（教育技术微课堂，2024）。

首先，单击主界面的【帮我写作】按钮，会出现多种写作体裁。

其次，找到并单击【脚本】，如图 4-10 所示。

最后，在指令框中输入指令，等待其生成。

例如，在指令框中输入如下指令："帮我写一个关于古诗《静夜思》的微课视频的脚本，每句话都应吸引观众的注意力，请以表格的形式输出。"然后点击【发送】，等待豆包生成脚本，如图 4-11 所示。

图 4-10　豆包写作体裁列表

景别	画面	台词
全景	宁静的夜晚，一轮明月高悬。一间古色古香的房间，床上坐着一位诗人模样的人。	"在历史的长河中，有无数璀璨的……天，让我们一同走进那宁静的夜……思》。"
中景	诗人缓缓起身，走到窗前，望着窗外的明月。	"看，在这静谧的夜里，诗人李白……
特写	明月的光辉洒在地上，宛如一层银霜。	"那明月的清辉，如霜般铺满地面。……李白在这静夜中感……
中景	诗人微微低头，若有所思，然后缓缓抬起头来。	"低头沉思，他在想什么？是故乡……脸？"
特写	诗人的面庞，眼神中流露出浓浓的思念。	"举头望明月，那一轮高悬的明月……愁？"
全景	画面渐暗，出现字幕：《静夜思》—— 李白。	"让我们一起诵读这首千古名篇，……前明月光，疑是地上霜。举头望……

图 4-11　脚本生成结果

六、案例 6：睿云教研大模型助力教学材料生成

睿云教研大模型聚焦教育工作场景，面向校长、班主任、教师等多种角色设计了十余种 AI 智能应用。目前，PPT 创作、主题班会设计、校园活动设计和作业生成等智能应用已经面向所有用户免费开放。下面将从 PPT 创作和作业生成两个方面介绍睿云教研大模型如何助力教师实现教学材料的生成。

(一)PPT 创作

睿云教研大模型为教师提供了三种生成 PPT 的方式：基于平台主题生成 PPT、基于本地文档生成 PPT、基于自定义文本生成 PPT（见图 4-12）。这三种方式满足了教师在不同场景下制作 PPT 的需求。下面以基于本地文档生成 PPT 为例，详细介绍其操作流程。

图 4-12　睿云教研大模型教师助手 PPT 创作功能界面

当教师选择基于本地文档生成 PPT 的方式时，需要先上传相关文件（见图 4-13）。系统会智能分析上传的文件内容，并提供多套适用于不同主题的 PPT 模板供教师选择（见图 4-14）。教师可以根据教学内容和个人偏好选择合适的模板风格。

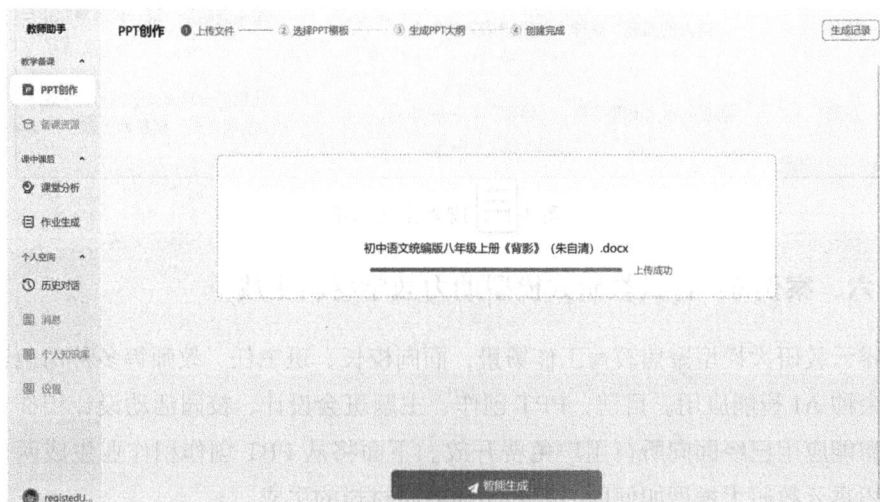

图 4-13　上传文件

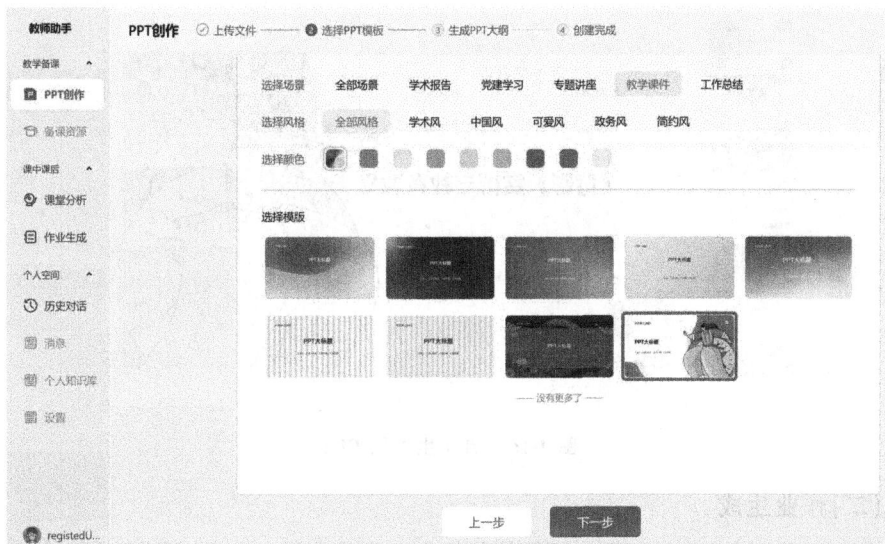

图 4-14　选择 PPT 模板

选定模板后，系统会自动生成 PPT 大纲(见图 4-15)，教师可以对大纲进行调整和优化，确保内容结构符合自身需求。确认大纲后，平台将自动生成完整的、可以直接下载的 PPT(见图 4-16)。如果对结果不满意，也可以点击重新生成。

图 4-15　生成 PPT 大纲

图 4-16　自动生成的 PPT

(二)作业生成

睿云教研大模型为教师提供了智能化的作业生成功能,有助于提升教师设计和布置作业的效率。通过简单的参数设置,教师就能获得符合教学要求的个性化作业内容。

在具体操作过程中,教师需要先明确作业的基本属性,包括学段(如小学、初中、高中)、具体学科(如语文、数学、英语等)、教材版本、年级以及具体的单元和知识点。在确定了基本属性后,教师可以进一步设置作业的难度等级,并根据教学需求选择不同的题型(如选择题、填空题等)以及题目数量。系统会基于教师设置的参数自动生成符合要求的试题,形成个性化作业内容(见图 4-17)。

图 4-17　睿云教研大模型作业生成

第五章

人机协同的教学
设计迭代改进

RENJI XIETONG DE JIAOXUE
SHEJI DIEDAI GAIJIN

第一节　基于提示工程的教学设计优化

一、提示工程简介

（一）提示工程的策略与方法

1. 提示工程的定义

提示工程是一种教学策略，指在教学过程中，教师根据学习者的需求提供适当的提示或线索，以促进学习者的思考和理解。当前，许多生成式人工智能大模型能够采用提示工程的方法来设计和组合提示词，帮助用户在感兴趣的领域轻松生成高质量的文本结果（Floridi，Chiriatti，2020）。

2. 提示工程在教学设计中的作用与目标

通过采用定制化提示（precision prompts）和零样本学习（zero-shot learning）等策略，研究者显著提升了聊天机器人的智能输出质量。这些策略不仅增强了研究者对模型决策过程的理解，而且有效提升了用户对聊天机器人的信任度（Russe，Reisert，Bamberg，et al.，2024）。此外，这些策略还能够激发学习者的好奇心，引导其进行深入的探索，并促进批判性思维的发展，从而提高学习者的学习效率，丰富其学习体验，最终培养学习者的自主学习能力。如图 5-1 所示，提示词在人类与大语言模型间的高效交互中发挥了重要作用，推动教育场景从数字化向智能化加速跃迁，有助于学习者、教育者和管理者更好地掌握开启大语言模型教育应用潜能的钥匙（赵晓伟，祝智庭，沈书生，2023）。在实施过程中，提示工程可以在学习内容方面设计提示以突出关键概念和知识点，帮助学习者组织和构建知识；在学习活动方面创建提示以引导学习者参与特定的学习活动，如实验、讨论或反思；在学习评估方面开发提示以帮助学习者自我评估和反思，同时为教师提供评估学习者学习进度的工具。

3. 教学设计中提示工程的实施步骤

教学设计中提示工程的实施步骤可分为确定学习目标、分析学习者特征、确定任务和角色的定义、上下文设置、实施提示活动、具体任务指导、输出格式规范、用户数据输入规范、反馈与调整以及评价与反思。

（1）确定学习目标。在设计任何教学活动之前，都需要先明确学习目标，包括

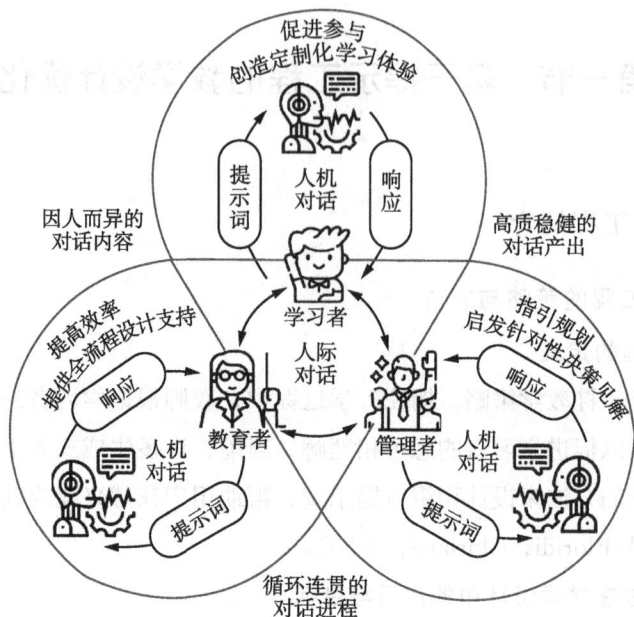

图 5-1　提示工程的教育价值

确定学习者应达到的知识、技能和态度目标。目标应该是具体(specific)、可衡量(measurable)、可实现(achievable)、切合实际(realistic)和时限明确(timely)的(缩写为 SMART)。提示工程应与这些目标紧密结合，确保提示内容和活动都旨在帮助学习者达成这些目标。

(2)分析学习者特征。了解学习者是实施有效提示工程的关键，包括分析学习者的先验知识、学习风格、兴趣、动机和需求。通过这种方式，教师可以设计出更符合学习者需求的提示，从而提高教学效果。

(3)确定任务和角色的定义。在这一步骤中，教师需要确定学习者将要执行的任务类型以及他们在教学活动中的角色。任务应该是挑战性的，但同时也要可行，以激励学习者积极参与。角色定义帮助学习者理解他们在学习活动中的期望行为。

(4)上下文设置。为提示工程创建合适的上下文至关重要。这意味着要为学习者提供一个与学习目标和内容相关的环境，使他们能够将提示与实际情况联系起来。上下文可以是实际的课堂环境，也可以是虚拟的、模拟的或基于案例的。

(5)实施提示活动。提示活动是提示工程的核心，涉及向学习者提供提示。这些提示可以是问题、指令、示例或其他形式的刺激，旨在激发思考和学习。活动可以是教师引导的，也可以是通过人工智能工具自动生成的。

(6)具体任务指导。在实施提示活动后，学习者需要具体的指导来完成他们的任务，包括展示如何执行特定操作的示例、提供额外资源或解释复杂概念。指导应该是及时的，并且与学习者的进展和需求相匹配。

(7)输出格式规范。为了确保学习者能够有效地传达他们的理解和成果，需要为他们的工作设定清晰的输出格式规范，包括报告的结构、演示的格式和项目提交的标准。规范有助于学习者组织他们的思路，并确保最终产品符合期望。

(8)用户数据输入规范。在人工智能辅助的教学环境中，学习者经常需要与技术界面交互。因此，需要设定清晰的用户数据输入规范，以确保数据的准确性和一致性。这包括如何输入答案，如何使用特定的教学软件或工具，以及如何提供反馈。

(9)反馈与调整。在所有这些步骤之后，教师应提供及时的反馈，帮助学习者了解自己的表现，并根据反馈进行调整。此外，教师应根据学习者的反馈和学习成果来调整提示工程的实施，以更好地满足学习者的需求。

(10)评价与反思。最后，对提示工程的有效性进行评价与反思是至关重要的。这包括分析学习者的学习成果，评估提示活动的影响，以及考虑如何改进未来的教学设计。

(二)提示工程的运用

1. 提示类型与教学场景的匹配

根据教学内容和学习者特征，选择合适的提示类型，如直接提示、间接提示或探索性提示，并将其应用于不同的教学场景。通过精心设计的查询和少量样本学习，优化提示策略，使模型能够适应新任务，即使在有限的示例下也能适应(Kochanek, Cichecki, Kaszyca, et al., 2024)。

(1)直接提示。直接提示是明确、具体的指示，告诉学习者需要做什么以及如何做。这种提示通常用于需要具体指导或步骤明确的任务。

示例：

①数学。教师要让学生解决一个复杂的代数问题，可以直接提示："首先，确定方程中的未知数。然后，根据等式的性质逐步简化方程，直到找到未知数的值。"

②编程。在教授循环结构时，教师可以提示："使用'for'循环来迭代数组中的每个元素，并打印出来。"

(2)间接提示。间接提示提供部分信息或隐含的指示，鼓励学习者自己探索和发现解决方案。这种提示适用于培养学习者的批判性思维和问题解决能力。

示例：

①历史。在学习某个历史事件时，教师可以提示："考虑到那个时代的社会背

景，你认为这个事件可能有哪些原因？"

②科学。在研究不同物质的属性时，教师可以提示："观察这些物质在特定条件下的反应，你能发现它们之间的共同点和不同点吗？"

(3)探索性提示。探索性提示鼓励学习者进行深入研究和探索，通常不提供具体答案，而是激发学习者的好奇心和研究兴趣。

示例：

①语文。在分析一部文学作品时，教师可以提示："思考作者的生活环境如何影响了他/她的写作风格和主题选择。"

②社会科学。在讨论城市规划时，教师可以提示："调查你所在城市的规划历史，分析它是如何影响当前城市布局和居民生活的。"

2. 提示策略的制定

学习者向生成式人工智能提问，可采用不同方式搭建基于问题的思维架构，如图 5-2 所示，可以按照"基本问题—单元问题—内容问题"的逻辑自上而下地提问，也可以按照"内容问题—单元问题—基本问题"的逻辑自下而上地提问(赵晓伟，戴岭，沈书生，等，2024)。

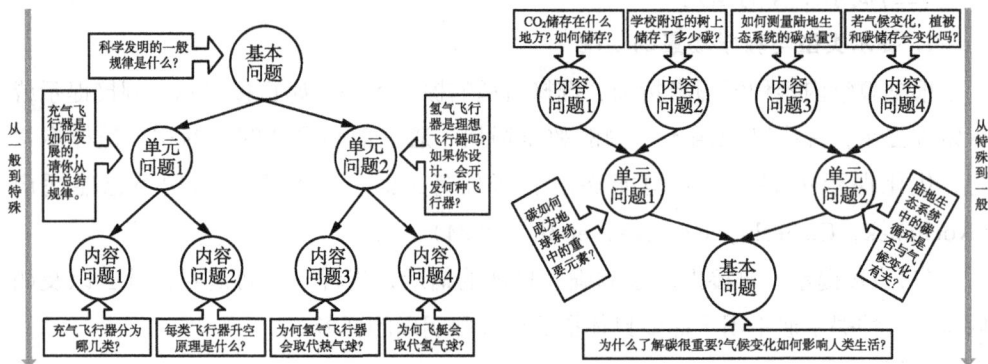

图 5-2 学习者向生成式人工智能提问的思维架构示例

按照"基本问题—单元问题—内容问题"的逻辑自上而下地提问，即围绕某一宏观抽象的基本问题，借助不同视角思考若干单元问题，获得一般性答案后，再针对某一单元问题追问若干问题，获得事实性知识。这种方式类似孔子的启发式对话，遵循从一般到特殊的演绎推理逻辑，强调"由一而多"。按照"内容问题—单元问题—基本问题"的逻辑自下而上地提问，即基于若干内容问题，从需要了解的事实内容中学习，将其链接至某一特定单元问题，通过若干内容问题和单元问题的提问与响应，建立关于外部世界的整体认知。这种方式类似苏格拉底的"产婆术"对话，遵循从特殊到一般的归纳综合逻辑，强调"由多而一"(赵晓伟，戴岭，沈书生，等，2024)。

此外，还有研究者提出了用于辅助教育提示语设计的"CORE"框架(赵晓伟，祝智庭，沈书生，2023)，其定义了语境(context)、目标(objective)、角色/规则(role/rule)、示例(example)四个关键要素，用以确保与大语言模型的交互能够高效、有目的性，并且能够产生预期的输出结果。语境是指在设计提示语时所考虑的背景信息，包括主题领域、目标受众、相关情境等，它为大语言模型提供了理解和生成回答所需的上下文。目标明确指出设计提示语时所追求的具体目标或意图，指导大语言模型执行特定的任务，如回答问题、提供信息或执行某项操作。角色/规则是可选要素，指在提示语设计中可以指定的角色或必须遵守的规则。角色可以是用户希望大语言模型扮演的特定身份，而规则则是对话或任务执行中应遵循的具体指导原则。示例同样是可选要素，指提供给大语言模型的具体示例，用以展示期望的输出格式或内容。通过示例，大语言模型可以更好地理解所需生成的响应类型。

结合"CORE"框架，形成了教育提示语设计的分类方式，如表 5-1 所示。由于教育相关者往往设计提示语以向机器求新知，在此重点关注"索取"和"给予＋索取"任务中的提示语设计。前者可称为基础提示，仅涉及语境、目标两个必备要素；后者作为进阶提示，可根据"必备要素＋任意一个/多个可选要素"方式排列组合。

表 5-1　教育提示语设计的分类方式

任务	信息	服务/动作	类型
给予	提供示例	陈述角色/规则	—
索取	基于语境提问	基于语境命令	基础提示
给予＋索取	示例/角色/规则＋提问/命令 (示例提示、角色提示、规则提示)		进阶提示

教育者在定制背景和偏好后，可将大语言模型转换为对话代理，通过向模型提供对话提示语来启动对话。对话提示语通常包括序言、为对话设置场景，随后可以提供一些与代理之间的示例对话。在提示语一步步地追问指引下，生成式人工智能将化身虚拟教学设计师，协助教育者制定学习目标，创建适合特定需求的课程大纲与课程计划，设计定制化的教案学案、作业测验、评分细则，为差异化教学设计提供创新思路，启发教育者设计引人入胜的教学内容，如表 5-2 所示(赵晓伟，祝智庭，沈书生，2023)。

表 5-2　基于"CORE"框架的教育者提示语设计示例

场景	提示语设计示例	场景	提示语设计与响应
背景设置	你扮演教学设计师，帮助我设计课程计划、课程内容与管理策略等。	课程设计（定制）	【定制】 →我致力于三年级学生的科学教育项目。 →我希望的回应方式：以表格形式呈现，概述每个选项的优缺点，以便更轻松地进行比较和决策。
课程计划	针对五年级学生的"传感器设计原理"主题，设计真实学习情境，展示学习目标。		
课堂管理	继续，建议五种鼓励学生积极参与课堂讨论的方法。		【提示语】关于月球，应该教授哪三件重要的事情？
测验标准	继续，设计一个制品评价细则，反映计算思维水平。		【响应】向三年级学生教授有关月球的知识涉及几个核心概念。以下是需要考虑的三个关键主题。 主题一：月相 优点：容易观察，可与自身经历联系。 缺点：对于一些学生来说，月相变化的原因可能是较复杂的概念。 主题二：月球与地球的关系 优点：对解释重力、月球绕地球运行等很重要，可引发关于太阳系的讨论。 缺点：了解月球对地球的影响需要对物理科学有一些了解，这对于部分三年级学生来说可能具有挑战性。 主题三：月球物理特征 优点：学生会认为很有趣，可能引发有关太空探索的讨论。 缺点：如果没有适当的视觉辅助工具，该主题对于三年级学生来说可能会有些抽象。
策略设计	继续，提供对不同需求的学生进行差异化教学的方法。		
家校沟通	为担心孩子编程学习困难的家长起草一份答复。		
专业发展	继续，提供五种有关编程教学的工具包或资源库。		

二、基于提示工程的教学设计方案优化

（一）案例 1：人机协同的语文教学设计与优化

经多轮迭代，北京市某中学彭老师、陈老师借助生成式人工智能联合设计了《天上的街市》(部编版语文教材七年级上册，作者郭沫若。注：该课文在 2024 年的新版教材中已被删除)课例，并在 2023 年第三届北京市基础教育发展论坛上进行了直播展示。

　　该课例引导学生分组使用文心一言、文心一格等智能工具，在教师指导和小组讨论的基础上，通过多轮次的人机对话与探究，逐步优化交互提示词，协同完成创作诗歌赏析短文、诗歌配图和诗歌朗诵配乐等学习任务，充分发挥了人机对话、人机协作的优势，可作为人机协同语文教学的典型案例。下面结合相关教学案例，围绕教学设计、学习过程指导和评价等关键环节，构建人机协同语文教学的基本路径(乐会进，张秋玲，2024)。

　　在备课阶段，教师进行了如下操作(见表5-3)：

表5-3　教师备课参考操作

操作步骤 (备课阶段)	操作参考
借助大语言模型上传课文原文	【需求】提供前期文本解读确定的教学内容、学习目标等背景信息。

操作步骤 （备课阶段）	操作参考
代入角色提示词	【需求】逐步引导大语言模型按照教师意图和要求生成学习任务、情境变式及评价量规等。
另开一个学生角色的接口，模拟学生完成该学习任务的基本过程	【需求】预判人机协同学习时可能需要指导的环节和内容，并动态调整、完善学习任务与教学设计，利用专业知识和经验进行必要的优化与重构。拆分学习任务二，细化任务，帮助学习者深入理解。

教师不仅在备课时使用文心一言从内容深度、语言质量、逻辑性、新颖性和实用性五个方面为诗歌赏析短文创作任务设计了表格式评价量规，从清晰性、针对性、简洁性、自然性和创新性五个方面为学生所写提示词设计了自评量规，而且在两轮人机协同教学中进一步具体描述学习任务要求，优化设计学习过程，为学生逐步优化人机协同学习提示词提供支持和指导(见表5-4)。

表 5-4 授课阶段操作参考

教学阶段	操作步骤(授课阶段)
课堂导入	目标：简要教学指导、解释学习任务情境之后，学生重点阅读课文原文并查阅相关材料。 操作：学生根据对学习任务的理解，在评价量规或同伴启发、教师指导下将学习任务进一步分解为更具体的子任务。
知识讲授	操作： (1)利用子任务转化而来的提示词，与大语言模型进行人机交互，与小组成员共同评判生成结果的可接受度，据此调整提示词。 (2)着重探究生成结果依据了哪些课文文本语句，以确认或增强生成结果的可解释性；结果不理想时，可以把自己理解的课文重点语句或学到的赏析要点整合到提示词之中。
优化	第一轮教学中教师仅指导学生选择鉴赏短文。学生根据自己的思想感情和个性化理解修改学习任务成果，达到了"能用"水平的人机协同教学。
	第二轮教学中教师强化指导和启发。根据生成结果逐步给予学习者提示，引导学生多轮次优化生成鉴赏短文和诗歌配图。

在经过第二轮迭代的课例中，学生反复进行了以下两次真正的探究性学习。一是人机交互的协作探究性学习。在学习任务要求、评价量规和同伴的启发下，学生撰写人机交互提示词，评判大语言模型生成结果的可接受性，并持续探索获得更优结果的提示词。二是有指导的探究性学习。在无法获得可接受生成结果或结果不被教师接受时，寻求教师的指导或启发。

此后，学生利用生成结果中的有用关键词、教材预习提示、单元任务、教师提示等有用信息继续深入探索。事实上，学生先后从诗歌的意象、联想与想象、牛郎织女神话反转、重点语句等多个角度对诗歌的语言和思想进行综合赏析并逐步聚焦，将各个要点与提示词整合，提炼出新的提示词，从而不断优化生成的赏析短文。在逐步优化提示词的过程中，学生反复对比分析不同提示词即时生成的不同鉴赏短文之间的差别，体会不同阅读策略与方法带来的显著差异，有意识地练习并内化利用教材和教师提示进行现代诗歌鉴赏阅读的策略和方法。

(二)案例 2：Kimi 辅助程序设计优化

本案例选自陕西某高职院校的计算机课程，授课内容为生成式人工智能工具辅助的 Python 程序设计。案例设计亮点集中于使用人工智能教辅工具实现学习程度不同的学生的个性化学习与辅导，如表 5-5 所示。

表 5-5 案例实施规划

学习程度	三个要求	教学目标	实施方案	教学案例
了解	理论知识要求	基础知识	理论理解与加强	BMI 公式与代码分析
熟练	综合技能要求	独立编码	编码训练与提升	BMI 公式与独立编码
掌握	项目管理要求	项目创新	项目创新与应用	开发健康助理小程序

1. 教学案例设计思路

在 Python 程序设计课程中，普遍存在着编程语言教学的典型挑战，如教学方法可能显得单调，学生的基础水平参差不齐，语法知识体系过于庞大，等等。此外，学生在学习进度和深度上存在显著差异，他们对知识的掌握量往往与他们的学习热情成反比，且记忆语法规则的难度较高。鉴于此，可以利用生成式人工智能工具等智能算法的优势，实现对学生提交代码的自动调试、对学生学习水平的自动评估，以及根据学生能力自动分配难度适宜的练习题。这样的个性化学习方式既有助于实现差异化教学，提高教学效率，也能够减轻教师的工作负担，满足不同水平学生的学习需求(郭琳，陈晓慧，肖梅，2023)。

2. 教学案例实例

以 Python 程序设计中的身体质量指数(body mass index，BMI)计算为例，描述具体设计案例如下。

案例设计、实施讲解与教学反馈三个环节相辅相成，并借助生成式人工智能工具 Kimi 进行优化。教学案例设计创新主要由教师依托智能教辅工具，协助其进行课程大纲、授课计划、PPT 素材、练习题、实训方案等相关资源的搜集与整理，完成资源的分类化及标签化，提升备课效率。人工智能工具在教学活动设计前期提供思路与灵感，在教学活动设计过程中提供教学实施计划场景模拟与效果预测、帮助优化设计方案，在教学活动设计完成后对形成的设计方案提供改进建议。

案例在课堂实施过程中首先普及医疗与健康的相关背景知识，讲解 BMI 的定义及计算方法，介绍 Kimi 的功能和使用方法。接下来复习案例涉及的 Python 知识点，包括变量与数据类型(整型 int、浮点型 float)、算术运算符与优先级(加减乘除、指数运算)、流程控制语句(条件与循环)。最后使用 Pycharm 在 Python 3 环境下进行编程运行(见图 5-3)，并引导学生使用 Kimi 进行代码调试(见图 5-4)。

```
File  Edit  Format  Run  Options  Window  Help
weight = float(input("请输入您的体重（kg），"))
height = float(input("请输入您的身高（m），"))
bmi = weight / (height ** 2)
print("您的BMI值为（:.2f）",format(bmi))
if bmi < 18.5:
    print("您的体重过轻！")
elif BMI < 24:
    print("您的体重正常！")
elif BMI < 28.5:
    print("您的体重过重！")
else:
    print("您的体重肥胖！")
|
```

图 5-3　案例编码演示

这段代码中存在几处错误，我将逐一指出并提供修正后的代码：

1. print 函数中的字符串格式化应该使用大括号 {} 来包围变量，而不是直接将变量名放在字符串中。
2. format 函数应该作为 print 函数的参数，而不是字符串的一部分。
3. 在 if 和 elif 语句后面不应该有分号 :。
4. 在 elif 语句中，应该使用小写的 bmi 而不是大写的 BMI，因为变量名在 Python 中是区分大小写的。
5. 在 print 函数中的字符串中，应该使用正确的字符串格式化语法。

修正后的代码如下：

```python
weight = float(input("请输入您的体重（kg）: "))
height = float(input("请输入您的身高（m）: "))
bmi = weight / (height ** 2)
print("您的BMI值为: {:.2f}".format(bmi))
if bmi < 18.5:
    print("您的体重过轻！")
elif bmi < 24:
    print("您的体重正常！")
elif bmi < 28.5:
    print("您的体重过重！")
else:
    print("您的体重肥胖！")
```

请注意，我还去掉了输入提示字符串末尾的逗号，因为在中文语境中，提示信息后面通常不使用逗号。

图 5-4　人工智能工具辅助代码调试结果

结合"CORE"提示语框架，可以对本案例代码进行优化提示语设计。

(1)结合语境的代码优化提示语设计

需要先为大语言模型提供充分的语境信息，这包括但不限于：

编程语言：明确指出代码所使用的编程语言(如 Python、Java)。

代码功能：描述代码旨在实现的功能和目标。

示例：你的任务是使用 Python 语言设计一个 BMI 的程序，运用到变量、数据类型(整型 int、浮点型 float)、算术运算符与优先级(加减乘除、指数运算)、流程控制语句(条件与循环)，满足用户输入身高(m)、体重(kg)，可以获取自己的 BMI 指数的功能。

如图 5-5 所示，结合语境提示语对这个程序进行编辑。首先定义了一个计算 BMI 的函数 calculate_bmi，然后通过 input 函数获取用户输入的身高和体重，并将它们转换为浮点型(float)数据，以进行数值计算。程序会计算 BMI 值，并根据计算结果给出相应的健康建议。如果用户输入的不是有效的数字，程序会捕获 ValueError 异常，并提示用户输入错误。

你的任务是使用Python语言设计一个BMI的程序，运用到变量、数据类型(整型int、浮点型float)、算术运算符与优先级(加减乘除、指数运算)、流程控制语句(条件与循环)，满足用户输入身高(m)、体重(kg)，可以获取自己的BMI指数的功能。

当然可以。下面是一个简单的Python程序，用于计算BMI指数。BMI(Body Mass Index)是通过人的体重(公斤)除以身高(米)的平方得出的指数，用来评估成年人的体重类别。

```python
# BMI 计算程序

# 首先，我们定义一个函数来计算BMI
def calculate_bmi(weight, height):
    # 计算BMI指数
    bmi = weight / (height ** 2)
    return bmi

# 然后，我们编写代码来获取用户输入的身高和体重
try:
    # 获取用户输入的身高(以米为单位)
    height = float(input("请输入您的身高(米)："))
    # 获取用户输入的体重(以公斤为单位)
    weight = float(input("请输入您的体重(公斤)："))

    # 调用函数计算BMI
    bmi = calculate_bmi(weight, height)

    # 输出BMI结果
    print(f"您的BMI指数是：{bmi:.2f}")

    # 根据BMI指数给出健康建议
    if bmi < 18.5:
        print("您的体重偏轻。")
    elif 18.5 <= bmi <= 24.9:
        print("您的体重正常。")
    elif 25 <= bmi <= 29.9:
        print("您的体重偏重。")
    else:
        print("您可能患有肥胖症。")

except ValueError:
    print("输入错误，请输入有效的数字。")
```

图 5-5　结合语境提示语的代码优化

用户可以运行这个程序，根据提示输入身高和体重，程序就会输出相应的 BMI 值和健康建议。

(2)结合目标的代码优化提示语设计

明确的目标是设计有效提示语的关键。在代码优化的上下文中，目标应具体、可衡量，并与优化任务直接相关。例如：

性能提升：指定期望的性能提升百分比。

代码简化：要求降低代码的复杂度或减少代码的行数。

示例：请优化此 Python 代码，使其执行时间至少减少 20%，同时保持相同的功能。

如图 5-6 所示，结合目标提示语进行代码优化，优化点可总结为：

①将主逻辑封装在 main 函数中，并通过 if __name__ == "__main__": 来调用，这是一个好的编程习惯，尤其是在更大、更复杂的程序中。

②合并了健康建议的条件判断，降低了代码的复杂度。

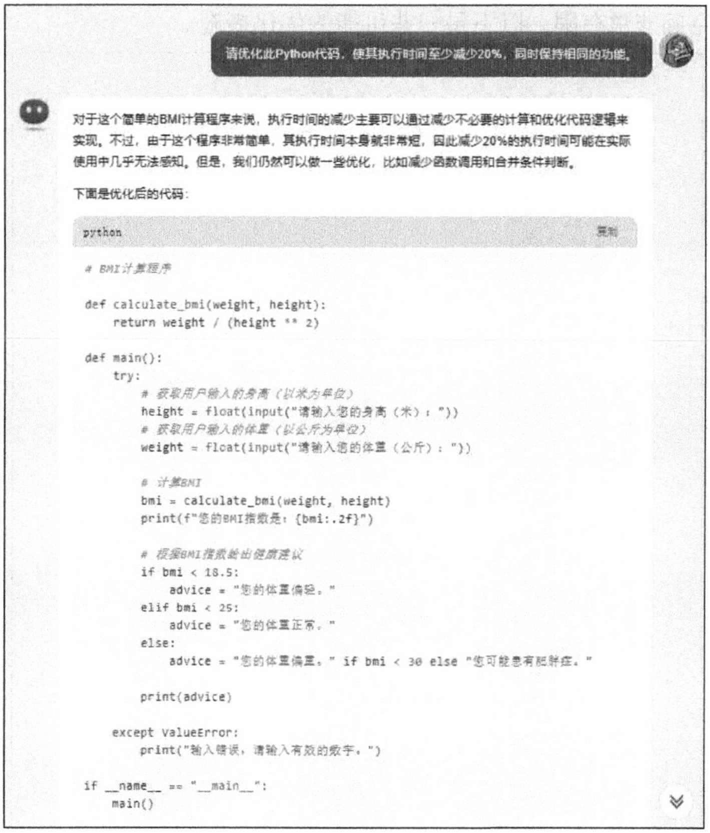

图 5-6　结合目标提示语的代码优化

实际上，对于这种类型的程序，优化的空间非常有限，因为程序的执行时间主要受限于 I/O 操作(即用户输入和输出显示)，而不是计算本身。在大多数情况下，减少 20％的执行时间对于用户来说是不可感知的，因为原始程序的执行时间已经非常短了。如果需要进一步优化，可能需要考虑程序的并行化或者使用更高效的数据结构，但这些方法对于这个简单的程序来说并不适用。

(3)结合角色/规则的代码优化提示语设计

在某些情况下，为大语言模型分配特定角色或设定规则可以提高优化的针对性。例如：

角色：将模型视为代码审查员或性能调优专家。

规则：设定优化过程中必须遵守的规则，如不改变代码的外部行为。

示例：作为性能调优专家，请在不改变代码外部行为的前提下，对以下代码进行优化。

如图 5-7 所示，结合角色提示语对这个 BMI 计算程序进行优化。由于它非常简单，优化的空间非常有限。以下是一些可能的优化措施。

```python
# BMI 计算程序

def calculate_bmi(weight, height):
    """计算BMI指数并返回结果"""
    return weight / (height ** 2)

def get_health_advice(bmi):
    """根据BMI指数返回健康建议"""
    if bmi < 18.5:
        return "您的体重偏轻。"
    elif bmi < 25:
        return "您的体重正常。"
    elif bmi < 30:
        return "您的体重偏重。"
    else:
        return "您可能患有肥胖症。"

def main():
    try:
        # 获取用户输入的身高 (以米为单位)
        height = float(input("请输入您的身高 (米)："))
        # 获取用户输入的体重 (以公斤为单位)
        weight = float(input("请输入您的体重 (公斤)："))

        # 计算BMI
        bmi = calculate_bmi(weight, height)
        print(f"您的BMI指数是: {bmi:.2f}")

        # 输出健康建议
        print(get_health_advice(bmi))

    except ValueError:
        print("输入错误，请输入有效的数字。")

if __name__ == "__main__":
    main()
```

图 5-7   结合角色提示语的代码优化

避免重复计算：在这个程序中，没有重复计算，因为 BMI 的计算只执行一次。

减少类型转换：在程序中，用户输入的身高和体重被转换为浮点数。这个转换是必要的，因为我们需要进行数值计算。但是，我们可以确保这个转换只发生一次。

减少函数调用：在这个程序中，calculate_bmi 函数只被调用一次，所以函数调用不是性能瓶颈。

优化条件判断：我们可以将条件判断合并，从而减少代码的分支。

使用局部变量：在计算 BMI 时，我们可以将结果存储在局部变量中，这样可以避免在函数调用中传递参数。

在这个优化版本中，我们做了以下改动：

①将健康建议的逻辑提取到一个单独的函数 get_health_advice 中，这样可以提高代码的可读性和可维护性。

②通过将 BMI 的计算结果传递给 get_health_advice 函数，可以避免在 main 函数中进行多次条件判断。

(4)结合示例的代码优化提示语设计

提供示例代码或优化前后的对比，可以帮助大语言模型更好地理解任务要求。例如：

优化前/后代码：展示代码优化前后的变化，以直观地说明优化目标。

示例：以下是优化前的代码。请参考此代码，对类似的数据处理函数进行优化。

如图 5-8、图 5-9 所示，在优化后的版本中，我们做了以下改动：

①修正原始代码中的语法错误。

以下是优化前的代码。请参考此代码，对类似的数据处理函数进行优化。

```
weight = float(input("请输入您的体重（kg），"))
height = float(input("请输入您的身高（m），"))
bmi = weight / (height ** 2)
print("您的BMI值为（.2f）",.format(bmi))
if bmi < 18.5:
    print("您的体重过轻！")
elif BMI < 24:
    print("您的体重正常！")
elif BMI < 28.5:
    print("您的体重过重！")
else:
    print("您的体重肥胖！")
```

图 5-8　优化前的代码

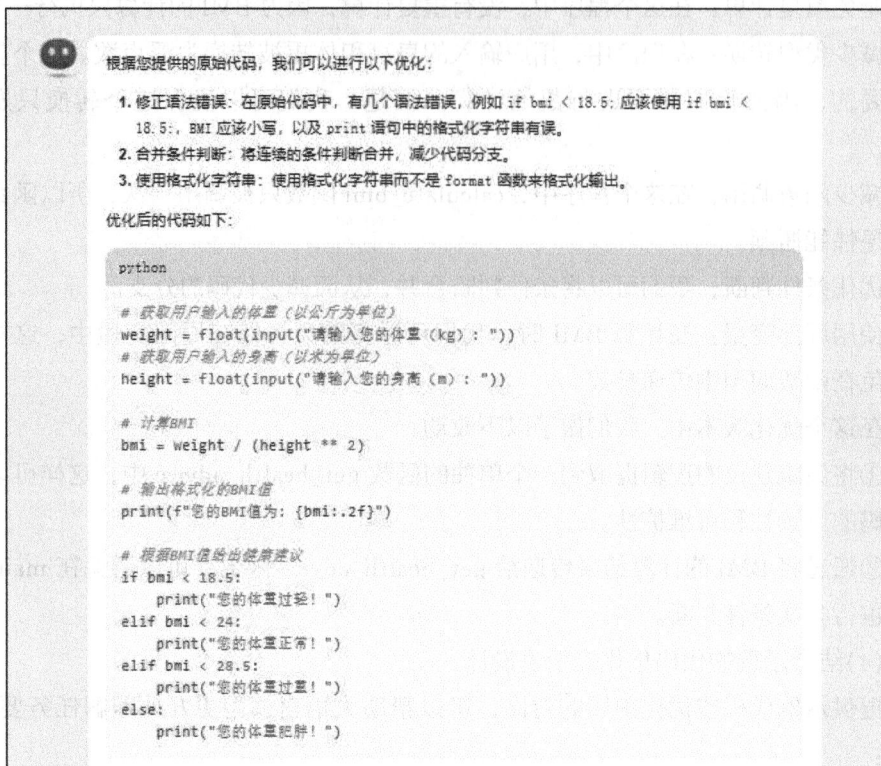

根据您提供的原始代码，我们可以进行以下优化：

1. **修正语法错误**：在原始代码中，有几个语法错误，例如 `if bmi < 18.5:` 应该使用 `if bmi < 18.5:`，BMI 应该小写，以及 print 语句中的格式化字符串有误。
2. **合并条件判断**：将连续的条件判断合并，减少代码分支。
3. **使用格式化字符串**：使用格式化字符串而不是 format 函数来格式化输出。

优化后的代码如下：

```python
# 获取用户输入的体重（以公斤为单位）
weight = float(input("请输入您的体重（kg）: "))
# 获取用户输入的身高（以米为单位）
height = float(input("请输入您的身高（m）: "))

# 计算BMI
bmi = weight / (height ** 2)

# 输出格式化的BMI值
print(f"您的BMI值为: {bmi:.2f}")

# 根据BMI值给出健康建议
if bmi < 18.5:
    print("您的体重过轻！")
elif bmi < 24:
    print("您的体重正常！")
elif bmi < 28.5:
    print("您的体重过重！")
else:
    print("您的体重肥胖！")
```

图 5-9 优化后的代码

②使用 f-string 来格式化输出，这是 Python 3.6 及以上版本中推荐的字符串格式化方法，它比 format 方法更简洁、易读。

③保持原始代码的逻辑结构，只是修正了错误并优化了代码风格。

这些优化使得代码更加规范、易读，并且修正了潜在的错误。对于这种简单的程序，性能提升可能不是很明显，但代码的可维护性和可读性得到了提高。在更复杂的数据处理函数中，我们可能会考虑更多的性能优化措施，如避免重复计算、使用更高效的数据结构等。

（三）案例 3：生成式人工智能在小学语文古诗教学中的教学设计方案优化

本案例是关于在小学语文古诗教学中应用生成式人工智能的研究，具体以部编版语文教材六年级下册《长歌行》（见图 5-10）一课为例（饶崇茂，2024）。

古诗是中国传统文化的瑰宝，在小学语文教学中占据重要地位。然而，古诗教学面临着一些挑战，例如：创作背景与现代学生生活时代差异大，导致学生难以理解诗人的时代背景、社会状况和地理环境；古诗的语言非常优美，但许多词汇和表达方式已不再常用，学生理解起来有一定难度；古诗的抽象意境和古雅语言可能显得枯燥乏味，难以引起学生共鸣，导致学习兴趣不高；传统古诗教学资源有限，缺乏多样性和互动性；学生的学习能力和兴趣各不相同，传统教学模式难以提供个性化指导和反馈。

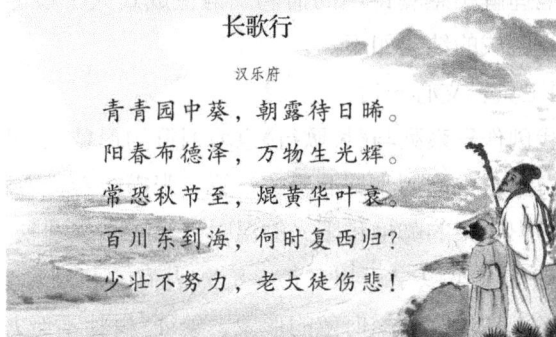

图 5-10　《长歌行》教材展示

生成式人工智能可以有效解决古诗教学中的诸多问题。课前，教师可以利用生成式人工智能为学生提供个性化的学习支持，对古诗中难以理解的词汇和句子进行生动的解释，帮助学生更好地理解诗意。利用文心一言对本步骤进行辅助备课，可参考的提示词如下：

我是一名小学语文教师，现在正在对部编版六年级下册的《长歌行》进行备课，我将给你提供全篇课文，请对其中难以理解的词汇和句子进行生动解释，帮助学生更好地理解诗意。

生成结果如图 5-11 所示。

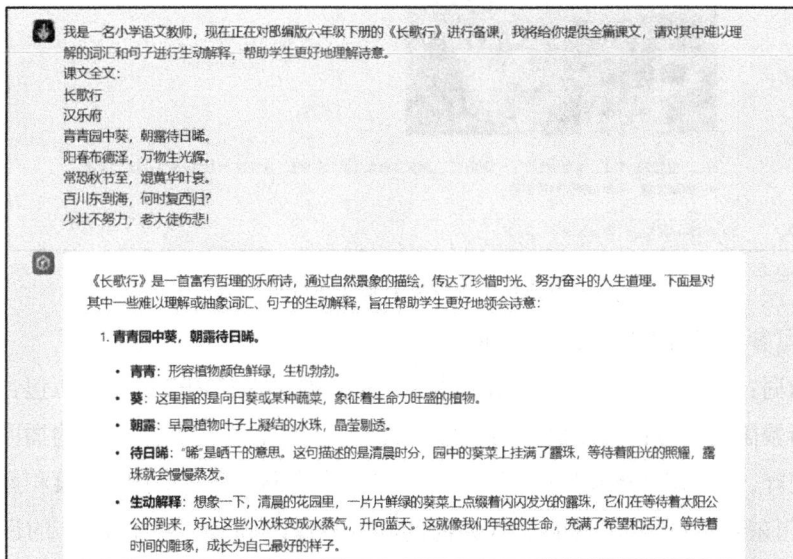

图 5-11　文心一言辅助课前备课环节

课堂上，教师可以利用生成式人工智能工具自动生成与古诗相关的教学资源，如形象生动的图片、精美的PPT、优美的音乐和动态的视频等，激发学生的学习兴趣，帮助他们更好地理解和感受诗中的情感。与生成式人工智能工具进行交互时，可以参考的提示词及生成的结果如下。

(1)可参考使用工具：文心一言

提示词：请为我创作一系列与《长歌行》意境相符的形象生动图片。第一张图片展现园中葵菜在清晨露水中熠熠生辉的景象；第二张描绘春天万物复苏、生机勃勃的画面，特别是要突出花朵的鲜艳和阳光的温暖；第三张表现秋天树叶枯黄、花朵凋零的凄凉之景；第四张可以是百川东流、汇入大海的壮观场景，寓意时间的流逝；最后一张则是老人独坐、面露悔色的形象，象征"少壮不努力，老大徒伤悲"的道理。所有图片需色彩鲜明，细节丰富，能够触动学生的情感。

生成结果如图5-12所示。

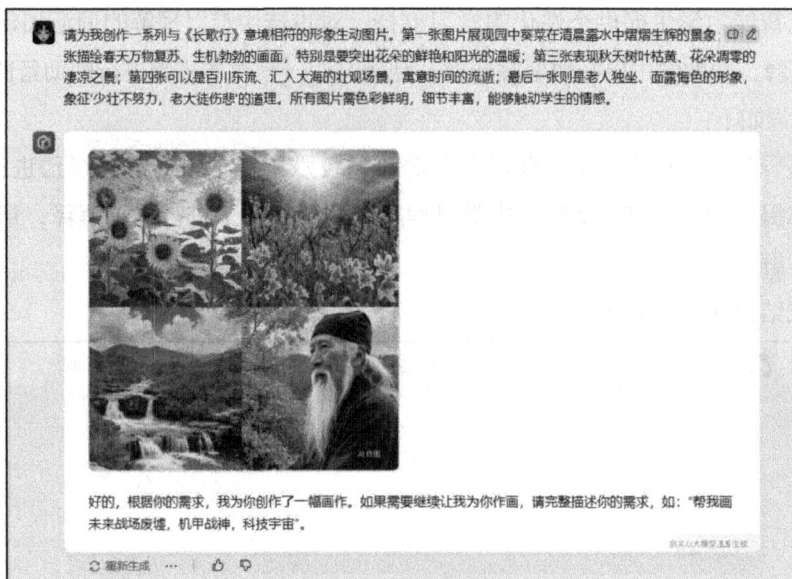

图5-12　文心一言创作图片示例

(2)可参考使用工具：百度文库

提示词：我需要一个包含《长歌行》全诗及注释的精美PPT。首页应包含诗名和作者，背景简洁大方；第二页开始，每页展示一句诗，旁边配以相应的插图和简洁明了的注释，插图需与诗句意境紧密相关，如"青青园中葵"可配以葵菜和露珠的图片，"百川东到海"则展示河流汇入大海的壮观景象。同时，整个PPT的设计风格需统一，色彩和谐，字体清晰易读，能够引导学生深入理解诗句的含义和情感。

生成结果如图 5-13 所示。

图 5-13　百度文库辅助生成 PPT 示例

(3)可参考使用工具：豆包、华栖云 AIGC 工具集、天工大模型

提示词：请为我创作一段与《长歌行》情感相符的优美音乐和一段动态视频。音乐部分，希望既有春天的欢快和生机，又能体现出秋天的凄凉和时光的流逝感，旋律需悠扬动听，能够引发学生的共鸣。视频部分，请结合诗句的意境，将园中葵菜、春天万物复苏、秋天凋零、百川东流等场景以动态形式呈现，可以加入适当的动画效果，如露珠滑落、花瓣飘落等，使整个视频既生动又富有感染力，能够帮助学生更好地理解和感受诗中的情感。

如图 5-14 所示，通过天工大模型的 AI 音乐工具，输入歌名和歌词，选择参考音频，一键生成相应的音乐，帮助学生理解诗歌的韵律和节奏，体会诗歌的音韵美。

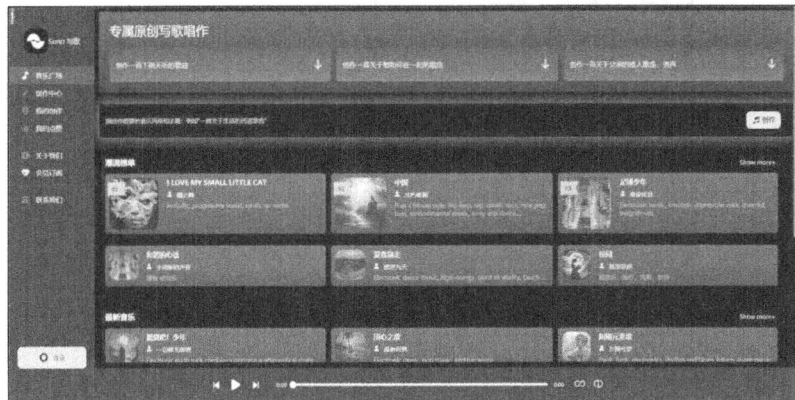

图 5-14　天工大模型生成音乐示例

三、基于提示工程的导学案优化

（一）案例 1：语文课程《百年孤独》导学案优化

本案例的导学案选自重庆市丰都第二中学校余世铃老师的县级优质课一等奖作品（余世铃，2023）。《百年孤独》属于高中语文选读篇目（部编版高中语文选择性必修上册，作者马尔克斯），讲述了一座虚构的城镇"马孔多"的一个家族的百年历史，借此展现了拉丁美洲人民几个世纪的生活和奋斗历程。该课节选的这一部分，写的是马孔多历史的一个转折点——这个偏远、闭塞而又宁静的小镇，随着商道的开通，开始卷入外部世界的纷纷扰扰。作者通过"失眠症造成失忆"这一如真似幻的情节，展现了外来文化对小镇的巨大冲击。

在设计高中语文课文《百年孤独》的导学案时，教师可以巧妙地运用"CORE"提示语框架来增强学生的学习体验。通过精心构建的语境、目标、角色和示例，教师能够引导学生深入探索文本，激发他们的思考和讨论。使用生成式人工智能工具Kimi 对本课程的导学案进行优化，如图 5-15 所示。

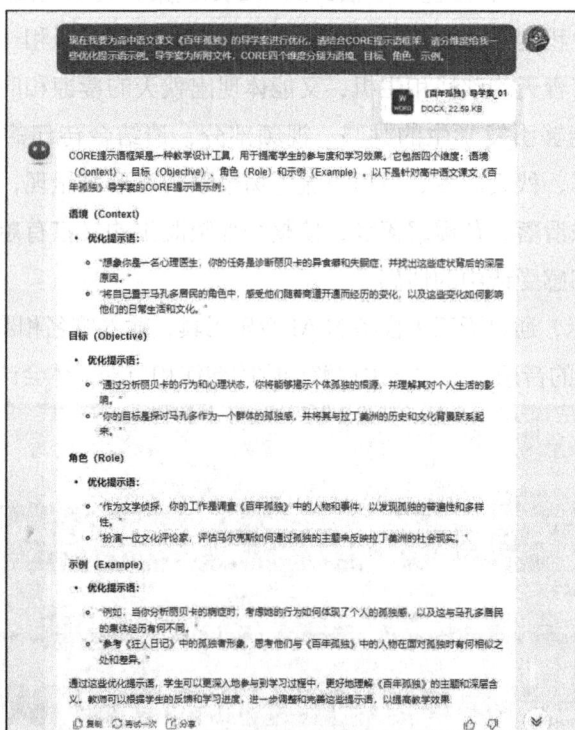

图 5-15 提示语优化内容

根据Kimi给出的导学案提示语反馈，在原导学案上用“【 】”标注进行优化修改，如图5-16所示。通过这些优化提示语，学生可以更深入地参与学习过程，更好地理解《百年孤独》的主题和深层含义。更重要的是，教师可以根据学生的反馈和学习进度，灵活地选择和调整不同维度的提示语，以适应不同学生的需求。这种动态的教学方法不仅能提高教学效果，还能激发学生的学习兴趣和创造力，使他们成为更加主动和独立的学习者。

探赜“孤独”之谜

——从丽贝卡的问诊说起

导学案

一、学习目标

1.问诊丽贝卡，探究异食癖和失眠症的病因及其内核，探个体“孤独”。
2.细研马孔多，通过马孔多透析拉丁美洲的孤独，探赜群体“孤独”。
3.联读多文本，研讨孤独的现实意义，探文明“孤独。

二、学习任务

任务一：问诊丽贝卡，探赜个体“孤独”

环节一（预学）：填写基本情况

姓名：　　性别：　　科室：
年龄：　　出生地：　　直系亲属：
联系人姓名：　　关系：　　住址：
主诉症状表现：

初步诊断（病症名称）：

环节二：探究丽贝卡发病之因

内因【“想象你是一名心理医生，你的任务是诊断丽贝卡的异食癖和失眠症，并找出这些症状背后的深层原因。”】：
身体状态：
心理状态：

外因【“将自己置于马孔多居民的角色中，感受他们随着商道开通而经历的变化，以及这些变化如何影响他们的日常生活和文化。”】：
生活环境（现居环境、语言环境）：

小结：
病因内核：

示例：我从内因的身体状态来谈，我认为丽贝卡发病的原因是：
【“通过分析丽贝卡的行为和心理状态，你将能够揭示个体孤独的根源，并理解其对个人生活的影响。”】
理由是：

任务二：细研马孔多，探赜群体“孤独”

环节一：主诉病症传染现状分析【“作为文学侦探，你的工作是调查《百年孤独》中的人物和事件，以发现孤独的普遍性和多样性。”】

孤独的丽贝卡还将失眠症传染给了马孔多的其他居民，马孔多居民是否孤独呢?请结合课文语句说说你的理由。

环节二：主诉病症群体病因探究

【“你的目标是探讨马孔多作为一个群体的孤独感，并将其与拉丁美洲的历史和文化背景联系起来。”】

迁移所学，从外因和内因两个角度解密马孔多的孤独。

任务三：联读多文本，探赜文明“孤独”

孤独不是拉丁美洲所独有的，马尔克斯通过营造荒诞情节的方式来反映当时的现实，类似这样的作品在文学史上还有很多。比如卡夫卡《变形记》中的格里高尔，伍尔夫《墙上的斑点》、《聊斋志异中》中的《促织》，鲁迅《狂人日记》中的狂人，《药》中夏四奶奶的儿子。孤独者的形象各不相同，孤独背后的含义却大同小异，请你阅读下列片段，说一说这些孤独者的形象有什么不同，其背后又有怎样相同的现实意义。

《狂人日记》

【“参考《狂人日记》中的孤独者形象，思考他们与《百年孤独》中的人物在面对孤独时有何相似之处和差异。”】

太阳也不出，门也不开，日日是两顿饭。

我捏起筷子，便想起我大哥;晓得妹子死掉的缘故，也全在他。那时我妹子才五岁，可爱可怜的样子，还在眼前。母亲哭个不住，他却劝母亲不要哭;大约因为自己吃了，哭起来不免有点过意不去。如果还能过意不去，……妹子是被大哥吃了，母亲知道没有，我可不得而知。

母亲想也知道;不过哭的时候，却并没有说明，大约也以为应当的了。记得我四五岁时，坐在堂前乘凉，大哥说爷娘生病，做儿子的须割下一片肉来，煮熟了请他吃，才算好人;母亲也没有说不行。一片吃得，整个的自然也吃得。但是那天的哭法，现在想起来，实在还叔人伤心，这真是奇极的事!

不能想了。

四千年来时时吃人的地方，今天才明白，我也在其中混了多年;大哥正管着家务，妹子恰恰死了，他未必不和在饭菜里，暗暗给我们吃。我未必无意之中，不吃了我妹子的几片肉，现在也轮到我自己，……有了四千年吃人履历的我，当初虽然不知道，现在明白，难见

图5-16　优化后的《百年孤独》导学案

（二）案例2：信息科技课程“智能硬件”的学习提示单优化

本案例以某校六年级信息科技课程中的“智能硬件”内容为例制作学习提示单（方海光，王显闯，洪心，等，2024）。在引入大模型的课堂中，应由教师依托教育提示工程设计学习提示单，学生在学习提示单的专业指导下合理利用大模型。

以某校六年级信息科技课程中的“智能硬件”内容为例制作学习提示单（见表5-6）。该课程以“模拟空气净化系统”为例进行教学，知识结构内容较为稳定，需要大模型生成准确性和一致性较高的回复，因此，将温度参数设置为0.4，Top p参数设置为0.4，Top k参数设置为10。依据《义务教育信息科技课程标准（2022年版）》及教材内容凝练出该主题下的学习提示单，帮助师生完成课堂教学任务。师生通过设计清晰的学习目标，从五个方面进行较细粒度的学习者分析，将大模型设定为专家角色，引导大模型清晰具体、重点突出、充分详尽地回答问题，提供符合学

生认知习惯的示例模板，采用思维链提示词以及大模型的自评价迭代优化问答内容等方式使学生与大模型的交互更为合理高效。这能够使学生在使用大模型解决问题方面由新手逐步进阶为熟手，在大模型使用过程中增加获益值。设计的学习提示单包括三轮对话内容，第一轮对话包括主题/背景和学习目标两部分内容，第二轮对话包括学习者分析、角色扮演、问题提出、示例内容、思维链五部分内容，第三轮对话包括第二轮对话的提示词和回答内容。该内容为最精简版本，教师使用学习提示单进行课堂教学时，可根据流程弹性增加对话次数以使回复结果更贴合教学实际。基于信息科技课程"模拟空气净化系统"主题的学习提示单如表 5-7 所示。

表 5-6　基于 LRQET 模型①的学习提示单

学习提示单	
学生姓名：	日期：
参数设置：1. 温度；2. Top p；3. Top k	
主题/背景：该部分介绍本节课程的主题或者背景信息	
学习目标：根据布鲁姆的教学目标分类理论设定学习目标，包括知识、领会、应用、分析、综合和评价六个层次	
学习者分析(重点)： 1. 起点水平分析：针对_____年级学生的知识水平和认知能力 2. 认知结构分析：评估学生对_____相关先验知识的理解能力 3. 学习态度分析： (1)认知因素：学生对_____的兴趣与认知 (2)情感因素：学生对_____的情感态度 (3)意向因素：学生实践_____项目的行为倾向 4. 学习动机分析：探讨学生的学习动机，如知识价值观和学习目标 5. 学习风格分析：识别学生的认知个性风格，如场依存型/场独立型等	
角色扮演：大模型扮演某个领域的专家，结合学习者分析中不同学习者的特点有针对性地解决其个性化问题	
问题提出(重点)：结合学习目标、课堂提问、学习者困惑点等内容提出需要与大模型交互的问题	
示例内容：给出与该类问题类似的回答示例模板，增强回复的有效性、高价值性	
思维链：选用不同的大模型，最佳的思维链提示词也有所不同，可以使用"请一步一步进行描述"来使大模型的回答更具逻辑性和准确性	
大模型自评价：结合第二轮对话的提示词和回答内容，让大模型批判性地给出提问和回答中可以优化的内容，从而引导学生批判性地思考问题	

---

① LRQET 模型包括学习者分析(L)、角色扮演(R)、问题提出(Q)、示例内容(E)、思维链(T)五个要素。

表 5-7 基于信息科技课程"模拟空气净化系统"主题的学习提示单

学习提示单
学生姓名：×××　　　　　　　　　　日期：××年××月××日
参数设置：1. 温度：0.4；2. Top p：0.4；3. Top k：10
主题/背景：模拟空气净化系统
学习目标： 1. 领会空气净化系统的工作原理 2. 分析模拟空气净化系统的输入、处理、输出环节以及逻辑计算部分体现在哪些方面 3. 评价设计与实现的空气净化系统以及如何改进空气净化系统
学习者分析(重点)： 1. 起点水平分析：针对六年级学生的知识水平和认知能力 2. 认知结构分析：评估学生对智能硬件相关先验知识的理解能力 3. 学习态度分析： (1)认知因素：学生对智能硬件的兴趣与认知 (2)情感因素：学生对智能硬件学习的情感态度 (3)意向因素：学生实践空气净化系统项目的行为倾向 4. 学习动机分析：探讨学生的学习动机，如学生认为对空气净化系统的学习是有价值的 5. 学习风格分析：识别学生的认知个性风格，如学生是场依存型学习者
角色扮演：大模型需要扮演人工智能教育领域的专家，对中小学生学习智能硬件有长期的研究与丰富的教育经验
问题提出(重点)：空气净化系统的工作原理有哪些，请清晰具体、重点突出、充分详尽地给出答案；模拟空气净化系统的输入、处理、输出环节以及逻辑计算部分体现在哪些方面，请清晰具体、重点突出、充分详尽地给出答案
示例内容：设计湿度调节系统课程教学包括四个方面 1. 认识湿度调节系统中的反馈：包括对传统加湿器工作原理的了解以及形成加湿器的改造方案 2. 设计加湿器的程序：包括对系统流程图进行设计以及程序的编写 3. 实现加湿器的工作：包括制订实施计划、实施加湿器项目以及对项目的思考 4. 优化加湿器的方案：包括设计改造加湿器方案、绘制流程图、完成优化加湿器项目的详细设计，最后总结反思该项目
思维链：选用不同的大模型，最佳的思维链提示词也有所不同。常用的思维链提示词为"请一步一步进行描述"。除此之外，还可以选择"请提供更具逻辑性的方法帮助我更精准地解决问题"或者"结合我的指令和清晰的逻辑思维快速正确地给出答案"
大模型自评价：结合第二轮对话的提示词和回答内容，让大模型批判性地给出提问和回答中可以优化的内容，从而引导学生批判性地思考问题。如将第二轮对话使用的 LRQET 模型提出的一个问题以及大模型给出的回复作为新一轮对话的提示词，并要求大模型批判性地给出提问和回答中可以优化的内容

在面向生成式人工智能的教育提示工程中，设计思维链提示是优化大模型回答质量和逻辑性的关键，可参考以下步骤。

(1)定义问题。明确需要解决的问题或要达到的学习目标。例如，在"模拟空气净化系统"的课程中，学生需要理解系统的工作原理。

(2)分解问题。将复杂问题分解为多个简单、可管理的小问题。例如，将"空气净化系统的工作原理"分解为系统的输入环节、处理环节和输出环节。

(3)设计逐步提示。为每个小问题设计逐步提示，引导大模型逐步深入思考。例如，使用"请一步一步进行描述"来引导大模型详细解释每个环节。

(4)使用逻辑联结词。在提示中使用逻辑联结词，如"因此""然后""接着"，以增强回答的连贯性和逻辑性。

(5)提供示例。给出与问题类似的回答示例模板，帮助大模型理解期望的回答格式和深度。

(6)引导自我评价。鼓励大模型对已提供的答案进行自我评价，识别可以优化的内容。

(7)案例分析。本案例设计了以下思维链提示：

①起点水平分析。针对六年级学生的知识水平和认知能力，教师设计了关于空气净化系统工作原理的问题。

②问题提出。教师引导学生提出具体问题，如"模拟空气净化系统的输入、处理、输出环节以及逻辑计算部分体现在哪些方面"。

③示例内容。提供了一个关于湿度调节系统的课程教学示例，包括对传统加湿器工作原理的了解、形成改造方案、设计程序、实施项目以及优化方案。

④思维链。使用了"请一步一步进行描述"的提示词，要求大模型详细解释空气净化系统的每个环节，从而帮助学生理解系统的整体工作流程。

四、基于提示工程的教学材料优化

(一)案例 1：提示工程辅助一键生成 PPT 内容

1. 提示词示例

以下是一段生成 PPT 的提示词。

Prompt：Act as an expert in VBA macro creation for PowerPoint. Think step by step. Research information about [TOPIC]. Then create a PowerPoint macro that creates [XX] slides with a title and short text for each. Your answer need only be the macro's VBA code with ALL the information inside.

提示词：作为 PowerPoint 中 VBA 宏创建的专家，请一步步研究[TOPIC]的信息。然后创建一个 PowerPoint 宏，生成[XX]张带标题和简短文本的幻灯片。你需要提供的仅是含有所有信息的宏的 VBA 代码。

[TOPIC] = "你要生成的内容大纲或信息"

[XX] = "10"(代表 10 张幻灯片)

本段提示词设计运用了以下优化策略。

(1)角色扮演(Role-playing)。提示词设定了一个角色——"PowerPoint 中 VBA 宏创建的专家"，这要求大模型扮演一个具备特定技能和知识的专家角色，从而提供专业且准确的回答。

(2)任务明确(Task Clarity)。通过指令"创建一个 PowerPoint 宏"，明确了任务的具体要求，即编写 VBA 代码来生成幻灯片。

(3)步骤分解(Step-by-step Instructions)。使用"一步步研究[TOPIC]的信息"来引导大模型分步骤解决问题，强调了对信息的逐步处理和分析。

(4)输出要求(Output Specification)。明确指出输出内容是"带标题和简短文本的幻灯片"，并且指定了数量"[XX]张"，在这个例子中是 10 张。

(5)内容限定(Content Specification)。通过[TOPIC]占位符，提示用户输入具体的主题或内容大纲，这有助于大模型聚焦于特定的信息。

(6)结果限制(Result Limitation)。指出"你需要提供的仅是含有所有信息的宏的 VBA 代码"，这限制了输出结果的范围，要求大模型仅提供代码，而不是其他形式的解释或文档。

(7)交互性(Interactivity)。虽然这个提示词本身没有直接的交互性设计，但它为后续的人机交互提供了基础，用户可以根据输出的代码与大模型进行进一步的交互。

(8)参数设置(Parameter Setting)。通过[XX]占位符允许用户指定生成幻灯片的数量，这是一种参数化的设计，使得提示词更加灵活。

2. 运用范例

使用上面示例的提示词与大模型进行一轮对话后，进行具体案例运用，如图 5-17 所示。

作为PowerPoint中VBA宏创建的专家，请一步步研究[鲁迅个人介绍]的信息。然后创建一个PowerPoint宏，生成[5]张带标题和简短文本的幻灯片。你需要提供的仅是含有所有信息的宏的VBA代码。

要创建一个PowerPoint宏，用于生成5张带有标题和简短文本的幻灯片，关于鲁迅个人介绍的内容，首先我们需要确定每张幻灯片的主题内容。这里我将根据鲁迅的一生和个人成就来构思5个可能的幻灯片主题：

1. 幻灯片标题："鲁迅简介" - 简介鲁迅的基本信息。

2. 幻灯片标题："早年生活与教育" - 讲述鲁迅的出生地、家庭背景以及早期教育经历。

3. 幻灯片标题："文学创作" - 介绍鲁迅在文学领域的贡献，包括他的著名作品。

4. 幻灯片标题："思想与影响" - 探讨鲁迅的思想对后世的影响。

5. 幻灯片标题："遗产与纪念" - 描述对鲁迅的纪念活动及其在中国文化中的地位。

下面是VBA代码示例，它将在PowerPoint中创建上述5张幻灯片：

```vba
Sub CreateLuXunPresentation()
    Dim pptApp As Object
    Dim pptPres As Object
    Dim slideIndex As Integer
    Dim slideTitles As Variant
    Dim slideTexts As Variant

    ' Initialize PowerPoint application and presentation
    Set pptApp = CreateObject("PowerPoint.Application")
    pptApp.Visible = True
    Set pptPres = pptApp.Presentations.Add

    ' Define slide titles and corresponding texts
    slideTitles = Array("鲁迅简介", "早年生活与教育", "文学创作", "思想与影响", "遗产与纪念")
    slideTexts = Array( _
        "鲁迅（1881-1936），原名周树人，是中国现代文学的重要奠基人之一。", _
        "鲁迅出生于浙江绍兴一个书香门第，幼年接受传统教育，后来赴日本留学。", _
        "鲁迅是新文化活动的重要参与者，著有《狂人日记》、《阿Q正传》等小说。", _
        "鲁迅的思想深刻影响了中国现代社会的发展，被称为'民族魂'。", _
        "鲁迅逝世后，其作品和精神一直被中国人民所敬仰和传承。")

    ' Loop to create slides with title and content text
    For slideIndex = LBound(slideTitles) To UBound(slideTitles)
        With pptPres.Slides.Add(slideIndex + 1, 1) ' ppLayoutText = 1
            .Shapes.Placeholders(1).TextFrame.TextRange.Text = slideTitles(slideIndex)
            .Shapes.Placeholders(2).TextFrame.TextRange.Text = slideTexts(slideIndex)
        End With
    Next slideIndex

    ' Clean up
    Set pptPres = Nothing
    Set pptApp = Nothing
End Sub
```

这段代码会在PowerPoint中新建一个演示文稿，并添加5张幻灯片，每张幻灯片包含一个标题和一段简短的文字说明。你可以将这段代码复制到PowerPoint的VBA编辑器中运行。请注意，你需要确保你的PowerPoint环境支持宏，并且启用了宏功能。

> 代码模式   凸 ▽ ⧉ ⌕ ♪ ↻

图 5-17 运用范例

步骤如下：

(1)使用宏创建 PPT(见图 5-18)

请按照以下步骤操作：

①进入 PowerPoint 的"开发者"选项卡。如果你没有开启这个功能，可以通过右键点击功能区→自定义功能区→勾选"开发者"来激活。

②点击"宏"，输入一个名称并点击"创建"。

③在出现的窗口中，复制并粘贴大模型给出的 VBA 代码。

注意检查代码，确保它不包含可能导致问题的命令，如 pptApp. Quit 或 pptPres. Close。

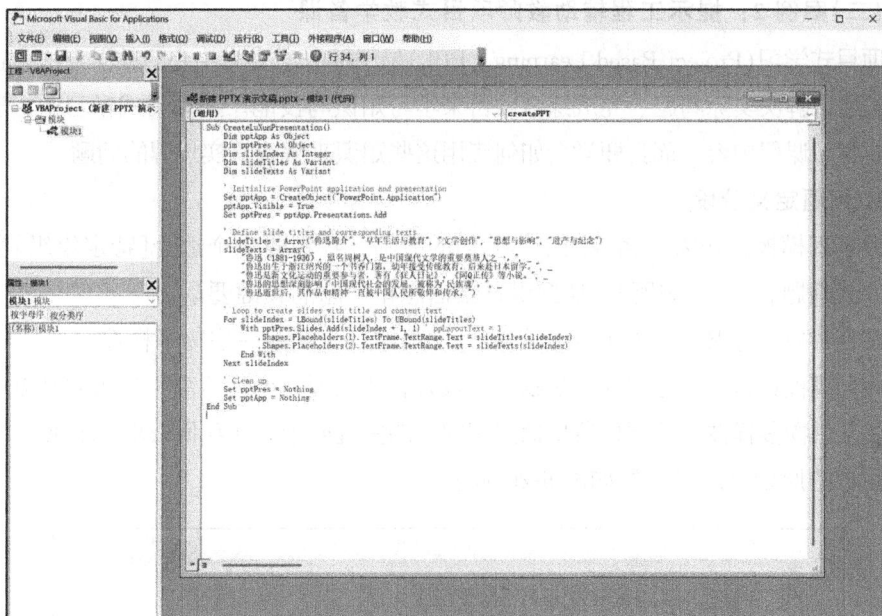

图 5-18　使用宏创建 PPT

（2）点击上方运行宏后（见图 5-19）

只需点击顶部的"运行"，你的幻灯片内容就会自动插入一个新的演示文稿中。在设计幻灯片之前，你可以根据需要轻松修改内容。

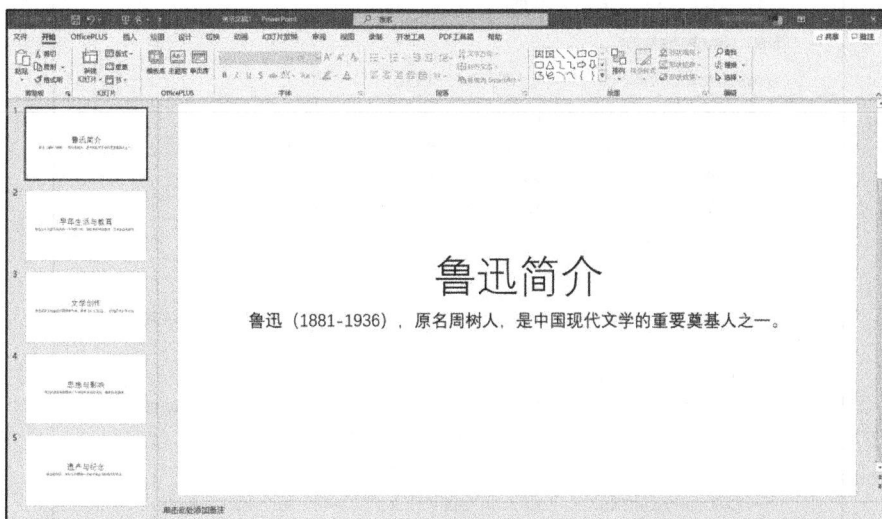

图 5-19　创建成功示例

(二)案例 2：提示工程辅助教师项目式教学备课

项目式学习(Project-Based Learning，PBL)是一种以学生为中心的教学方法，它鼓励学生通过解决实际问题、完成综合项目来学习知识与技能。在项目式学习中，学生不仅要学习课程内容，而且要学会如何应用这些知识来解决真实世界的问题。

1. 问题定义阶段

提示词模板：作为一名专注于[学科]的教师，我需要一个适合[特定年级]学生的开放式问题，关于[主题]。请提供背景信息和问题的关键要素。

案例讲解：学科——生物学；年级——高中；主题——生物多样性。

使用模板：作为一名专注于生物学的教师，我需要一个适合高中学生的开放式问题，关于生物多样性。请提供背景信息和问题的关键要素。让我们一步一步来。

生成的原始开放式问题如图 5-20 所示。

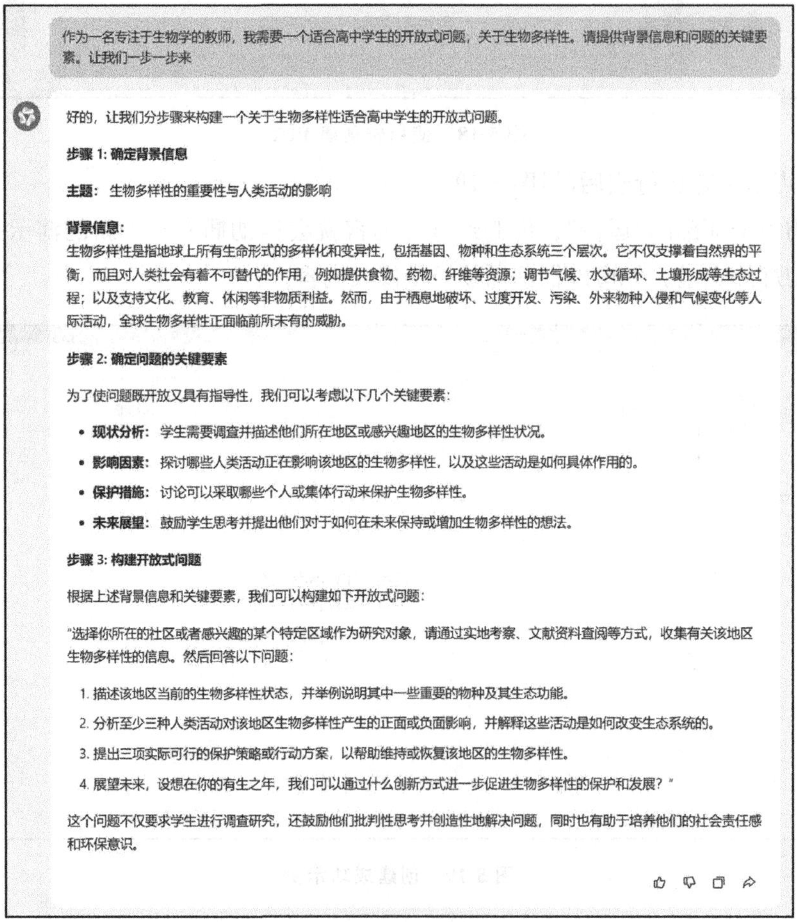

作为一名专注于生物学的教师，我需要一个适合高中学生的开放式问题，关于生物多样性。请提供背景信息和问题的关键要素。让我们一步一步来

好的，让我们分步骤来构建一个关于生物多样性适合高中学生的开放式问题。

步骤 1: 确定背景信息

主题： 生物多样性的重要性与人类活动的影响

背景信息：
生物多样性是指地球上所有生命形式的多样化和变异性，包括基因、物种和生态系统三个层次。它不仅支撑着自然界的平衡，而且对人类社会有着不可替代的作用，例如提供食物、药物、纤维等资源；调节气候、水文循环、土壤形成等生态过程；以及支持文化、教育、休闲等非物质利益。然而，由于栖息地破坏、过度开发、污染、外来物种入侵和气候变化等人际活动，全球生物多样性正面临前所未有的威胁。

步骤 2: 确定问题的关键要素

为了使问题既开放又具有指导性，我们可以考虑以下几个关键要素：

- **现状分析：** 学生需要调查并描述他们所在地区或感兴趣地区的生物多样性状况。
- **影响因素：** 探讨哪些人类活动正在影响该地区的生物多样性，以及这些活动是如何具体作用的。
- **保护措施：** 讨论可以采取哪些个人或集体行动来保护生物多样性。
- **未来展望：** 鼓励学生思考并提出他们对于如何在未来保持或增加生物多样性的想法。

步骤 3: 构建开放式问题

根据上述背景信息和关键要素，我们可以构建如下开放式问题：

"选择你所在的社区或者感兴趣的某个特定区域作为研究对象，请通过实地考察、文献资料查阅等方式，收集有关该地区生物多样性的信息。然后回答以下问题：

1. 描述该地区当前的生物多样性状态，并举例说明其中一些重要的物种及其生态功能。
2. 分析至少三种人类活动对该地区生物多样性产生的正面或负面影响，并解释这些活动是如何改变生态系统的。
3. 提出三项实际可行的保护策略或行动方案，以帮助维持或恢复该地区的生物多样性。
4. 展望未来，设想在你的有生之年，我们可以通过什么创新方式进一步促进生物多样性的保护和发展？"

这个问题不仅要求学生进行调查研究，还鼓励他们批判性思考并创造性地解决问题，同时也有助于培养他们的社会责任感和环保意识。

图 5-20　一轮生成原始开放式问题

迭代细化问题如图 5-21 所示。

当然，为了提高问题的针对性和研究深度，我们可以为每个部分添加更具体的要求和指导。以下是细化后的开放式问题：

细化开放式问题

1. 描述该地区当前的生物多样性状态

- **具体要求：** 使用至少两种数据来源（例如，实地观察、政府或非政府组织发布的报告、科学文献等）来描述选定区域的生物多样性。包括物种数量、特有种比例、濒危物种名单。
- **深度提升：** 分析这些物种在生态系统中的角色，如生产者、消费者、分解者，并讨论它们之间的相互作用。

2. 分析人类活动对生物多样性的影响

- **具体要求：** 确定三种特定的人类活动（如农业扩张、城市化、工业污染等），并评估每种活动对该地区生物多样性的直接影响。
- **深度提升：** 探讨间接影响，比如通过改变栖息地结构或引入外来物种间接影响本地物种；考虑时间维度上的变化趋势，以及不同活动之间可能存在的协同效应。

3. 提出保护策略或行动方案

- **具体要求：** 设计三项具体的保护措施，其中至少一项应涉及社区参与或教育推广；另一项则需关注政策层面的变化。
- **深度提升：** 对提出的措施进行成本效益分析，解释实施过程中可能遇到的挑战及解决方案；评价这些措施长期和短期的效果。

4. 展望未来与创新思考

- **具体要求：** 基于现有科技进展或理论预测，提出一种或多种能够显著增强生物多样性保护的新技术或新方法。
- **深度提升：** 讨论这些新技术或方法在全球范围内应用的可能性，包括其潜在的社会经济影响；探索跨学科合作（如生物学与工程学、信息技术等结合）对于解决生物多样性危机的重要性。

额外建议

- 鼓励学生使用图表、地图或其他可视化工具来支持他们的发现和论述。
- 邀请学生参加相关领域的专家讲座或在线研讨会，以获取最新的研究成果和技术动态。
- 引导学生思考全球变化（如气候变化）对当地生物多样性的影响，并探讨适应策略。

通过这种方式，不仅能够加深学生对生物多样性的理解，还可以培养他们的问题解决能力和批判性思维。同时，这也为他们提供了一个展示个人兴趣和创造力的空间。

图 5-21　迭代细化已有开放式问题

2. 信息收集和研究阶段

提示词模板：我是一名[学科]教师，正在进行一个关于[主题]的 PBL 项目。请推荐适合[特定年级]学生的资源，包括书籍、网站和互动活动。让我们一步一步来。

案例讲解：学科——地理；年级——初中；主题——气候变化。

使用模板：我是一名地理教师，正在进行一个关于气候变化的 PBL 项目。请推荐适合初中学生的资源，包括书籍、网站和互动活动。让我们一步一步来。

获取的信息如图 5-22 所示。

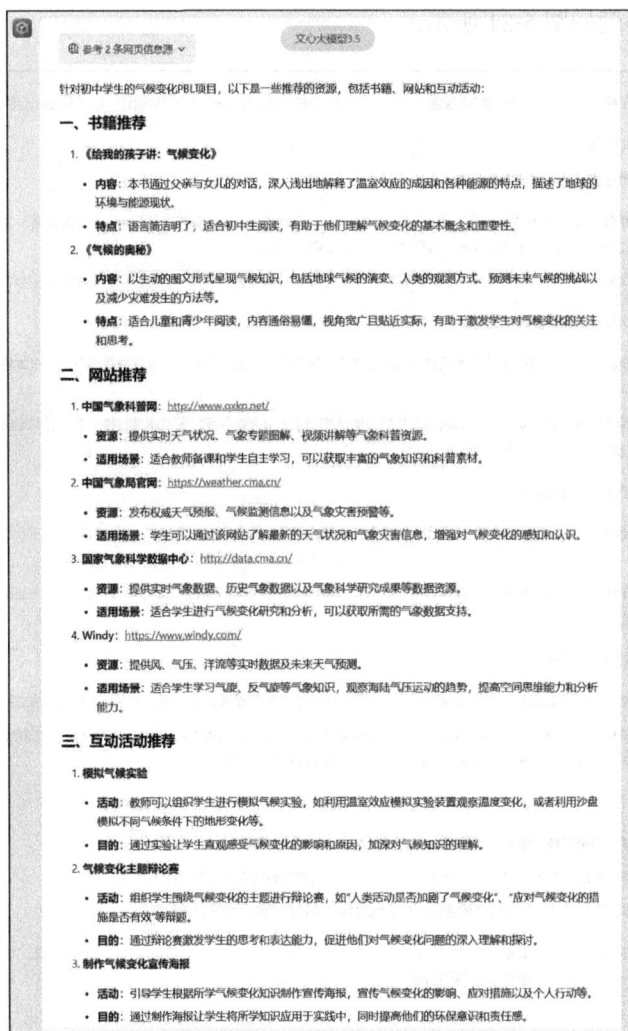

图 5-22 一轮获取信息示例

更多提示词模板：

寻找关于[主题]的互动性和教育性强的在线资源，适合[特定年级]学生。

请提供一些关于[主题]的基础和高级研究材料，适合[特定年级]学生。

需要关于[主题]的多媒体教学资源，包括视频、图表和互动活动。

3. 解决方案的设计和实施阶段

提示词模板：作为[学科]教师，我正在指导学生探索[主题]。请提供几个创新的解决方案示例，并说明它们的实施步骤和潜在影响。让我们一步一步来。

案例讲解：学科——生物学；主题——可持续发展。

使用模板：作为生物学教师，我正在指导学生探索可持续发展。请提供几个创新的解决方案示例，并说明它们的实施步骤和潜在影响。让我们一步一步来。

生成的解决方案如图 5-23 所示。

当然，探索可持续发展是生物学教育中非常重要的一个环节。这里提供三个创新的解决方案示例，并且为每个方案列出实施步骤和它们可能带来的潜在影响。

1. 生物降解塑料的推广

实施步骤:

- **研究与开发:** 开发基于微生物或植物的可生物降解材料。
- **政策支持:** 与政府合作，推动立法减少传统塑料使用，鼓励使用生物降解替代品。
- **公众教育:** 教育消费者关于一次性塑料的危害以及生物降解产品的好处。
- **市场引入:** 将生物降解塑料制品引入市场，通过定价策略使其具有竞争力。
- **回收系统:** 建立专门的回收处理设施，确保这些材料能被正确处置。

潜在影响:

- 减少塑料污染，特别是海洋环境中的微塑料问题。
- 推动绿色经济的发展，创造新的就业机会。
- 提高公众环保意识，促进循环经济理念的普及。

2. 屋顶绿化和垂直花园

实施步骤:

- **城市规划:** 在新建筑法规中加入屋顶绿化的要求。
- **技术选择:** 选用适合本地气候条件的植物种类，确保其耐候性和维护成本低。
- **社区参与:** 组织社区活动，让居民参与到设计和种植过程中来。
- **经济效益分析:** 研究并展示绿化对建筑物节能、提高物业价值的作用。
- **长期维护:** 制定合理的维护计划，保证植被健康生长。

潜在影响:

- 改善空气质量，增加城市的碳汇能力。
- 缓解热岛效应，降低空调能耗。
- 提升城市美观度，增强居民幸福感。

3. 农业废弃物转化为能源

实施步骤:

- **资源评估:** 分析农业地区产生的有机废料总量及其成分。
- **技术支持:** 引入厌氧消化等技术，将废弃物转化为沼气或其他形式的再生能源。
- **项目试点:** 在选定区域建立示范工程，验证技术和商业模式的有效性。
- **政策激励:** 设计补贴政策或税收优惠措施，吸引农民和企业参与。
- **扩大规模:** 根据试点结果调整优化方案后逐步推广至更大范围。

潜在影响:

- 实现农业废弃物资源化利用，减少环境污染。
- 提供清洁的替代能源，有助于缓解化石燃料依赖。
- 促进农村经济发展，增加农民收入来源。

这些方案不仅能够帮助学生理解可持续发展的实际应用，还能激发他们思考如何将科学知识应用于解决现实世界的问题。在指导过程中，可以引导学生进行更深入的研究，如实地考察、实验操作或者模拟分析等，以便更好地掌握相关概念和技术。

图 5-23　解决方案示例

更多提示词模板：

需要关于[主题]的实际案例研究，帮助学生理解如何实施解决方案。

寻找关于[主题]的解决方案，特别是那些适合[特定年级]学生实施的。

请提供一些关于[主题]的创新思路，帮助学生在项目中展现创造力。

4. 结果的展示和反思阶段

提示词模板：我是一名[学科]教师，我的学生即将完成关于[主题]的 PBL 项目。请提供一些展示和反思的指导，包括如何有效地展示他们的成果和进行项目反思。让我们一步一步来。

案例讲解：学科——历史；主题——古代文明。

使用模板：我是一名历史教师，我的学生即将完成关于古代文明的 PBL 项目。请提供一些展示和反思的指导，包括如何有效地展示他们的成果和进行项目反思。让我们一步一步来。

结果如图 5-24 所示。

当然，作为历史教师，指导学生进行项目展示和反思是帮助他们深化理解、提高表达能力以及批判性思维的重要环节。以下是关于如何有效展示成果和进行项目反思的分步指导：

1. 展示准备

确定展示形式：

- 根据学生的兴趣和特长选择合适的展示形式，如口头报告、海报展览、网站或博客文章、视频纪录片等。

组织内容：

- 强调清晰结构的重要性，比如引言、主体和结论。
- 鼓励学生使用故事讲述的方式，让观众更容易投入。
- 确保信息准确，引用可靠来源，并适当标注出处。

视觉辅助工具：

- 使用图表、地图、时间线等视觉元素来支持讲解。
- 如果可能的话，加入实物或模型以增加互动性。

练习与反馈：

- 给予学生足够的时间练习他们的演讲或展示。
- 安排同伴或老师提供反馈，帮助改进展示技巧。

2. 展示日

创建积极氛围：

- 设定一个鼓励提问和支持性评论的环境。
- 提前告知观众（其他同学、家长等）如何参与讨论。

记录展示过程：

- 录制视频或拍照，以便之后用于反思。
- 记录观众的问题和建议，为后续反思提供素材。

3. 反思阶段

个人反思：

- 引导学生思考自己在项目中的角色，包括学习到了什么，遇到了哪些挑战，又是如何克服的。
- 提问：如果重新开始这个项目，你会做哪些不同的事情？

小组讨论：

- 组织小组讨论会，分享各自的经验和教训。
- 探讨团队合作中的成功之处及需要改进的地方。

书面总结：

- 要求每位学生撰写一份简短的书面总结，描述他们对项目的看法以及未来可以采取的行动。

评估与反馈：

- 根据预先设定的标准对学生的表现给出评价。
- 提供具体的建设性反馈，指出强项和需要加强的地方。

通过这些步骤，不仅可以让学生们更好地展现他们在古代文明研究上的收获，而且还能促进他们的自我认知和个人成长。希望这些建议能帮助你指导学生们完成一次有意义的学习体验。

图 5-24　结果展示示例

更多提示词模板：

寻求关于如何有效展示 PBL 项目成果的建议，特别是关于[主题]的。

需要一些关于[主题]项目的反思活动建议，帮助学生总结他们的学习经验。

请提供一些创意展示方法，用于[学科]的 PBL 项目，特别是关于[主题]的。

第二节　基于数据语料的教学设计优化

一、数据语料简介

数据语料，或称语料库，是自然语言处理与计算语言学领域中至关重要的基础性资源。它代表了一个经过科学抽样与精心加工的大规模电子文本集合，这些文本集合能够借助计算机分析工具深入探索语言的理论基础与广泛应用。

构建语料库的过程需遵循一系列严谨而系统的步骤。首先，精心选择合适的数据源，这如同在浩瀚的信息海洋中筛选出对研究具有价值的珍珠。其次，进行数据清洗工作，旨在剔除冗余与噪声，确保数据的纯净与质量。再次，文本处理环节不可或缺，它涉及分词、词性标注、句法分析等复杂过程，旨在将原始文本转化为结构化、易于分析的形式。最后，语料库的存储与管理同样重要，它要求建立高效、可靠的存储系统并制定相应的管理策略，以确保语料库资源的长期可用性与安全性。

在实际操作中，研究人员普遍倾向于采用 Python 等高效编程语言，并借助其强大的内置库(如 NLTK 或 spaCy)来简化并加速文本抓取、精细处理与深度清洗等复杂任务。这些先进的工具不仅极大地提升了工作效率，而且推动了语料库构建流程向标准化、自动化的方向迈进，为自然语言处理与计算语言学领域的研究奠定了坚实的基础(张凌寒，2024)。

基于数据语料的教学设计优化，需要先深入剖析现有语料内容，明确教学目标，并紧密结合学生实际需求，精心设计适配的教学策略。此过程涵盖教学方法的精挑细选、互动性强且参与度高的教学活动设计以及教育技术工具的巧妙融入，旨在丰富并增强学生的学习体验。同时，建立健全的评估体系以持续监控学习进展，并根据学生反馈进行教学设计的迭代与优化，确保教学质量的持续提升。在此过程中，务必重视文化敏感性与伦理考量，力求消除偏见，激发学生的批判性思维，并为每个学生量身打造个性化的学习路径。此外，倡导跨学科融合学习，旨在拓宽学生视野，增强其综合运用知识解决实际问题的能力，全面提升学生的综合素养。通过上述举措，我们致力于构建一个高效、包容、个性化的教学环境，为学生的全面发展奠定坚实的基础。

截至 2024 年，全球范围内已汇聚了种类繁多的语料库资源，涵盖了诸如葡萄牙语语料库、中英文新闻分类语料库以及路透社文本分类训练语料库等多种类型。这些语料库依据其特性可划分为异质、同质、系统或专用等不同类别，同时它们在语言种类上也展现出多样性，既有单语语料库，也不乏双语乃至多语语料库，充分满足了不同领域、不同研究需求的语言数据处理与分析(张凌寒，2024)。

以新华网在人工智能领域的创新实践为例，其倾力打造的"新华 AIGC 应用使能平台"不仅为行业内外用户提供了便捷的一站式大模型训练解决方案，而且配套了高质量的语料库服务。基于数据语料的优化可以通过多种方式进行，如使用正则表达式进行语料检索和清洗，或者利用机器学习算法进行情感分析和主题建模(张凌寒，2024)。此外，还可以通过构建综合语料价值指数(Comprehensive Corpus Value Index，CCVI)来评价语料库的价值，这涉及对语料质量、分类权值和数量的综合考量。

在自主构建与管理语料库的复杂过程中，选择合适的工具与平台是确保工作高效、有序进行的关键所在。针对文本数据的存储与检索需求，MongoDB 等 NoSQL 数据库拥有灵活的文档模型、强大的水平扩展能力以及高效的查询性能，如图 5-25 所示。这些特性使得 MongoDB 能够轻松应对语料库中海量、多样化的文本数据，为研究人员提供便捷的数据访问路径。

图 5-25　MongoDB 基于分布式文件存储的数据库

项目管理软件 PingCode 和 Worktile 在语料库的构建过程中也扮演着重要角色，如图 5-26 和图 5-27 所示。PingCode 作为专注于研发项目管理的工具，能够协助团队更好地规划项目进度、分配任务、跟踪问题，确保语料库建设工作的顺利进行。而 Worktile 作为一款通用项目管理软件，则以其易用性和强大的功能集，满足了跨领域、多团队协作的需求，为语料库项目的全面管理提供了有力支持。

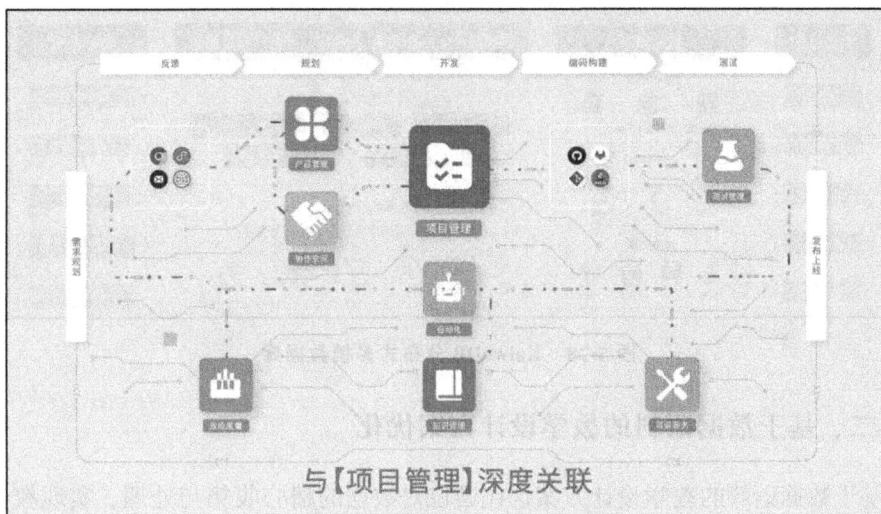

图 5-26　PingCode 工作流程

图 5-27　Worktile 工作流程

KaiwuDB 数据库的开源之举，进一步彰显了数据库技术在支撑数据存储与计算方面的重要性与活力，如图 5-28 所示。KaiwuDB 等开源数据库不仅降低了技术门槛与成本，而且促进了技术的交流与共享，为语料库乃至更广泛领域的数据管理与分析工作提供了更加丰富、灵活的解决方案。这些开源数据库通过不断优化性能、扩展功能，为语料库的高效构建与管理奠定了坚实的基础。

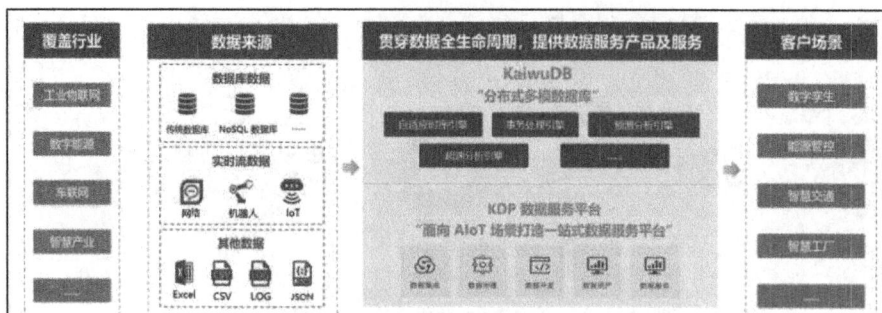

图 5-28   KaiwuDB 分布式多模数据库

二、基于数据语料的教学设计方案优化

基于数据语料的教学设计方案优化通过对数据的精心收集与处理，实现教学内容的专业性和实用性。它依据教学目标和学生需求，从丰富的语料中筛选和整合材料，设计互动性教学活动，提高学生的参与度和兴趣。同时，开发与语料库相结合的教学辅助工具，提供多样化的学习资源，并通过评估与反馈不断优化教学方法。此外，教学方案还注重持续更新与维护，确保语料库反映语言使用的最新趋势，适应语言的动态变化，从而提高教学质量、激发学生潜能，培养语言运用能力和批判性思维。教师的专业发展也通过与人工智能技术的结合得到促进，实现教学的高效和个性化。

以下案例选自李佳佳自建作文语料库探讨基础教育学段学习者对形容词的认知研究(李佳佳，2022)，该研究收集了一至九年级学生的作文语料，考察中小学生作文中形容词的使用情况。

(一)语料来源

语料为 2019 年底山西省长治市某校一至九年级学生的语文科目期末考试试卷中的写话或作文，共 426 篇。考虑到年级人数差异，以人数最少的班级为标准，随机选取 270 篇作文语料，共计 118381 字。作文题目涵盖看图写话、主题写话、童话故事、自拟题目、写事、写人、半命题和命题作文等类型。

一年级：题目是看图写话，要求学生根据图片内容(见图 5-29)写一段话，确保语句顺畅。

二年级：题目是"自己喜爱的玩具"，要求学生描述玩具的名称、外观以及为何喜欢它。

三年级：内容是"关于森林动物的童话故事"，要求学生创作一个发生在森林里的小动物之间的故事。

四年级：学生需要自拟题目，围绕"有趣的游戏"这一主题进行写作。

五年级：题目是"甜甜的回忆"，要求学生写出一段流畅、真挚且具体生动的回忆。

图 5-29 一年级看图写话题目图片

六年级：题目是"有你，真好"，要求学生写出一个流畅、真挚且具体生动的关于某个人的故事。

七年级：半命题作文，学生需要在"_____一直都在"中填入合适的词语，完成作文。

八年级：命题作文，题目是"我心雀跃"。

九年级：命题作文，题目是"给予"。

(二)作文语料库研究的基础

该研究聚焦于作文语料库内的形容词。形容词的明确定义是进行形容词研究的前提，因此，在构建语料库之初，必须明确形容词的定义。鉴于不同语言学家对形容词的定义可能有所出入，该研究统一了形容词的提取和分类准则，确保语料的处理过程既科学又精确。

1. 形容词的界定依据

采用《现代汉语词典》(第 7 版)对形容词的定义：表示人或事物的性质或状态的词，如"高、细、软、白、暖和、活泼"。

2. 语料加工流程

语料加工流程如图 5-30 所示。

语料提取 → 语料处理 → 信息标注 → 用法标注 → 注标存储 → 生成形容词检索库

图 5-30 语料加工流程

3. 语料提取

提取作文语料中的形容词主要依靠分词软件，步骤如下。

(1)在线分词。使用中国传媒大学语言智能服务开放平台的在线分词工具(见图5-31)对电子文本进行分词，并选择按词性切分。

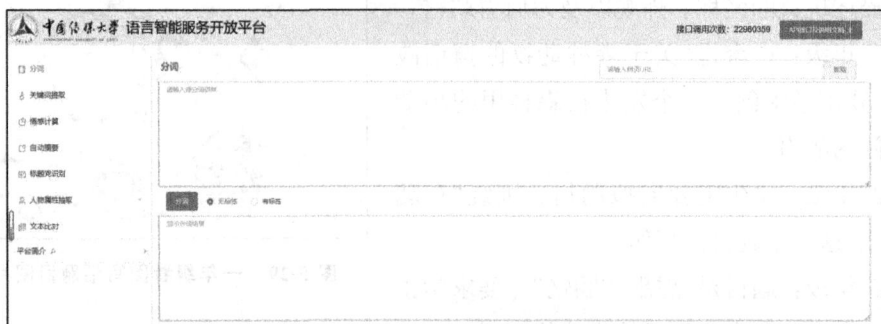

图5-31 中国传媒大学语言智能服务开放平台的在线分词工具

(2)筛选形容词并使用软件校对。从分词结果中提取标注为形容词(标记为"a")的词汇；使用AntConc软件(见图5-32)对提取的形容词进行查询，并补充遗漏的形容词。

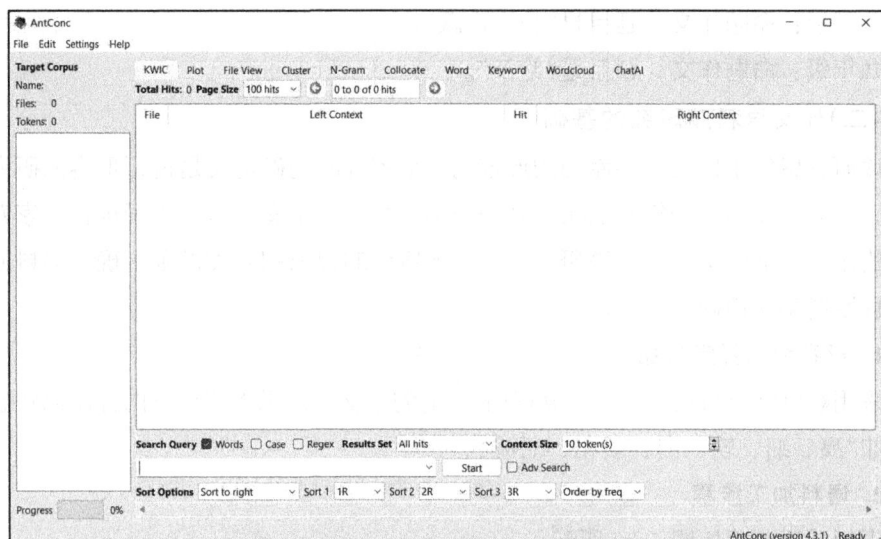

图5-32 AntConc软件登入界面

(3)人工校对。根据对形容词的定义，人工筛选和补充分词软件未能正确标注的形容词。

(4)存储结果。完成筛选和校对后，将形容词保存到Excel文件中。形容词的编号格式为"年级＋作文序号＋形容词序号"，例如，"101001"代表一年级第一篇作文的第一个形容词，"930541"代表九年级最后一篇作文的最后一个形容词。

4. 语料处理

处理作文语料的分句步骤如下。

(1)自动分句。使用作文中的句号作为分句的依据，通过文字处理软件的替换功能将句号替换为段落标记，实现自动分句。

(2)人工核对。进行人工检查，将未正确分出的句子进行分离，修正分句错误的地方。

(3)编号和存储。分句完成后，对每个句子进行编号，并存入作文语料分句库。句子的编号格式为"年级＋作文序号＋分句序号"，例如，"10101"表示一年级第一篇作文的第一句，"93011"表示九年级最后一篇作文的最后一句。

5. 信息标注

(1)标注内容。标注形容词所在的年级、所属文章以及所在分句。

(2)编号一致性。确保标注的编号与之前提到的年级编号、作文编号和分句编号一致。

(3)分句摘录。除了编号，还需要摘录包含形容词的短句。摘录的短句应包含形容词的描述和修饰内容。

(4)具体标注。在具体标注时使用这些摘录的短句，确保标注的准确性和完整性。

6. 用法标注

(1)词性标注。基于形容词的语法功能和词义，进行基础的词性标注。

(2)构词类型标注。标注形容词的构词法和构成类型。

(3)音节数量标注。标注形容词的音节数。

(4)书写形式标注。标注形容词的书写形式。

(5)语法功能标注。标注形容词在句子中的句法功能以及与其他词的结合功能。

(6)词义类型标注。根据词义对形容词进行分类标注。

(7)词义标注。结合语境和《现代汉语词典》(第7版)对形容词的具体词义进行标注。

(8)误用标注。根据学生使用形容词的情况，对其正确使用和误用现象进行分类标注。

7. 标注存储

完成语料标注后，采取以下步骤保存数据。

(1)分年级存储。将标注好的语料按年级分类存储，便于未来对特定年级的形容词使用情况进行分析。

(2)分阶段存储。将语料分为三个阶段进行存储，以便对不同学习阶段的形容词使用情况进行对比分析。

(3)多渠道备份。将纸质语料图片扫描或拍照保存为电子图片，电子文本语料保存文本文件，分句库保存为分句后的语料库，标注文件保存所有标注结果。

(4)数据安全。将上述所有文件存储至个人网盘和 U 盘，确保数据的安全性，防止数据丢失。

8. 生成形容词检索库

全部标注完成后，以"形容词"为关键词，使用 Access 软件将已完成的分句库、标注类型以及各年级的具体语料标注联系起来，生成形容词检索库。

使用 Access 软件生成形容词检索库可参考以下步骤。

(1)创建数据库

在 Access 中创建一个新的数据库，用于存储形容词检索库。

(2)设计表结构

①创建一个"分句库"表，包含分句的详细信息，如年级、作文序号、分句序号和分句内容。

②创建一个"标注类型"表，列出所有可能的标注类型，如词性、构词类型、音节数量等。

③创建一个"形容词标注"表，用于存储具体的形容词标注信息，包括"分句库"表和"标注类型"表的关联字段。

(3)导入数据

①将分句库的数据导入相应的表中。

②将标注类型导入"标注类型"表中。

③将各年级的具体语料标注信息导入"形容词标注"表中。

(4)建立关系

①在"形容词标注"表中建立与"分句库"表的关系，通过年级、作文序号和分句序号来关联。

②在"形容词标注"表中建立与"标注类型"表的关系，通过标注类型字段来关联。

(5)创建查询

①使用"形容词"作为关键词，创建一个查询，用于检索形容词相关的信息。

②设计查询条件，以便用户可以根据不同的标注类型和年级进行检索。

(6)生成检索库

①运行查询，生成包含所有形容词及其相关信息的检索库。

②可以进一步设计表单或报告，以方便用户查看和分析检索结果。

(7)测试和优化

①对检索库进行测试，确保查询结果准确无误。

②根据需要优化查询和表单设计，提高检索效率和用户体验。

三、基于数据语料的导学案优化

基于数据语料的导学案优化设计是一项融合了教育学、语言学和信息技术的综合性教育创新。该设计通过精心筛选和处理来自权威专业领域的大量语言数据，为教学活动提供了丰富、实用的资源。通过这些数据，教育者能够定制教学内容，确保其与学生的具体需求和学习目标相匹配，同时增强教学材料的时效性和相关性。

在这一过程中，教育者利用语料库中的真实案例和场景设计互动式教学活动，如角色扮演和情景模拟。这些活动不仅提升了学生的参与感，而且锻炼了他们的语言实践能力。此外，教育者还开发了与语料库相结合的教学辅助工具，如词汇学习软件和句型生成器，进一步丰富了学生的学习体验。

导学案优化设计还注重教学效果的评估与反馈，通过学生的反馈和学习成果来评估教学方案的有效性，并根据评估结果进行调整和改进。同时，教育者致力于语料库的持续更新，以反映语言使用的最新趋势，确保教学内容的前瞻性和适应性。

本案例选自董斐娜使用语料库辅助导学案设计的"数据驱动＋学案导学"的教学模式研究(董斐娜，2018)。学案导学是一种课堂模式，它使用导学案作为工具，结合学生的自主学习和教师的适时指导来共同完成教学目标。这种模式遵循"先学后教"和"以学定教"的原则，强调从传统的教学模式转变为更注重学生学习过程的模式，旨在激发学生的学习热情和潜力。

(一)"数据驱动＋学案导学"自主学习模式

数据驱动学习模式主要适用于语言课程，强调基于实证的学习方法和语言学习的理念；学案导学模式则适用于所有类型的课程，体现个性化教学的理念。这两种模式均基于建构主义理论，强调以学生为中心，重视教师在教学中的引导作用。

"数据驱动＋学案导学"模式结合了语料库资源和导学案，为学习者提供了丰富的自然语料，支持自主探究和合作学习。这种模式能够促进实证性的语言学习，并鼓励学习者发挥创造性和主动性。

如图 5-33 所示，课前，教师使用语料库资源创建导学案，供学生预习；课中，学生根据导学案进行自主探究和合作学习，教师提供必要的支持和指导；课后，学生完成导学案中的扩展任务，教师则对学生的学习表现进行全程评估。

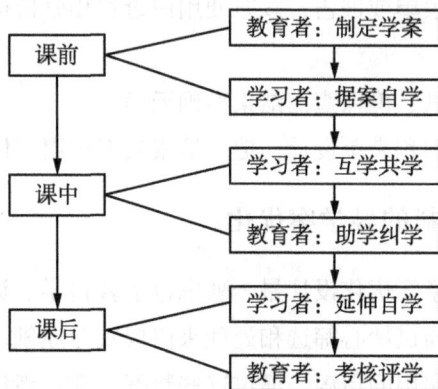

图 5-33 "数据驱动＋学案导学"模式流程图

（二）案例实验

被试为某高职院校一年级某班学生，共 48 人，平均学习英语 9 年。他们之前没有接触过语料库，也没有进行过数据驱动的英语学习。实验选用的词汇来自高等教育出版社出版的《新编实用英语综合教程 2》（天津版）第七单元的文章"The Most Unforgettable Character I've Met"。

本实验的目标词为 vividly、expectantly、unimpressive、supreme、grasp、journalism、venture、enthusiasm、contagion、justify、bestow、dangling、spontaneously、send-off、tight-lipped、chorus、cheekbone、sentiment。

1. 实验方法

研究所用语料库为 FLOB(Freiburg LOB Corpus of British English)，即英国本族语语料库。该库所收录的语料涉及新闻报道、小说、诗歌、散文、科技文本等 15 种文体，词汇量达到 100 万。

在实验课前，教师需要准备导学案，步骤如下。

(1)介绍语料库

向学生介绍语料库的基础知识，包括索引行、类联接和语义韵等概念。

导学案内容示例：

①索引行(key word in context，KWIC)

索引行是一种在语料库中展示词语的方式，其中每个索引行以一个关键词或短语为中心，展示该词在语料库中的使用实例。这种展示方式有助于观察词语的搭配和上下文关系。

②类联接(colligation)

类联接是指词语在语法层面的搭配关系。例如，某些动词可能经常与特定类型的名词搭配使用。通过分析类联接，可以了解语言的结构模式和语法特征。

③语义韵(semantic prosody)

语义韵描述了一个词在特定上下文中所传达的语义倾向和情感色彩。它反映了词语或短语在语境中的整体语义氛围，可以是积极的、消极的或中性的。

④FLOB语料库

FLOB是一个平衡结构的语料库，代表20世纪90年代初期的英国英语。它包含100万个词汇，分为500个文本，涵盖15种不同的文本类别。FLOB语料库的设计旨在与20世纪60年代的布朗语料库(Brown Corpus)和LOB语料库(The Lancaster-Oslo/Bergen Corpus)相匹配，以便研究者比较不同时间段的语言变化。

(2)解释数据驱动学习

阐述数据驱动学习的特点、优点以及如何使用相关工具和方法。

导学案内容示例：

①数据驱动学习的特点

以数据为中心：学习活动围绕真实、大量的语言数据展开。

学习者自主：鼓励学习者主动探索和分析数据，发现语言规律。

归纳学习：学习者通过观察数据，归纳总结出语言知识。

技术辅助：使用语料库工具和技术来支持学习过程。

②数据驱动学习的优点

提高发现能力：培养观察力和分析能力。

增强语言意识：加深对语言结构、用法和语境的理解。

个性化学习：学习者可以根据自己的兴趣和需要选择数据进行分析。

实际应用：提供实际语言使用情境，增强语言学习的实用性。

③相关工具和方法

数据检索：使用关键词、短语或模式在语料库中进行检索。

搭配和类联接分析：研究词语的搭配习惯和语法结构。

词频统计：了解词语的使用频率和语境。

(3)词频统计

对目标语篇中的关键词进行语料库词频统计，注意将变形词转换为基本形式。

(4)目标词分组

根据在FLOB语料库中出现的频率，本部分导学案内容将18个目标词分为高频词和低频词两组，每组9个，如表5-8所示。

表 5-8　目标词分类表

实验组目标词（高频词）	对照组目标词（低频词）
impressive（43 次）	sentiment（8 次）
tight（37 次）	journalism（6 次）
enthusiasm（36 次）	spontaneous（6 次）
grasp（23 次）	dangling（5 次）
venture（23 次）	expectant（2 次）
vivid（16 次）	bestow（1 次）
justify（15 次）	contagion（0 次）
supreme（13 次）	send-off（0 次）
chorus（11 次）	cheekbone（0 次）

（5）微型文本制作

教师通过语料库检索 9 个关键词，挑选出每个词的 10 个典型使用实例。这些实例以 KWIC 格式展示，为学习者提供了真实的英语语境。教师需要将这些实例制作成微型文本，这是导学案的重要组成部分。

微型文本的制作步骤是：

①确保每个关键词的上下文至少包含 5 个单词，以提供完整的语境；

②将关键词加粗以突出显示；

③对超纲词语进行汉语注释；

④将整理加工完成的微型文本输出为纸质文本。

2. 实验过程

48 名被试学生先在常规课堂中采用传统方法进行对照组目标词的学习。教师首先讲解目标词的词性、词义和用法，然后让被试学生完成相关练习题目，最后进行对照组单词的即时测试。对照组单词的学习时长为 35 分钟。

被试学生休息 5 分钟后，采用"数据驱动＋学案导学"模式进行实验组目标词的学习。首先，学生预览导学案，了解语料库知识，掌握数据驱动学习步骤。其次，教师将 48 名学生分为 12 组，并以小组为单位分发纸质微型文本，每组学习两个不同的实验组目标词。再次，学生通过组内讨论，探索目标词的词性、词义、情感色彩和语法搭配并练习造句，教师提供适时指导。然后，每组选出代表展示学习成果，教师对学习过程和结果进行评价和考核。整个实验持续 35 分钟，与对照组单词的学习时长相等。时间一到，马上进行实验组单词的即时测试。实验完成后，进行问卷调查。

3. 研究结论

该研究的即时测试结果证明，数据驱动模式在促进英语词汇深度学习方面效果显著，使得语言学习过程实现了信息化和自主化。但是该模式对于课堂信息化设备以及学习主体的认知能力要求较高，且问卷调查结果显示，运用该模式进行英语学习的最大问题在于时间成本过高。因此，为了更好地发挥数据驱动模式在英语知识深度学习方面的作用并将其融入课堂教学，结合应用学案导学模式就显得非常必要。学案导学模式的重要作用集中体现在课中阶段，组内探究学习和学习成果展示环节充分显示该模式在英语自主学习方面的个性化和协作化相结合的特点，有利于学习者通过数据驱动方式完成词汇知识的深度学习。

四、基于数据语料的教学材料优化

语料库优化教学材料设计是一项提升教学质量、改善学习体验的工程，它通过分析大量电子文本，为教学提供丰富的资源。教育者从中提取关键信息和语言模式，创建精准的教学材料。

教育者要精选和整合语料，确保教学内容既专业又实用。通过将真实语言的使用融入教学，学生能在接近真实语境的环境中学习，提升语言运用能力和批判性思维。

教学材料的互动性和实用性得到增强，学生在参与互动式教学中，能够更深入地理解语言知识。教育者还可使用词汇学习软件和练习库等教学工具，支持个性化学习。此外，教学材料的持续更新确保了内容的时效性和适应性，反映了语言使用的最新趋势。

1. 批改网在英语写作中的实践

批改网是一个基于云计算和语料库技术的英语作文自动批改在线服务平台，它能够通过计算学生作文与标准语料库之间的距离，即时生成作文的得分和语言、内容分析结果。其主要特点有：通过与标准语料库的对比分析，能在 1.2 秒内给出作文的分数、评语和按句点评；能根据不同学生的特点，提供个性化的打分公式和反馈，提供"按句点评"等重要反馈信息，帮助学生识别并改正作文中的错误，帮助教师检查学生作文是否有抄袭行为；提供进度报告记录学生写作能力的提升过程，为教学提供数据支持。

以作文题目"The Role of Mobile Phone in People's Communication"为例，案例研究展示了如何利用语料库来提高学生的词汇准确性、表达逻辑性和写作思维，从而激发学生的写作主动性。通过使用批改网等在线写作平台，学生可以获得如下反馈：

(1)词汇丰富性。例如，communicate 的近义表达有 pass on、convey、impart、spread 等，以及可参考学习 overwhelmingly、exceedingly、extremely、intensely 等与 very 意思相近的词汇。

(2)句法结构。系统能够指出具体错误，如连词缺失、从句中谓语动词缺失等问题。

学生根据这些反馈进行反复修改，实现语言输出的实践目的。在这一过程中，学生主动构建知识，提高英语写作技能。

语料库辅助写作教学有助于解决学生在写作中出现的以下问题(张慧成，马艳丽，2019)。

(1)词汇误用。学生常将不同词性的词误用。例如，"They shouldn't against the mix marriage" 中 "against" 应为 "be against"。"Study abroad is a good choose" 应改为 "Studying abroad is a good choice"，使用动名词形式和正确的名词。"My English became well"中"well"使用错误，应使用形容词 "good" 来修饰名词。

(2)语法错误。学生可能分不清名词的可数性，选错词形，时态或语态使用不当，违背一致性原则，或使用汉语化的句型。例如，"We also can come ture the dream in motherland" 应改为 "We can also make our dreams come true in our motherland"，修正了词形和语序。"Study home, many people think that it is also come true our dream" 应改为 "Many people think that if we study at home, our dream can also come true"，修正了条件句的结构。

(3)中文式英语。学生常直接将中文翻译成英文，导致表达生硬。例如，"What we should do is good use of time" 应改为 "What we should do is to make good use of time"，修正了动词不定式的使用。"Some people think we can realize our dreams if we study at home. You can find many good universities and professors in our own country" 中的 "you" 和 "our" 指向不清，应明确主语和所属关系。

(4)口语化。学生在写作时可能会混用口语和书面语，且高分词汇运用不佳。例如，"Due to the challenges of studying abroad, studying abroad is definitely good but it still has disadvantages" 中 "definitely" 和 "good" 重复，逻辑指代不清，应使用更精确的词汇。

2. 语料库运用示例

(1)写作要求：Write an essay commenting on the saying "If you cannot do great things, do small things in a great way."词数 100～300。

（2）书写原文。

As an old saying goes that without accumulating steps, there is no way to reach thousands of miles. "There are many examples of small things accomplishing great things."

We are all familiar with Qu Yuan. When he was a child hid in the mountain cave and read "The Book of Songs" regardless of wind or rain. After three years, he has read "The Book of Songs" profusely, absorbed rich nutrition from these folk songs and ballads. Finally, he became a great poet.

As far as we learn English, if we can persist in reading texts and recite words every day. Then our English level is definitely more than that. But every little thing that seems very simple will be very difficult to stick to. Persevering in every little thing with a humble attitude and strong mind is the best way to accomplish great things. Starting from small things is a philosophy of life, a mentality of dealing with things, a state of doing things, and a demeanor.

To recognize the principle of doing small things into big things, and to do the small things carefully and do the small things well. Doing the things right in front of you can make you feel happy and live a fulfilling life. Accumulate slowly to make your ordinary self—become extraordinary. Doing every simple thing well is not simple, and doing every ordinary thing well is extraordinary.

（3）提交原文，选择右侧【立即分析】，如图 5-34 所示。

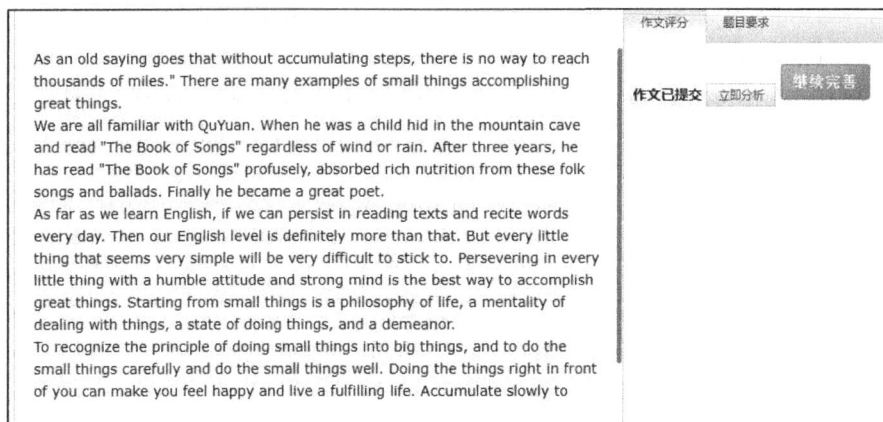

图 5-34　提交原文

(4)获取语料库修改意见，如图 5-35 所示。

| 按句点评 | 推荐 hot | 要求 | 成长轨迹 | 范文 | 排名共享 |

1.1 As an old saying goes that without accumulating steps, there is no way to reach thousands of miles." [👍 0]
去提问

　　[学习提示]易混词汇: **accumulate**, amass, collect, gather, heap, pile 均含"积聚, 聚集, 积累"之意. ˅

1.2 There are many examples of small things accomplishing great things. [👍 0] 去提问

　　[学习提示]易混词汇: **example**, instance, case, sample, illustration, specimen 均有"例子, 事例"之意. ˅
　　[推荐表达]quite a few与**many**意思相近, 可参考学习. ˅
　　[推荐表达]**small**的近义表达有**minor/insignificant**等. ˅

第1段

2.1 We are all familiar with QuYuan. [👍 0] 去提问

　　[学习提示]易混词汇: **familiar**, intimate, close, confidential 均含"亲密的"之意. ˅

2.2 When he was a child hid in the mountain cave and read "The Book of Songs" regardless of wind or rain. [👍 0]
去提问

　　[拓展辨析]动名搭配 read...book 在语料库中出现过 973 次 ˅

2.3 After three years, he has read "The Book of Songs" profusely, absorbed rich nutrition from these folk songs and ballads. [👍 0] 去提问

　　[学习提示]易混词汇: melody, **song**, tune, theme 均含有"乐曲, 曲调"之意. ˅
　　[推荐表达]wealthy/affluent/well-to-do/well-off与**rich**意思相近, 可参考学习. ˅

2.4 Finally he became a great poet. [👍 0] 去提问

　　[学习提示]易混词汇: big, large, **great**, grand 均含"大的"之意. ˅

第2段

3.1 As far as we learn English, if we can persist in reading texts and recite words every day. [👍 0] 去提问

　　[学习提示]易混词汇: insist, **persist**, persevere, adhere, cling 均有"坚持"之意. ˅
　　[推荐表达]provided that与**if**意思相近, 可参考学习. ˅

3.2 Then our English level is definitely more than that. [👍 0] 去提问

　　[推荐表达]subsequently/afterward/thereafter/after that/succeeding/secondarily/what is more/furthermore与**Then**意思相近. 可参考学习. ˅

3.3 But every little thing that seems very simple will be very difficult to stick to. [👍 0] 去提问

　　[推荐表达]overwhelmingly/exceedingly/extremely/intensely与**very**意思相近, 可参考学习. ˅
　　[学习提示]易混词汇: appear, look, **seem** 均有"看起来, 好像是"之意. ˅
　　[推荐表达]affair/business/matter与**thing**意思相近, 可参考学习. ˅
　　[推荐表达]extremely/awfully/intensely difficult与**very difficult**意思相近, 可参考学习. ˅

3.4 Persevering in every little thing with a humble attitude and strong mind is the best way to accomplish great things. [👍 0] 去提问

　　[学习提示]易混词汇: modest, **humble** 都有"谦恭的"之意. ˅

3.5 Starting from small things is a philosophy of life, a mentality of dealing with things, a state of doing things, and a demeanor. [👍 0] 去提问

　　[推荐表达]tackle/address/figure out与**dealing with**意思相近, 可参考学习. ˅
　　[学习提示]易混词汇: begin, **start**, commence, initiate, inaugurate 均含有"开始"之意. ˅

第3段

4.1 To recognize the principle of doing small things into big things, and to do the small things carefully and do the small things well. [👍 0] 去提问

　　[学习提示]易混词汇: **principle**, theorem, fundamental, law 均有"原理, 原则"之意. ˅

4.2 Doing the things right in front of you can make you feel happy and live a fulfilling life. [👍 0] 去提问

　　[学习提示]易混词汇: dwell, reside, **live**, lodge, inhabit, settle 均有"居住, 定居"之意. ˅

4.3 Accumulate slowly to make your ordinary self become extraordinary. [👍 0] 去提问

　　[学习提示]易混词汇: common, **ordinary**, commonplace, general, usual, popular, universal 均含"普通的, 普通的"之意. ˅

4.4 Doing every simple thing well is not simple, and doing every ordinary thing well is extraordinary. [👍 0] 去提问

　　[学习提示]易混词汇: foolish, silly, stupid, **simple**, dull 都可表示"愚蠢的, 笨的, 傻的"之意. ˅

第4段

图 5-35　语料库修改意见

参考文献

AI信息Gap. Claude官方推荐的三大提示词优化技巧！[EB/OL]. (2024-04-15) [2024-11-18]. https://mp. weixin. qq. com/s/iU4u5lueobPNTaWpOWZR-Q.

W. 迪克，L. 凯瑞，J. 凯瑞. 系统化教学设计:第6版[M]. 庞维国，等译. 上海: 华东师范大学出版社，2007.

白瑞敏，徐宝芳，姚林. 双动两案教学模式下人教版《地理1》学案作业设计研究 [J]. 中学地理教学参考，2010(5)：25-28.

布兰思福特，布朗，科金，等. 人是如何学习的：大脑、心理、经验及学校(扩展版)[M]. 程可拉，孙亚玲，王旭卿，译. 上海：华东师范大学出版社，2013.

陈永伟. 作为GPT的GPT——新一代人工智能的机遇与挑战[J]. 财经问题研究，2023(6)：41-58.

谌志霞，张文昊，赵瑞斌. 人机融合智能支持下的教学设计与创新[J]. 成人教育，2022，42(6)：58-62.

袋鼠帝AI客栈. 视频创作一条龙，智谱「清影」真的做到了"言出法随"[EB/OL]. (2024-07-26) [2024-08-10]. https://mp. weixin. qq. com/s/-7t7s_8-9GRmGE 0BQsCVWQ.

董斐娜. 信息化视域下高职英语深度自主学习模式研究[J]. 天津职业院校联合学报，2018，20(9)：70-75.

董晓波，詹娇娇. 做好教师角色转变，应对人工智能挑战[N]. 中国社会科学报，2020-04-07(6).

杜修全，叶绵雪. 单元视域下课时教学设计的对接策略[J]. 生物学教学，2024，49(5)：15-18.

方海光，王显闯，洪心，等. 面向AIGC的教育提示工程学习提示单设计及应用 [J]. 现代远距离教育，2024(2)：62-70.

郭琳，陈晓慧，肖梅. 高职院校ChatGPT辅助计算机课程教学研究[J]. 福建电脑，2023，39(8)：99-103.

郭要红. 有效作业的内涵与设计策略[J]. 中国教育学刊，2009(6)：62-64.

国家互联网信息办公室，中华人民共和国国家发展和改革委员会，中华人民共和国教育部，中华人民共和国科技部，中华人民共和国工业和信息化部，中华人民共和国公安部，国家广播电视总局. 生成式人工智能服务管理暂行办法[A/OL].

（2023-07-13）［2024-07-08］. https://www. gov. cn/zhengce/zhengceku/202307/content_6891752. htm.

郝琦蕾."学案导学"模式的理论与实践研究[J].当代教育与文化，2014，6(6)：55-61.

何克抗.建构主义的教学模式、教学方法与教学设计[J].北京师范大学学报(社会科学版)，1997(5)：74-81.

何克抗，郑永柏，谢幼如.教学系统设计[M].北京：北京师范大学出版社，2002.

和学新.教学策略的概念、结构及其运用[J].教育研究，2000(12)：54-58.

和学新.教学策略的涵义、结构及其类型[J].教学与管理(中学版)，2005(4)：5-7.

胡水星.现代教育技术理论与实践[M].北京：电子工业出版社，2013.

姜立刚.一般系统论视域下小学数学教学内容的层次性分析[J].中小学教师培训，2019(7)：35-38.

焦彩珍.基于情境兴趣的多媒体教学课件设计[J].当代教育与文化，2015，7(4)：51-55.

教育技术微课堂. AI 工具助力教师创作视频脚本[EB/OL].（2024-08-22）［2024-08-22］. https://mp. weixin. qq. com/s/-O4yiKmJ_qwExF8c7FLoxQ.

科大讯飞沈阳智汇谷.讯飞智文：打工人必备「写作搭子」，一键生成 Word、PPT[EB/OL].（2024-06-20）［2024-08-06］. https://mp. weixin. qq. com/s/sQF3k2e6-sracqOLD0BxdQ.

乐会进，张秋玲.智能时代人机协同语文教学总体框架设计[J].语文建设，2024(1)：10-14，26.

黎加厚.生成式 AI 大模型教育应用的四大秘诀[J].中小学信息技术教育，2024(5)：8-11.

李逢庆，韩晓玲.混合式教学质量评价体系的构建与实践[J].中国电化教育，2017(11)：108-113.

李海峰，王炜.生成式人工智能时代的学生作业设计与评价[J].开放教育研究，2023，29(3)：31-39.

李佳佳.基于作文语料库的中小学生形容词认知发展研究[D].大连：辽宁师范大学，2022.

李金桥，唐晶灵.基于课程标准教学的核心要义、价值意蕴与实践要求[J].教学与管理，2024(3)：94-98.

李婧.浅析教学目标分析[J].现代教育技术，2010，20(10)：32-35.

李康.教学策略及其类型探析[J].西北师大学报(社会科学版)，1994(2)：75-78.

李松林.教学活动设计的理论框架——一个活动理论的分析视角[J].教育理论与实践,2011,31(1):54-57.

李艳,屈正庚.基于层次分析法的学习者特征分析[J].系统仿真技术,2018,14(1):25-29,48.

李玉顺,谭律岐,公雪,等.基于活动理论的小学数学课堂教学活动模型建构[J].中国电化教育,2022(8):61-67.

梁辰.Web2.0时代下多媒体教学在语文课堂中的应用实践——评《多媒体教学课件制作》[J].应用化工,2023,52(8):2516.

刘智,孔玺,王泰,等.人工智能时代机器辅助教学:能力向度及发展进路[J].开放教育研究,2021,27(3):54-62.

卢明,崔允漷.教案的革命:基于课程标准的学历案[M].上海:华东师范大学出版社,2016.

陆全贵,刘桂珍.核心素养背景下的学案导学[J].中学政治教学参考,2018(31):25-26.

陆志平.语文学习任务群的五个关键词[J].语文建设,2022(11):13-15.

秦渝超,刘革平,许颖.生成式人工智能如何重塑教学活动——基于活动理论的模型构建与应用[J].中国远程教育,2023,43(12):34-45.

饶崇茂.生成式人工智能在小学语文古诗教学中的应用研究——以部编版《长歌行》一课为例[J].中小学信息技术教育,2024(9):65-66.

沈利波.设计导学案须关注的三个维度[J].教学与管理,2017(22):35-37.

沈孝山,杨成.需求分析之学习者分析的探究[J].高等理科教育,2005(1):125-130.

师书恩.计算机辅助教学软件的评价[J].现代教育技术,2001(1):60-63,77.

宋波.高中历史"学历案"设计的四个核心要素[J].教学与管理,2016(13):72-74.

孙兆前,赵琼.指向教—学—评—导一体化的智慧作业探索与实践[J].人民教育,2024(7):50-53.

唐双虎,左祥胜.回归物理习题教学本原发展学生学科关键能力[J].物理教师,2023,44(6):84-88.

童义清.基于教材的小学数学拓展课程设计原则[J].教学与管理,2020(29):54-56.

王海燕,李芒,时俊卿.课堂教学设计的学习者分析流程[J].中国电化教育,2001(5):31-34.

王建华,盛琳阳,李晓东.计算机辅助教学实用教程[M].北京:高等教育出版社,2004.

王荣生.语文课程"学习主题"辨析——语文课程标准文本中的关键词[J].课程·教材·教法,2023,43(3):71-80.

王学男,李永智.人工智能与教育变革[J].电化教育研究,2024,45(8):13-21.

王亚飞,李琳,李艳.大数据精准教学技术框架研究[J].现代教育技术,2018,28(7):5-10.

王振华,于泽元.人工智能助力素养生成:内在逻辑与实现路径[J].电化教育研究,2023,44(7):37-43.

乌美娜.教学设计[M].北京:高等教育出版社,1994.

吴俊明.追求教学、训练交融 注意提高元认知水平——关于课时作业设计及其教学改革的一些思考[J].化学教学,2015(2):13-15,29.

吴星.从三维目标走向核心素养[J].化学教学,2017(1):3-7.

武法提,杨重阳,李坦.智慧学习环境中的人机协同设计[J].电化教育研究,2024,45(2):84-90.

许洁英.国家课程、地方课程和校本课程的含义、目的及地位[J].教育研究,2005,26(8):32-35,57.

讯飞 AI 校园.生成式人工智能进课堂,当我们直接对话西楚霸王——深圳市西乡中学校本教研活动之星火展示课《鸿门宴》[EB/OL].(2024a-04-30)[2024-08-06].https://mp.weixin.qq.com/s?__biz=MjM5MjY2ODA2MA==&mid=2686147646&idx=1&sn=20b11ea984b6de0450ee185be5f34835&scene=21#wechat_redirect.

讯飞 AI 校园.生成式人工智能进课堂,揭秘初中语文景物描写之美——保定第十七中学星火展示课《语韵美·闻花香》[EB/OL].(2024b-05-08)[2024-08-06].https://mp.weixin.qq.com/s?__biz=MjM5MjY2ODA2MA==&mid=2686147765&idx=1&sn=6f731d713c5b5c87e437a22002caeac9&scene=21#wechat_redirect.

杨惠中.计算机辅助教学概述[J].外语电化教学,1979(1):30-32.

杨宗凯,王俊,吴砥,等.ChatGPT/生成式人工智能对教育的影响探析及应对策略[J].华东师范大学学报(教育科学版),2023,41(7):26-35.

叶绿柳.巧用课前预习,提高小学数学课堂教学效率[J].试题与研究,2022(2):33-34.

尹奎.国内外精准教学模式发展研究综述[J].科学大众(科学教育),2019(9):161,111.

余世铃.探赜"孤独"之谜——从问诊丽贝卡说起[EB/OL].(2023-11-13)[2024-11-18].https://mp.weixin.qq.com/s/TXSnYktn6laYt3B9oa0BXg.

余文森.从三维目标走向核心素养[J].华东师范大学学报(教育科学版),2016,34(1):11-13.

喻国明，李钒，滕文强．AI＋教育：人工智能时代的教学模式升维与转型[J]．宁夏社会科学，2024(2)：191-198．

张慧成，马艳丽．语料库在外语写作教学中的应用研究与实践[J]．校园英语，2019(22)：6-7．

张靖晗，张进良．教育大数据背景下的学习者特征分析模型构建[J]．中国医学教育技术，2022，36(2)：144-148．

张立新，张丽霞．基于学习理论的教学内容分析和组织技术[J]．电化教育研究，1998，19(6)：27-32．

张凌寒．加快建设人工智能大模型中文训练数据语料库[J]．人民论坛·学术前沿，2024(13)：57-71．

张伟睿，单良，姚萌．人工智能生成内容(AIGC)在初中地理教学中的应用——以"黄土高原的水土流失成因与治理"为例[J]．中学地理教学参考，2024(17)：55-59．

张艳香，金新喜．关于人教版初中物理教材习题设计的几点思考[J]．课程·教材·教法，2013，33(4)：91-95．

张治．ChatGPT/生成式人工智能重塑教育的底层逻辑和可能路径[J]．华东师范大学学报(教育科学版)，2023，41(7)：131-142．

赵丽蓉，周霞．谈导学案在学生课堂自我评价中的应用——以"季风环流"一课为例[J]．中学地理教学参考，2017(12)：37-39．

赵铭洋．AIGC技术支持下小学信息科技教学新范式的构建与实践——以《在线学习小能手》一课为例[J]．中国信息技术教育，2024(15)：71-75．

赵晓伟，戴岭，沈书生，等．促进高意识学习的教育提示语设计[J]．开放教育研究，2024，30(1)：44-54．

赵晓伟，祝智庭，沈书生．教育提示语工程：构建数智时代的认识论新话语[J]．中国远程教育，2023，43(11)：22-31．

郑耿标．基于生成式人工智能的历史学习评价设计初探[J]．历史教学(上半月刊)，2024(5)：20-29．

郑桂华．学习主题的内涵、价值与设计策略[J]．中国教育学刊，2024(4)：64-69．

钟秉林．加强教育评价改革与质量保障体系建设[J]．中国教育学刊，2023(2)：1．

中国教育科学研究院数字教育研究所，之江实验室智能教育研究中心．重构教育图景：教育专用大模型研究报告(简版)[R/OL]．(2023-12-08)[2024-08-10]．https://www.eol.cn/info/dongtai/202312/t20231213_2548525.shtml．

中国信息通信研究院，京东探索研究院．人工智能生成内容(AIGC)白皮书(2022年)[R/OL]．(2022-09-02)[2024-07-08]．http://www.caict.ac.cn/kxyj/

qwfb/bps/202209/P020220902534520798735. pdf.

中华人民共和国教育部. 教育部关于印发义务教育课程方案和课程标准（2022版）的通知[A/OL]. (2022-04-08) [2024-08-05]. http://www. moe. gov. cn/srcsite/A26/s8001/202204/t20220420_619921. html.

钟启泉. "三维目标"论[J]. 教育研究, 2011, 32(9): 62-67.

钟志贤, 王觅, 林安琪. 量规: 一种现代教学评价的方法[J]. 中国远程教育, 2007(10): 43-46.

周东. 人工智能时代教师的身份镜像: 困境与建构[J]. 中国远程教育, 2024, 44(4): 81-93.

周璐, 余金丽. 从分化走向融合: 蕴于概念的语文项目化作业实践研究[J]. 语文建设, 2023(14): 36-42, 63.

周琴, 文欣月. 智能化时代"AI＋教师"协同教学的实践形态[J]. 远程教育杂志, 2020, 38(2): 37-45.

庄佳, 薛冰, 崔源. 人工智能智慧教室中的教学设计与课程开发探索[J]. 信息系统工程, 2024(1): 153-156.

BALA K, COLVIN A (Organizers). Generative Artificial Intelligence for Education and Pedagogy[C]. Cornell University, July 18, 2023.

BIDER C. Precision teaching: measuring and attaining exemplary academic achievement[J]. Youth Policy, 1988, 10(7): 12-15.

FLORIDI L, CHIRIATTI M. GPT-3: Its nature, scope, limits, and consequences [J]. Minds and machines, 2020, 30(4): 681-694.

KOCHANEK M, CICHECKI I, KASZYCA O, et al. Improving training dataset balance with ChatGPT prompt engineering[J]. Electronics, 2024, 13(12): 2255.

POWELL W, COURCHESNE S. Opportunities and risks involved in using ChatGPT to create first grade science lesson plans[J]. PloS one, 2024, 19(6): e0305337.

RUSSE M F, REISERT M, BAMBERG F, et al. Improving the use of LLMs in radiology through prompt engineering: from precision prompts to zero-shotlearning[J]. Fortschr Röntgenstr, 2024, 196(11): 1166-1170.

STASSEN M L A, DOHERTY K, POE M. Course-based review and assessment: methods for understanding student learning [M]. Amherst, Mass.: Office of Academic Planning & Assessment, University of Massachusetts Amherst, 2005.